언어학과 번역 언어

Linguistics and the Language of Translation
by Kirsten Malmkjær

언어학과 번역 언어

LINGUISTICS AND
THE LANGUAGE OF TRANSLATION

Kirsten Malmkjær 지음 / 박기성 · 최진실 옮김

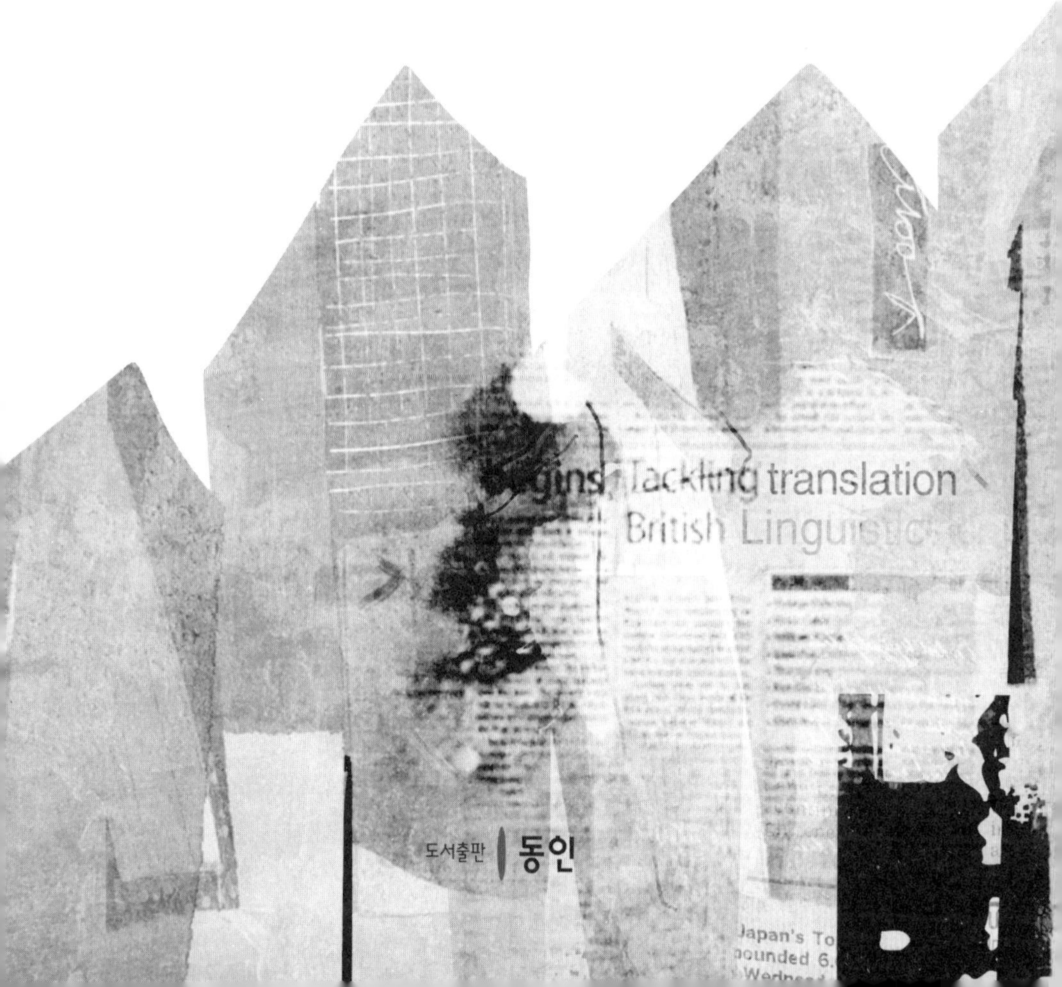

도서출판 ┃ 동인

* 이 번역학 총서는 2단계 두뇌한국(BK)21 사업에 의하여 지원되었음
(부산대 영상산업 번역전문인력 양성사업단 번역학 총서)

이 책은 번역학과 언어학 사이의 관계에 대한 이해를 높이기 원하는 번역학 전공, 세계 각국 언어 전공, 그리고 언어학 전공 학생들을 위한 책이다. 즉 언어학을 사용하여 번역학의 창조, 기술 그리고 건설적 비판을 어떻게 할 것인가에 대한 이해를 증진시키기 위한 저술이다.

이 책은 학부와 대학원 수준에서 사용 가능하다. 1장은 서구에서의 번역학 발전에 관한 내용을 담고 있으며, 2장은 번역학에 대한 현대적 접근방법에 관한 장이다. 이 두 개의 장은 번역 과정과 번역물이 연구될 수 있는 학문적 맥락을 소개한다. 보다 응용적인 부분을 알아보기 전에 이러한 맥락에 친숙해질 필요가 있기 때문이다.

3장은 이 책의 근저에 있는 의미 이론을 개관하고, 언어학을 번역학에 적용하는 방식을 개관한다. 흥미롭게도 얼마되지 않은 과거에 전반적인 '언어 과학' 혹은 최소한 비교 언어학을 일련의 학자들이 소위 '응용 번역학'으로 간주해 왔다(Roman Jakobson 1959: 233-4, 3장 3.6.1절 참조). 반대로 거의 동시에 번역 이론은 다른 학자 무리들에 의해 또한 응용언어학 내의 한 분야로 인식되어 왔다(번역학에 관한 자신의 책 제목을 『응용언어학 에세이(An Essay in Applied Linguistics)』라고 명명한 Ian Catford 1965의 2장 2.3.1절 참조). 이 책은 이러한 입장 중의 어느 입장도 채택하지 않는다. 즉 언어학 속에는 각기 다른 언어의 표현과 텍스트의 비교라기보다는 더 많은 무엇인가가 있다는 입장을 갖는다. 또한 문학 연구, 저널리즘 그리고 드라마 치료학과 같은 학문만큼이나, 번역학은 언어학을 적용하여 연구될 수 있다는 입장이다. 이 책에서 번역학에 언어를 적용하는 이유는 번역서와 원천 텍스트에서에서 사용된 언어를 처리하는 한 방법론이 되기 때문이다. 즉 그러한 텍스트의 창조, 기술, 그리고 건설적 비판에 관한 논의를 해 가는 과정에서 언어적 통찰력, 이론적 개념 그리고 기술적 범주들을 이끌어 낼 수 있게 된다. 그래서 3장은 응용이 주가 되는 장들을 위해 보다 넓은 이론적이고 학문적인 맥락을 제공한다. 따라서 대학원생들에 이 장은 매우 유용하다. 학부 학생들은 3장이 어렵다고 생각할 수도 있다. 따라서 본래의 텍스트와 그들의 번역에 대한 기술적 이론적 언어적 개념을 보다 직접적으로 적용하는 이후의 장들(4장에서 8장까지)로 바로 옮겨 가길 원할 수 있다.

　　이러한 응용의 근거는 그것이 번역 텍스트이든 아니든 모든 텍스트는 구체적으로 언어로 이루어진다는 점이다. 언어가 텍스트를 만들어 가는 방식에 대한 수많은 인지적 감정적 반응을 불러일으킬 수 있는 힘을 텍스트들은 갖고 있으며, 또한 이러한 반응들을 공유하는 것은 가능하다고 가정된다. 공유할 수 없다면 언어를 통한 의사소통은 불가능하기 때문이다. 그러나 공유가능성의 정도는 언어적 사건 참여자들 사이의 언어적 문화적 시간적 거리에 의해 영향 받을 개연성이 있다. 그 거리가 너무 커져 상호 이해가 즉시 이루어질 수 없는 지점에서는 번역가의 중재를 통해서 그 이해를 회복할 수도 있다.

최초 작가는 비교적 자유롭게 자신이 원하는 바를 쓸 수 있지만, 번역가는 이중으로 제약받는다고 볼 수 있다. 첫째는 밀접하게 원본에 기반을 두는 텍스트를 만들어 내어야 하기 때문에, 말하는 내용에 대한 번역가의 선택은 제약을 받게 되어 있다. 둘째 언어와 문화 사이의 관계에 제한을 받기 때문에, 말하는 방식에 대한 번역가의 선택은 역시 제약을 받게 된다. 반면 오히려 이 점으로 인해 번역가들은 창의적일 수 있는 큰 기회를 얻게 된다. 오히려 이러한 이중적 제한이 독자 공동체에 적합한 텍스트 세계(Werth 1999)를 만들어내는 두 배의 기쁨이 된다.

번역가들은 텍스트에 반응하여, 또 다시 다른 사람들이 반응할 수 있는 텍스트를 만들어 내는 독자이자 작가의 역할을 하게 된다. 번역가들은 어떤 경우에는 번역서에 대한 독자들의 반응과 최초 작가의 추정된 의도 사이에 높은 수준의 공통부분이 있기를 희망한다. 또 다른 경우에는 번역가들은 최초 작가가 만들어 내고자 했던 반응과는 다소 다른 반응을 그들의 독자들 속에서 만들어 내려고 애쓴다. 어떤 경우든 번역가는 자신들이 하는 일을 인식하고 관찰자는 현재 무엇이 진행 중인지를 인식하는 것이 좋다. 그래야만 그들이 번역 과정에서 뿐만 아니라 번역물에 반응하는데 있어 창의적으로 기능할 수 있기 때문이다. 맥락화된 번역의 언어에 내한 인식을 (미세) 조정함으로써, 이 책이 독자들의 창의성을 향상시킬 수 있기를 기대한다.

저자의 감사 인사

이 책이 출판되기까지 도움을 준 Keith Mitchell, Alan Davies, Sarah Edwards, James Dale 그리고 익명의 심사자들에 감사드리고 싶다. 그들이 없었다면 이 책이 출판되지 못했을 것이다.

다른 지면을 통해 이미 출판된 글들을 다시 출판할 수 있도록 승인해 준 다음의 출처에 대해 감사를 드린다. 저작권 소유자를 추적하기 위한 모든 노력을 경주하였으나 혹시 일부 저작권이 부주의하게 무시된 경우가 있다면, 기회가 닿는 대로 본 출판사는 기꺼이 필요한 조치를 취하게 될 것이다.

- AKAL, Madrid (Lewis Carroll의 『Jabberwocky(재버워키)』에 대한 Francisco Torres Oliver의 번역).
- 『The Banker(은행가)』(Kathy Evans의 텍스트 「Kuwait Economy at the Crossroads(기로에 선 쿠웨이트 경제)」).
- Eva Lene Kristensen(Tom Kristensen의 『Hærværk』, 1930)
- Wicked Paint(이메일로 된 판매 촉진 편지)

Peter Low(2003)의 글 「Translating poetic song: An attempt at a functional account of strategies(시적 노래 번역하기: 전략의 기능적 설명에 대한 하나의 시도)」(Target, 15:1)에서의 예들, 그리고 Kirsten Malmkjær의 글 「censorship or error(검열 혹은 과오)」(이 글은 Gyde Hansen 등이 편집한 책 『Claims, Changes and Challenges in Translation Studies(번역학의 주장, 변화, 그리고 도전)』의 일부임)에서 인용한 예들은 John Benjamins 출판사(www.benjamins.com)의 호의적인 허락을 얻어 발췌되었다.

Melissa Bowerman(1996)의 글 「The origins of children's spatial semantic categories: Cognitive versus linguistic determinants(아이들의 공간 의미적 범주의 기원: 인지적 혹은 언어적 결정요인)」(John Gumperz & Stephen Levinson 편집본인 『언어 상대성 다시 생각하기(Rethinking Linguistic Relativity)』의 일부임)에서 인용한 그림은 캠브리지대학 출판부의 호의적인 허락을 얻어 발췌되었다.

Carl Malmberg가 번역한 Tom Kristensen(1968)의 『Havoc』에서의 발췌문은 위스콘신 대학 출판부의 호의적인 허락을 얻어 발췌되었다.

우리는 다음의 출판사로부터 허락을 얻기 위해 모든 노력을 기울여 왔다.

- Diario de Poesia (Lewis Carroll의 『Jabberwocky』에 대한 Mirta Rosenberg & Daniel Samoilovich의 번역본)
- Der Kinderbuckverlag (Lewis Carroll의 『Jabberwocky』에 대한 Liselotte Remaine & Martin Remaine의 번역본)
- Flammarion (Lewis Carroll의 시 『Jabberwocky』에 대한 Henri Parisot의 번역본)

C O N T E N T s  차례

1.

번역에 관한 글부터 번역학에 이르기까지

1.1 서론

1장은 그리스 로마시대의 시작부터 20세기 4분기의 중요한 "목표 텍스트 전환"에 이르기까지의 유럽 전통의 번역학 발달사에서의 많은 중요한 단계를 살펴본다. 그리고 많은 이론가들은 번역에서 원천 텍스트만을 충실하게 나타내는 것에 집착하는 것을 지양하고, 원천 텍스트와의 번역 등가 관계라고 불리는 많은 관계를 나타내는 실제적인 현상으로 번역물을 보는 경향을 나타내기 시작했다.

이러한 전환은 학계 내에서의 번역학의 위치를 확보하는 토대를 마련하였다. 번역은 확실히 기술의 합법적 대상이기 때문에, 기술적 진술이 발전될 수 있고 또한 이론을 촉진시키고 검증하는데 사용될 수 있기 때문이다. 이러한 전환이 일어난 이후 발전되었던 상당한 양의 경험적 연구로 인해 번역학을 다양한 하위 분야로 나누는 계기가 마련되었으며, 다음 2장에서 다룰 번역의 다양한 접근법의 초석이 마련되었다.

본 논의는 유럽 연구 전통을 따라 진행될 것이다. 이는 번역의 다른 전통을 무시하는 것이 아니라 이 책의 초점이 역사적인 것이 아니기 때문이다. 다른 번역의 전통[1]에는 정당한 일이 아닐지도 모른다. 그러나 이 책에서 소개되는 내용은 역사적인 것이기 보다는 번역학에서 관심사로 남아있었던 다양한 쟁점들이 어떻게 분과학문으로 소개되었는지에 관한 것이다. 이러한 쟁점들 중 일부분은 번역의 다른 전통에 초점이 맞춰져 있기도 하고 또 본질, 영역, 목표의 면에서 점점 국제적인 양상을 띠는 분과학문의 관심사로 남아있는 쟁점들도 있다.

1.2 로마인들

유럽에서 특히 Marcus Tullius Cicero(기원전 106에서 43)와 Horace(기원전 65에서 8)와 같은 로마인들이 번역 이론을 시작한 것처럼 기술하는 것은 흔하다. 예를 들어 Steiner([1975] 1992: 248)는 Cicero의 기원전 46년 작품 『Libellus de optimo genere oratorum(최고 유형의 웅변가 전집)』과 Horace의 기원전 20년경 작품인 『Ars poetica(시학)』가 번역이론의 시초라고 밝혔고 많은 유럽계 이론가들도 이를 따랐다(이에 대한 예는 Bassnett-McGuire[1980] 1991; Qvale [1998] 2003 참조).

그 이유는 Cicero와 Horace의 작품이 현존하는 초기 번역이론에 대한 글이고 서양의 번역이론 발전에 중요한 역할을 했기 때문이다. 그러

---

1) 다른 번역에 관한 글들은 Baker(1998)에서 찾아볼 수 있으며 초기 중국 번역 이론의 선집은 진행 중이다(Cheung & Lin, 곧 발간될 예정).

나 번역은 언어가 쓰여진(written down) 이후로 계속 발생했으며 Cicero 가 태어나기 훨씬 전부터 번역활동이 있었다는 흔적이 유럽 외부 몇 곳에서 발견되어 왔다. 이에 대한 예로 Hung & Pollard(1998: 366)는 기원전 9세기 중국의 주나라(Zhou) 왕조 시대에서 특별히 번역을 맡는 공무원이 있었다고 밝혔다. 또한 Krishnamurthy(1998: 464-73)는 인도 아대륙의 번역 전통이 기원전 4세기부터 시작되었다고 주장하였다. 심지어 로마인의 번역 전통은 Cicero보다 앞선다고 Kelly(1998: 495-503)가 지적했다. 초기 번역가와 학자들은 번역 결과물과 번역과정의 본성에 관하여 숙고했을 가능성이 크다. 그러나 이들의 생각에 관해서 남아있는 기록이 없으므로 번역이론이 Cicero와 Horace부터 시작된 것으로 보게 되었다.

로마 시대는 주로 철학적이고 문학적인 텍스트를 번역했고 대개 그리스어에서 라틴어로 번역하였다(Kelly 1998: 495-6 참조). 이런 텍스트의 독자는 소수였고, 원본 그리스어 텍스트를 완벽하게 읽어낼 수 있는 사람들이었다. 그러나 번역이 텍스트, 목표 문학 시스템, 목표 언어에 가치를 추가하는 것으로 인식되며, 이 생각은 오늘날까지 남아있는 개념이기도 하다. Cicero(기원전 106에서 43)는 다음과 같이 서술한다(De Oratore I : 35; Lefevere의 1990: 23-4에서 인용되었음).

내가 읽은 텍스트에 라틴어 형태를 부여함으로써 나는 우리에게 일반적인 용례 중에서 최상의 표현을 사용했을 뿐 아니라 그리스어에서 사용되었던 표현과 유사한 새로운 표현을 만들 수도 있었다. 그리고 이러한 표현들이 적절하게 번역되면 독자들도 쉽게 이해할 수 있었다.

위의 인용문은 현대 번역이론에서 존재하는 쟁점들을 제기한다. 즉

Cicero는 현대에서 적절히 통용되는 용어인 이국화와 자국화 두 극단 사이의 중간을 추구한 것 같다(Venuti 1995 참조). 텍스트는 라틴어 형식이고 Cicero는 자국화 효과를 주는 모국어의 일상적 표현을 선택했다. 한편 그 모국어 표현은 그리스어에서 유래된 표현과 혼합되어 라틴어에 새로운 느낌을 주었는데 이것은 이국화라고 볼 수 있다. 그러나 Cicero는 이러한 혁신들이 교육받은 로마인인 목표 독자들에게 적절한 것처럼 보여야 한다고 강조했다. 적어도 로마인들이 생각하는 텍스트, 상황, 언어에 적합해야 한다는 것이다. 이러한 독자 기대에 대한 문제는 현대번역이론의 다양한 접근법에서도 여전히 화젯거리로 남아있다.

로마 학자들은 이국적인 것에 대한 거부감이 없었다. 오히려 그 반대라고 할 수 있었다. 당시에 유행했던 호머와 헤시오도스 식의 전통은 시를 신성한 영감의 산물로 보았고 따라서 분명히 모방할 만한 가치가 있다고 여겼다. 사실 모방은 일반적으로 혁신보다 더 선호되었다. '그리스 모델을 공부하는데 주야로 힘쓰라,' Horace(기원전 65에서 8)는 신진 로마 시인에게 다음과 같이 충고했다(『Ars Poetica(시학)』, 268-9; Dorsch 1965: 88).

현재까지 알려지지 않고 노래되지 않은 주제를 맨 처음으로 다루기보다는 트로이 이야기를 드라마 형식으로 만드는 것이 좋다. 진부하게 만들지만 않으면 친숙한 주제는 자신의 고유한 재산이 될 수 있다.

1.3 성경 번역가들

서양 번역 이론을 형성하는데 아주 큰 영향을 끼쳤던 두 번째 전통은 성경 번역이다. 로마인들은 원천 텍스트의 정확한 세부사항과 의미와 관련하여 창조성과 부수적인 자유를 칭송한 반면, 성경 번역에 있어서는 가장 진정성이 있으면서 이해하기 쉽고 신의 말씀에 지침이 되는 결과물을 만드는 것을 주로 고려하였다. 진정성의 추구는 성경 번역가들을 원본에 정확한 번역으로 이끌었고 접근성의 추구는 특히 비유적 묘사에서 자유로운 번역으로 이끌었다. 이러한 긴장감은 Nida(1964)의 형식적 등가와 역동적 등가의 구분에서 최고조에 달한다(2장 2.3.1 이하 참조).

영어로는 St. Jerome으로 알려진 성경 번역가 Eusebius Hieronymus Sophronius는 아마도 가장 유명한 서양의 번역가일 것이다. St. Jerome은 번역가의 수호성인이며 그가 죽은 날인 9월 30일(419년 혹은 420년으로 추정된다)은 국제 번역가의 날로 지정되었다. St. Jerome은 달마티아(이후 크로아티아)의 스트리도라는 마을에서 340년경에 태어난 것으로 추정된다. 382년 교황 Damasus는 St. Jerome에게 신약성경의 라틴어 번역 수정을 의뢰하였고 다마수스가 죽은 384년 St. Jerome은 베들레헴에 정착해 있었다. St. Jerome은 베들레헴에서 구약 성서 히브리어에서 라틴어로 번역했고 신약성경와 시편을 그리스어에서 라틴어로 번역했다. Jerome의 라틴 번역판은 오늘날 사용하고 있는 로마 카톨릭 불가타 성경의 기초가 된다(Qvale 1998: 19-20). Jerome이 선호했던 번역 방법은 그가 Pammachius 에게 보낸 편지인 『Liber de optime genere interpretandi(최선의 해석방법론)(Bartelink 편집 1980)』에 기록되어 있다. St. Jerome은 이 편지에서 신성한 텍스트를 번역할 때를 제외하고는 의미 대 의미로 번역하는 것을 선호한다고 기술한다. 많이 인용된 구절 속에서의 표현으로 나타내면, **Non verbum e verbo sed sensum experimere de sensu**이다(Qvale 1998: 20, Snell-Hornby 1988: 9 참조. 또한 Paul Carroll이 번역한 전체 편지의 번역본은 Robinson 1997: 23-30 참조). 그러나 성경 번역에서는 단어 대 단어 번역을 옹호했다. St. Jerome은 (Robinson 1997: 25 책에서 Caroll의 번역본) '통사조차 이해하기 어려운 성경 번역을 제외하고 단어 대 단어가 아닌 의미 대 의미로 번역한다'라고 말했다. 이 구분의 논의와 부수적인 연습문제를 보기 위해서는 5장의 5.1.2를 참조하세요.

초기 영어 성경 번역가들 사이에서는 접근성과 일상어의 사용이 중요하긴 했지만, 정확성이 가장 중요했다. 1330대에 시편을 영어로 번역한 Richard Rolle은 라틴어가 영어에 끼치는 영향을 활용하면서 충실성과 접근성을 결합시키려고 노력했다(Robinson 1997: 49-50에서 Rosamund S. Allen의 번역).

이 번역에서 나는 학구적인 표현을 쓰지 않고 라틴어에 가장 근접한 영어의 쉽고 흔한 표현을 사용하여 라틴어를 모르는 사람들도 영어에서 라틴 단어를 익힐 수 있도록 할 것이다. 번역에서 가능한 한 글자 그대로를 따르되, 영어의 정확한 등가를 찾을 수 없을 때는 의미에 맞춰서 번역하여 독자들이 이해하기 쉽도록 할 것이다.

영어판 성경의 첫 번째 완역본은 위클리프(Wycliffe) 성경이었다. 위클리프 성경은 1380년에서 1384년 사이에 라틴어를 번역한 것이며 John Wycliffe의 이름을 따랐다(c. 1320-84). Wycliffe는 영국의 교육받은 엘리트 계층 외에도 모든 사람이 자신들이 이해할 수 있는 언어로 된 하나님의 말씀에 접근할 수 있어야 한다고 믿었다. 그 대다수의 사람들에게 그 언어는 영어를 의미했다. 두 번째 수정본은 John Purvey가 수정했다고 추정되는데 1408에 완성되었다(Bassnett-Mcguire [1980] 1991: 46-7). Nicholas of Hereford가 책임자였던 첫 번째 수정본은 엄격하게 직역인 반면

Purvey의 수정본은 의미 대 의미 번역이었다. 그 서문은 다음과 같다(Robinson 1997: 54). '라틴어에서 영어로의 최상의 번역은 단어를 따르는 것뿐만 아니라 문장을 따라 번역하는 것이다.' 그러나 하나님의 말씀에 대한 이러한 자유주의는 아무리 해도 보편적인 지지를 얻지 못했다. 또한 캔터베리 대주교는 1409년 허가받지 않은 모든 성경 번역의 사용을 금지했다. 이때부터 위클리프 성경 번역가들은 비밀스럽게 작업해야 했다(Ellis & Oakley-Brown 1998: 336).

독일어판 성경의 첫 번째 번역본은 Martin Luther(1483-1546)가 완성했다. Martin Luther는 1522년에 신약성경을 출판했고 1534년에 성경 완역을 출판했다. 그는 번역에 대한 견해를 『Sendbrief vom Dolmetschen ('번역에 관한 회람장')』에서 밝혔다. 하나님의 메시지는 번역가가 해석하여 독자들에게 호소력 있는 언어로 전달해야 한다. 이는 목표 언어를 위해서 원전의 문법을 희생하는 것을 의미하게 되는데, Luther는 또한 필요한 경우 일상적인 비유표현을 적절하게 사용하는 것을 옹호했다(Bassnett-McGuire [1980] 1991: 49). Robinson(1997: 84)은 Luther가 번역 이론에 가장 중요하게 공헌한 점은 바로 '독자 지향성'이라고 평가한다.

다음 훌륭한 영어판 성경 번역가는 William Tyndale(1494-1536)인데 Tyndale의 영어판 신약 성경은 1525년에 인쇄되었다. 이 번역은 네덜란드에서 출판되어 1526년에 영국으로 밀수되었고 같은 해에 이단으로 몰려 불사라진 Erasmus의 그리스어 수정본[2])에 기초한다. Tyndale 역시

---

2) Desiderius Erasmus(1467-1536)는 몇 몇 초기 그리스어 사본에 근거하여 1516년 신약성서를 그리스어로 출판했다. 그리스어 텍스트와 함께 Erasmus는 주석, 비판 논평, 변명서, 소개서를 덧붙인 자신이 번역한 라틴어 텍스트도 출판했다. 그는 이 작업을 즉시 수정하기 시작하여 1535년까지 Erasmus스스로 결정판이라고 생각한 5번째 개정판을 출판했다(Hermans 1998: 399).

1536년에 이와 운명을 같이 했는데 당시 그는 신약성경(1534)을 수정하고 구약성경의 일부를 히브리어에서 번역한 상태였다(Bassnett-McGuire [1980] 1991: 47; Ellis & Oakley Brown 1998: 337).

King James성경은 King James 16세가 의뢰했기 때문에 붙여진 이름인데 이 성경은 47명의 학자들과 번역가들의 팀이 함께 작업하였다. 이 번역성경은 James가 영국 왕위에 오른 일 년 뒤인 1604년에 시작해서 50권 이상의 영어 성경이 출판된 시기인 1611년에 완성되었다. King James 팀은 특히 1568년 주교성경, Tyndale성경(1525), Matthew성경(앤트워프 1537), Coverdale성경(취리히 1535, 영국 1537), Whitchurch성경(1539)을 참고했는데, 중세4대복음서와 시편, 위클리프 성경도 역시 참고하였다 (Steiner[1975] 1992: 366). King James 번역가들은 위의 이전 번역성경의 영향을 받았다. Steiner에 따르면 이렇게 의도적인 고문체(archaism)로 인해서 '생명력'과 '축적된 전통의 논리'가 가능했고 '히브리어, 그리스어, 라틴어 원전을 영어적 감성으로 변화시키는 것이 가능해졌다고 한다. 또한 그는 영어판 성경에서 고문체가 다른 유럽의 성경보다 더 직접적이고 언어학적으로 중심적이며 신학적으로 분산시키는 역할을 담당했다고 주장했다(Steiner [1975] 1992: 367). 따라서 이 번역성경은 수용문화(host culture) 고유의 텍스트 역할의 측면에서 훌륭한 번역 예가 된다. Nida (1998: 25)에 따르면 카톨릭에서 불가타 성경이 높이 평가 받듯이 King James 성경(흠정역으로도 알려짐)은 영어를 사용하는 개신교도 사이에서 높이 평가된다고 한다. 한 기고가가 쓴 주석은 Ward Allen(1969)의 수정본에 있으며 Miles Smith(d. 1624)가 1611년에 쓴 서문은 Robinson에서 재인쇄되었다(1987: 139-47).

Nida(1998: 23)가 성경 번역에서 '현대'라고 지정한 1885년부터 현재까지 성경 수정본과 번역본이 처음에는 유럽 언어로 쓰여 졌다가 후에는 소위 제 3세계의 언어로 쓰여졌다. 제 3세계 언어로의 번역은 대체로 선교회가 책임을 맡았는데 특히 하계언어학연구소(Summer Institute of Linguistics)로도 알려진 위클리프 성경 번역가들이 그 책임을 맡았다. 성경번역가들은 세 명에서 다섯 명의 팀으로 일하는 전임번역가이고 이들은 성경번역이 학문적으로 가장 믿을만한 그리스어와 히브리어 성경해석에 근거하여야 한다는 것에 일반적으로 동의한다. 또한 목표 텍스트가 의도된 독자들에게 이해하기 쉽고 수용 가능해야 하고 텍스트보다 주석, 서문, 혹은 단어목록에 배경정보를 포함시켜야 한다는 데에 동의한다 (Nida 1998: 27-8).

1.4 이론가들

위에서 보았듯이 이지적 번역가들은 전형적으로 그들의 실제번역의 원칙을 개발하고 우리는 가장 잘 확립된 번역이론의 개념과 이분법을 로마인들이나 성경 번역가들에게서 전수받는다. 이후 번역가들과 다른 텍스트 유형의 번역가들이 이러한 점에 계속 집중하였고 이는 또한 번역이론이 더욱 발전하는 근간이 되기도 하였다. 이러한 발전은 두개의 주요 범주로 나뉜다. 첫 번째 방향은, Dolet, Chapman, Batteux가 제시한 바와 같이 좋은 번역을 위한 요건의 목록이 있다. 번역 작업에서 준수해야 하는 요령, 지침, 혹은 규칙을 만드는 규범주의적 전통은 현 세기에서도 강하게 남아있다. 그 대표적인 예가 Peter Newmark이다.

두 번째로 특정한 번역방법을 옹호하는 전통이 있다. 이러한 전통은 한 번역방법을 다른 번역방법보다 선호하는 정당성이나 이유를 동반하기 때문에 이론적이라고 보는 것이 더 적절하다. 의역을 주장한 이론가는 Denham, Cowley, Perrot이고, 원천 텍스트에 최대한 가깝게 번역해야한다는 직역을 주장한 이론가는 Huet이며, 의역과 직역의 균형을 주장한이론가는 Dryden, Pope, Batteux이다. 마지막으로 Tytler와 Herder의 이론에서는 단어기반 번역과 의미기반 번역의 단순한 대비를 하지 않을뿐더러 그러한 대비가 중심 쟁점에서도 벗어나 있다. 그리고 Tytler와 Herder는 더 복잡한 번역이론과 번역방법을 주장하고 기술한다.

여기서 특히 흥미로운 것은 번역과 연관된 언어학적 쟁점에 주로 관심을 두는 두 번째 범주에 속하는 이론가들이다. 이러한 이론가들로는 Schleiermacher, von Humboldt, Walter Benjamin, Gottfried Wilhelm Leibniz(1646-1716)가 있으며 Gottfried Wilhelm Leibniz는 그의 에세이 『Unvorgreifliche Gedanken, betreffend die Ausübung und Verbesserung der Deutschen Sprache('독일어 사용과 개선에 관한 예기치 않은 생각들', 1697)』에서 번역하는 언어를 깊이 이해하는 수단으로서의 번역을 옹호했다. '언어의 과잉과 결핍에 대한 진정한 검증은 다른 언어로 된 좋은 책을 번역할 때 잘 나타난다. 왜냐하면 이렇게 해 보면 그 언어에서 무엇이 결여되어 있고 무엇이 활용 가능한 가를 알 수 있기 때문이다'(Robinson 1997: 185). 이것은 Dagut(1981)의 의미공백 개념의 전조가 된다. 또한 어떤 언어로든 모든 것들은 말해질 수 있다는 Leibniz의 개념을 Jakobson이 반복해서 주장한다([1959] 1987: 431).

여기서 논의한 이론가 외에도 과거의 많은 이론가들이 번역에 관한 글을 썼고, Robinson(1997)에서 이러한 이론가들의 좋은 글을 볼 수 있다.

Bassnett-McGuire([1980] 1991: 54)가 번역이론을 형식화한 초기 학자 중의 한명이라고 말한 Étienne Dolet(1509-46)는 그의 『La manière de bien traduire d'une langue en aultre(한 언어에서 다른 언어로 번역하는 좋

은 방법)』에서 번역의 질이 다음의 다섯 가지에 달려있다고 주장한다 (Robinson 1997: 95-6의 David G. Ross의 번역 참조): (1) 저자의 의미와 동기를 번역가가 이해하는 것, (2) 원천 텍스트 언어와 번역하는 언어에 대한 번역가의 친숙성, (3) 단어 대 단어 번역에 대한 의존에서 벗어나는 번역가의 능력, (4) '지나친 신조어'가 아닌 '일반 용어' 사용, (5) 수사적 조화의 원리 고수(Steiner[1975] 1992: 276-7) 등이다. Dolet는 철학에 대한 관심 때문에 몰락했다. 그는 플라톤의 대화록의 일부인『Axiochus(악시오쿠스)』를 육체가 죽은 뒤 영혼이 살아남는다는 기독교적 교리에 모순되게 번역하여 1546년 자신의 서적과 함께 화형을 당했다.

　　Dolet의 원리와 유사한 원리들의 목록은 Homer의『Iliad(일리아드)』(1611) 번역에 대한 George Chapman의 서문에서 볼 수 있다. George Chapman은 다음과 같이 서술한다(Robinson 1997: 137).

　　　　영리하고 판단력 있는 해석가는 단어의 수나 순서를 따르는 것이 아니라 자료 그 자체와 애써 중점을 두어야 할 문장을 따라야 하며, 번역하는 언어에 가장 적합한 단어, 문체, 화법 형식으로 그것들을 표현하고 꾸며야 한다.

그러나 Chapman은 또한 원전의 의미가 보존되어야 한다고 주장한다. 그리고 Homer 작품에 대한 그의 번역은 이전 번역가보다 의역이 적게 사용되었다고 생각한다.

　　Charles Batteux(1715-80)가 그의 저서『Principles of Translation(번역의 원리)』(『Prindipes de littérature(문학의 원리』의 일부임, 1747-8))에서 서술한 목록은 Batteux가 자연과 이전 권위(그 예로 Cicero), 사고패턴의

일반성을 언급하여 원리들을 정당화하고 있다는 점에서 이전의 연구보다 더 광범위하고 적절하게 이론화되었다. 그 목록은 다음과 같다. 원전의 사건순서나 생각순서는 번역에서 바뀌면 안 된다, 문장이 끝나는 단위를 바꾸면 안 된다, 접속사는 그대로 유지해야 한다, 부사는 동사 다음에 나와야 하고 대칭적 문장은 그대로 대칭을 유지해야 한다, 문장 서법, 비유, 속담은 충실하게 번역해야 한다, 등이다.

17세기에 시 창작으로 유명했던 John Denham(1615-69)경은 Virgil의 『The Destruction of Troy(트로이의 파괴)』(1656)(출처『Aeneid』)에 대한 번역 서문에서 시 번역가의 임무는 단지 한 언어를 다른 언어로 번역할 뿐만 아니라 시를 시로 번역하는 것이며 '시의 정취(poesie)는 아주 미묘한 혼이기 때문에 한 언어에서 다른 언어로 번역되면 사라질 것이고, 새로운 혼이 들어가지 않으면 caput mortuum(죽음의 머리, 해골, 비유적으로는 쓸모없는 나머지란 의미)만 남을 것이다'고 서술한다(Robinson 1997: 156). Abraham Cowley(1618-67)도 Pindar의 시(odes) 번역 서문(1656)에서 위와 같은 생각을 밝힌다(Robinson 1997: 161).

Pindar의 작품을 단어 대 단어로 번역하면 미친 사람이 번역했다고 생각될 것이다. 재치와 시혼이 담기지 않은 각운은 산문보다 10배 더 산만해 보일 것이다.

2세기 후에 Percy Bysshe Shelley(1792-1822)가 시 번역이 특수하고 개작에 가깝다고 다시 주장한다. Shelley는『Defence of Poetry(시의 변호)』에서 다음과 같은 유명한 번역의 은유를 표현한 것으로 유명하다(1821, 1840출판, Robinson 1997: 244-5).

시인의 창조물을 한 언어에서 다른 언어로 옮기는 것은 색깔과 향기의 형식적 원리를 찾기 위하여 제비꽃을 도가니에 넣는 것과 같다. 식물은 씨앗에서 싹이 나와야 하는데 그렇지 않으면 꽃을 피울 수 없다. 이는 바벨저주 이후 인간에게 부여된 짐이다.

이후 많은 번역 이론가들은 이와 유사하게 시 번역의 특수한 본성과 어려움을 토로했고 시적 천재성을 가진 사람만 성공적으로 시를 번역할 수 있다고 주장했다.

Cowley는 원전과 번역 사이에 존재할 수 있는 시간, 공간, 문화적 거리와 관련하여 의역을 다음과 같이 정당화한다. 'Pindar의 두 편의 시에서 내가 원하는 대로 생략하고 추가했다'(Robinson 1997: 162). 두 문화에는 서로 다른 종교, 관습, 풍경, 국민들이 있게 되고, 이것들이 그들의 문학에 영향을 주고, 근접한 번역을 힘들게 만들게 된다. 또한 두 문화가 다른 운율법을 사용하는 다른 유형의 시를 갖게 되어 이 시의 유형들이 목표 언어보다 원 언어에 더 적합할 수 있다.

les belles infidèles이라는 표현은 최근 젠더 이슈에 관심이 있는 번역 학자들의 특별한 주목을 받았다(2장 2.3.4 참조). 이 표현은 Gilles Ménage(1613-92)가 Nicolas Perrot(1606-64)의 고전 의역을 설명하는데 사용함으로써 번역 이론에 도입되었다(Robinson 1997: 156). Robinson(*op. cit*. 157)에 따르면 Perrot이 너무 자유롭게 번역한 나머지 새로운 작품을 쓰지 굳이 왜 번역을 하느냐는 질문을 받았다고 한다. 이에 대한 Perrot의 대답은 로마인을 모방한 것이었다. '국가에 봉사하기 위해서는 새로울 것 없는 신작을 쓰기보다 귀중한 저자의 작품을 번역해야 한다.' 이러한 논지와 다른 문화의 문학을 번역하는 것이 수용자 문화의 문학 체계를 풍부하게 한다는 전통적인 생각이 달라진 것은 흥미롭게도 2세기 후의 Madame de Staël의 주장에서 볼 수 있다(Anne Louis-Germaine Necker, baronne de Staël-Holstein 1766-1817). Staël은 다음과 같이 주장한다(『De l'esprit des traductions(번역의 정신)』 David Ross 번역, Robinson 1997: 241).

> 인류 지성의 걸작을 한 언어에서 다른 언어로 전달하는 것 이상으로 문학을 위한 뛰어난 작업은 없다. 일등급이 되는 작품은 몇 개 되지 않는다. 모든 장르에서 천재성을 발휘할 수 있는 사람은 드물기 때문에 현대 국가가 자국의 고유한 재산으로만 살아가야 한다면 영원히 가난할 수밖에 없을 것이다.

Robinson(1997: 162)에 따르면 Perrot과 Cowley가 지지한 번역의 자유와 대조적으로 Pierre Daniel Huet(1630-1721)의 글인 『De interpretatione(명제론)』은 그의 동시대인들에게 번역에 관한 마지막 글로 여겨진다. Huet은 '덜 알려진 언어로 표현된 담화를 제공하고 재생산하는 더 잘 알려진 언어로 표현된 담화'라고 번역을 정의한다(Edwin Dolin 번역, Robinson 1997: 167). 그는 번역이 다음 두 가지 방법 중 하나로 수행될 수 있다고 한다. 원저자를 정확하게 재생산하는데 초점을 두거나 혹은 로마 번역가들처럼 번역가나 독자의 즐거움에 초점을 둠으로써 번역을 수행할 수 있다. 그러나 Huet이 생각하는 가장 좋은 번역 방법은 원저자를 정확하게 재생산하는 것이다(ibid).

번역가가 먼저 원저자의 의미를 고수하고 그 다음에 두 언어 능력이 허용되는 한 실제 단어에 충실한다. 마지막으로 가능하다면 원저자 고유의 특성을 묘사하고, 삭제하지도 추가하지도 않은 채로 온전한 원저자다움을 재생산하는데 집중한다.

Huet이 이런 방법을 선호하는 이유는 번역이 언어가 허용되는 한 단어 대 단어로 모방하여 원전을 진실하게 상상하는 것이라고 생각하기 때문이다. 그러나 Huet은 언어의 불일치와 양립불가능성으로 인해 원저자의 자취를 근접하고 명확하게 따라가지 못하는 많은 장애가 발생할 수 있다고 결말짓는다(Robinson 1997: 169).

또한 John Dryden(1631-1700)이 『Ovid's Epistles(오비드서)』(1680)의 서문에서 제시한 세 가지 번역 전략 분류에 따라 번역할 수 있다. 이 서문에서 Dryden은 세 가지 전략을 구분한다. (1) 직역, 단어 대 단어로 번역, (2) 바꿔 쓰기, '원저자의 시각은 유지한 채 단어보다는 의미에 따라 자유를 허용하는 번역', (3) 모방, 단어와 의미 모두 바뀌고 '원전의 일반적인 힌트 몇 개'만 보여주기 때문에 사실상 '번역'이라고 부를 수 없는 방법(Robinson 1997: 172) 등이다. Dryden은 바꿔 쓰기를 지지했는데 직역은 성취하기가 거의 불가능하고 결과가 대개 형편없고 모방은 원전의 저자를 잘못 재현하기 때문이다. 한편 Dryden은 Cowley가 Pindar의 시를 번역할 때 자유를 허용한 것을 정당화한다. '너무 거칠고 통제 불가능한 시안'은 오직 모방으로만 영어번역이 가능하며 이는 'Cowley와 같이 고상하고 자유로운 천재'만 번역할 수 있다(Robinson 1997: 173).

Alexander Pope(1688-1744)는 Homer의 『Iliad(일리아드)』 번역 서문에서 '번역의 주요 특징'에 관하여 논의하였다. Pope는 단어 대 단어 번역과 의미 대 의미 번역 두 극의 중간지점이 바람직하다는 Dryden의 의

견에 동의한다. '어떤 직역도 우열한 언어로 된 훌륭한 원전이 될 수 없다는 것은 확실하다. 그러나 무분별한 바꿔쓰기가 이런 일반적인 결함을 고칠 수 있다고 생각하는 것(많은 사람들이 생각했듯이)은 큰 오산이다. 무분별하게 바꿔쓰는 것은 현대적 표현방식으로 바꿈으로써 고대의 혼을 잃어버릴 위험이 있다'(Robinson 1997: 193).

『Über die neuere Deutchen Litteratur: Fragmente(1766-7)』(『최근 독일 문학에 관하여: 단편들』, Robinson 1997: 207-8)에서 Johan Gottfried von Herder(1744-1803)은 지금 잘 알려진 자국화와 이국화(Venuti 1995)라는 구분 명칭 이전의 구분 명칭을 도입하였고, 저자가 독자에게 다가가는 것과 독자가 저자의 문화로 오는 것 사이의 선택에 대한 은유를 이론 속에 도입하였다. Herder는 Homer를 프랑스 취향에 완전히 순응시켰다고 프랑스인들을 비난했다. 'Homer는 프랑스식으로 입고 프랑스에 들어간 포로이다.' 독일에서 Homer는 그답게 보인다. 이것은 주석과 비판적인 논평을 요구하였다: '번역가는 그와 함께 우리를 그리스로 데려가서 그가 발견한 보물을 우리에게 보여주어야 한다'(Robinson 1997: 208).

Alexander Fraser Tytler(1747-1813)에서 자국화를 강조하는 번역이론에 관한 영어로 된 글을 볼 수 있다. Tytler는 『Principles of Translation (번역의 원리)』(1791)에서 좋은 번역은 다음과 같아야 한다고 주장하고 있다(Robinson 1997: 209, 볼드체는 원문을 나타냄).

That in which the merit of the original work is so completely transfused into another language as to be as distinctly apprehended, and as strongly felt, by a native of the country to which that language belongs as it is by those who speak the language of the original work

(원작의 언어를 사용하는 독자들만큼 목표언어의 독자들도 원전의 장점
을 명확하게 이해하고 강하게 느낄 수 있도록 아주 완벽하게 번역한 것)

이러한 가정에 따라 다음과 같은 세 가지 원리가 나온다: (1) 번역은 원전
의 생각을 완벽하게 재현해야 한다. 이를 위해 번역가는 원전 언어를 완
벽하게 이해하고 원전의 주제를 정확히 파악해야 한다, (2) 원전의 문체
는 그대로 유지되어야 하고 이를 위해 번역가는 유능한 문장가가 되어야
한다, (3) 번역은 원전과 동일하고 쉽게 읽을 수 있어야 하고 원전에 결함
이 있으면(불명확하거나 중의적이면) 번역가가 그것을 수정해야 한다. 이
는 아주 논쟁을 초래하는 입장이며 이런 방법을 채택한 번역가는 후세에
조롱의 대상이 되기도 한다. 그 대표적인 예가 Edward Fitzgerald
(1809-83)이었는데 Fitzgerald는 『Rubráiyát of Omar Khayyám(오마르 하
이얌의 루바이야트)』(1859)의 번역서문에서 '자신들을 형성하는 약간의
예술을 진정 필요로 하는 페르시아인들'(Bassnett-McGuire [1980] 1991: 3
에서 인용)에 적절하다고 생각되는 대로 고쳤다고 서술했다. Fitzgerald와
Tytler의 생각에 의문을 제기하는 이유는 한 역사적 시점의 한 문화에서
결함이 있다거나 예술적이라는 것은 후세의 다른 문화에서는 결함이 아
닐 수도 있고 예술이 아닐 수도 있기 때문이다.

차이점을 나타내는 세 가지 번역유형은 독일 낭만주의 시대의
Novalis(Friedrich Leopold von Hardenberg, 1772-1801의 필명임)와 함께
시작되었다. Novalis는 『Blütenstaub』('꽃가루', 1798, Robinson 1997: 213)
에서 다음과 같이 서술한다.

번역은 문법적이거나 변형적이거나 혹은 신화적이다. 물론 신화적 번역

은 가장 고귀한 문체를 사용하는 번역이다. 신화적 번역은 개별 예술작품의 순수하고 완전한 특징을 드러낸다. 이러한 번역이 제공하는 예술작품은 실제적인 것이 아니고 이상적인 것이다. ... 문법적 번역은 ... 많은 양의 지식을 요구하지만 설명적 글쓰기 기술에 지나지 않는다. ... 변형적 번역은 서툰 모방에 가깝다.

이러한 의미에서 실제로 쓰여진 작품 뒤에 이상적 작품을 슬쩍 보여주는 '신화적' 번역은 후에 Walter Benjamin의 글에서 다시 논의되었다.

Johann Wolfgang von Goethe(1749-1832)의 글에서 Herder가 제시했던 여행의 은유를 다시 보게 된다. Goethe는 『Rede zum Andenken des edlen Dichters, Bruders und Freundes Wieland('고귀한 시인이자 형제요 친구인 Wieland를 기억하는 연설', 1813, Robinson 1997: 222)』의 『The Two Maxims(두 가지 격률)』이란 부분에서 다음과 같이 서술한다.

번역에는 두 가지 격률이 있다. 이국 저자를 우리에게 데려와 그를 우리 자신으로 보는 것과 우리가 이국 저자에게 가서 이국적 상황, 이국적 말하기 방식, 이국적 독창성 안에서 우리 자신을 찾는 것이다.

그러나 West-Östlicher Divan(1819)에서 Goethe는 지금까지의 번역이론에서 독창적인 세 가지 번역 유형을 소개하면서 자국화/이국화와 여행의 은유에 대해 상세히 기술하였다. 여기서 선호되는 번역종류에 대한 판단은 아름다움과 충실성에 관한 미학적, 윤리적인 것이 아니라 특정 언어와 특정 장르 번역의 '문화적 가독성'에 대한 정도성의 차이에 근거한다. 그는 다음과 같이 기술한다(Robinson 1997: 222-3).

세 가지 종류의 번역이 있다. 첫 번째 유형은 이국을 자국용어로 친숙화하는 것이다. 이를 위해서는 간단한 산문 번역이 가장 적합하다. ... 왜냐하면 이러한 번역은 일상생활 한 가운 데에서 이국적인 것으로 우리를 놀라게 하기 때문이다. ... 그 다음은 이국의 상황 속으로 자 신을 투영하고자 하지만 사실상 이국적 의미에 근접해 질뿐이며 결국 자신의 것으로 대체하는 두 번째 시대이다. 나는 이러한 시대를 패러디의 시기라고 부르고 싶다. ... 이러한 두 번째 시대 다음에는 최종적이며 가장 높은 세 번째 시대로 이어진다. 이 시대에서 번역가는 원문과 동일하게 번역하려고 하기 때문에 번역가는 더 이상 대리인의 위치가 아니라 타자의 위치에 있게 된다.

이러한 시대들은 반복될 수도 있고 전복될 수도 있고 동시에 일어날 수도 있다. 그러나 그럼에도 불구하고 세 번째 시대는 최종 시대라 불리우는데, 그 이유는 '전방으로, 원천 텍스트 쪽으로 우리를 이끌고 결국 이국적인 것과 친숙한 것, 알려진 것과 알려지지 않은 것이 서로를 향해 움직이는 순환을 종료시키기 때문이다'(Robinson 1997: 224).

여행의 은유와 이국성에 대하여 Friedrich Schleirmacher(1768-1834)도 『Über die verschiedenen Methoden des Übersetzens』('번역의 다른 방법', 1813, Robinson 1997: 225-38)에서 논의했다. Schleirmacher는 다음과 같이 기술한다(op. cit.: 229).

번역가는 (1) 작가를 가능한 한 방해하지 않고 독자를 작가의 방향으로 이동시키거나 혹은 (2) 독자를 가능한 한 방해하지 않고 작가를 독자의 방향으로 이동시킨다. 이 두 접근은 완전히 상이해서 두 가지가 혼합되면 작가도 독자도 서로를 완전히 잃어버릴 수 있으므로 혼합해서는 안 된다.

첫 번째 방법을 따르기 위해서 번역가는 독자에게 텍스트가 이국적이라고 알려야 한다. 그러나 독자를 텍스트로부터 완전히 분리시키지 않고 독자의 원어로 알리는 작업이 이루어질 필요가 있다. 이것은 독자가 이국성을 이해하는 것이 바람직하다고 인식하고 독자의 원어를 사용하는 데 있어서 어느 정도의 유연성을 허용할 때 성공적으로 수행될 수 있다. 번역에서 언어의 유연성을 활용한 유명한 예는 William Morris(1834-96)의 번역활동이다. William Morris의 아이슬란드 전설 번역, 고전 그리스 문학 번역, 고대 프랑스 로맨스 번역은 특수 어휘를 사용하고 원본의 문법 구조와 운율을 모방한 것이 특징적이다.

Schleirmacher는 번역이 원전처럼 읽히도록 원전을 목표 언어로 전달하려는 접근에 대해서 신중한 자세를 취했다. 그러한 자세를 가진 이유는, 언어와 문화, 그리고 작가의 생각과 그 표현을 위한 언어 단위 사이의 친밀한 연결 관계를 고려할 때, Schleirmacher는 표현된 내용이 표현의 매체로부터 분리될 수 있을지에 대해서 의구심을 가졌기 때문이다. Wilhelm von Humbolt(1767-1835)는 이러한 친밀성에 대해 언어적 상대성 이론의 측면에서 더 상세하게 설명하였다. 이는 Sapir & Whorf(3장 참조)의 언어 상대성 논문과 Langacker(1987과 1991, 1991, 1999)가 제시한 인지 언어학 이론의 선구자 역할을 하였다.

Humbolt(이후 Roman Jakobson, Roman Ingarden, 다른 많은 학자들)에 따르면 모든 작품의 훌륭한 독창성은 번역 불가능하다. Humbolt는 자신이 번역한 Aeschylus의 『Agamemnon(아가멤논)』을 소개하면서 이 생각을 제안했고 서로 다른 언어에서 연관되는 범위가 다르고 개념을 구별하는 범위가 다르기 때문에 발생하는 언어 간의 차이와 관계있다고 설명했다(Robinson 1997: 238).

물질적 대상을 의미하는 표현을 제외하고 한 언어의 단어가 다른 언어의 대응단어와 완전히 같을 수는 없다. 이러한 의미에서 서로 다른 언어는 유의어일 뿐이다. 각 언어는 개념에 조금씩 다른 범위를 설정하고, 이런 저런 내포 의미를 부여하며, 감정적 반응의 사다리에서 더 높게 울리거나 더 낮게 울리는 것으로 개념을 확립시킨다.

표현을 내용으로부터 분리할 수 있다는 개념에 대해서 Matthew Arnold (1822-88)가 『On Translating Homer(호머 번역론)』(1861)에서 다시 의문을 제기했다. '원문의 본질적 내용을 전달할 때 원문의 방식을 동시에 전하지 않으면서 원문에 대한 **충실성**을 지닌다고 가정'하는 것은 실수이다. 달리 말하면 '원문의 방식을 전하지 않으면서 원문의 본질적 내용을 전달할 수 있다고 가정하는 것'은 실수이다. 좋은 번역을 보증하기 위해서는, 번역가는 어떻게 그리스 인들이 Homer를 이해했을 것인지에 대한 가정에 현혹되어서는 안된다. 왜냐하면 이러한 가정을 증명할 수 없기 때문이다. 또한 오늘날의 일반적 취향에 현혹되어서도 안되는데, 그 이유는 이러한 일반적 취향으로 Homer를 재생산할 수 있을 것 같지 않을뿐더러, '번역가가 Homer를 재생산해야 한다'는 점 때문이다. 따라서 번역가에게 유일하게 적합한 조언자는 '재생산되어야 할 바로 그 Homer를 알 수 있는 수단을 유일하게 가진 학자들이다. 이러한 학자는 Homer를 알지만 시간, 인종, 언어적으로 분리되어 있기 때문에 Homer를 완벽하게 알지 못한다. 그러나 이러한 학자만이 Homer를 조금이나마 안다.' 번역가가 번역에서 성취해야 할 효과는, 원전 텍스트가 문학 감상에서 훈련받은 Arnold와 같은 인문 학자들에게 주는 효과라 할 수 있다. 그 다음 세기에 Nabokov(1955)는 이와 유사하게 학계 독자층을 겨냥한 주석이 달린 직역번역을 주장했다.

원전이 학자들에게 영향을 주듯이 학자들에게 영향을 미칠 목적의 학술적 번역은 특히 일반 독자층들이 접근하기는 쉽지 않을 것이다. Arnold의 동시대인인 Francis William Newman(1805-97)은 'Homer를 교육받지 않은 대중 앞으로 데려오는 것이 자신의 유일한 목적'이라고 밝혔다(『Homeric Translation in Theory and Practice(호머번역: 이론과 실제)』 1861, Robinson 1997: 257). Arnold와 Newman의 논쟁은 Arnold의 『On Translating Homer(호머 번역론)』(1862) 전체에서 찾아볼 수 있다. 한편 학문적 성격의 번역이 필연적으로 가까이 해서는 안 된다고 생각하는 것은 오산이다(이는 Newman의 주장에서도 마찬가지이다-Newman도 번역가가 그의 주제에 정통해야 한다고 본다). Heaney가 인정한 학술적 영향에도 불구하고 아주 인기 있는 베스트 셀러가 된 Seamus Heaney의 『Beowulf(베오울프)』는 접근하기 어렵지 않다(1999: 105).

Walter Bendix Schoenfliess Benjamin(1892-1940)의 번역에 대한 글에서는 번역가가 독자를 가장 고려해야 한다는 생각이 약해졌다. Benjamin은 『Die Aufgabe des Übersetzer('번역가의 임무(The task of the translator)', 1921)』에서 예술작품은 독자를 위해 만들어진 것이 아니라고 주장했다. '원전이 독자를 위해 존재하는 것이 아닌데 어떻게 번역이 이런 전제를 근거로 이해될 수 있겠는가?'(Venuti 2000: 16에서 Harry Zohn의 번역) Novalis의 글에서 암시하는 순수한 언어로 쓰인 순수한 작품에 우리가 더 가까워지도록 만드는데 번역의 중요성이 있다고 Benjamin은 생각했다. Benjamin에 따르면 특정 작품들은 원래 번역이 가능하고 이러한 번역가능성으로 인해서 원전이 출판된 후 계속해서 번역된다. 번역의 궁극적 목적은 '언어 간의 상호적 관계를 표현하는 것인데 ... 언어 간 유사관계는 두 문학 작품 간의 피상적이고 막연한 유사성에서보다 번역에서 더 깊이 있고 명확하게 드러난다'(op.cit.: 17). 언어는 지속적으로 변하기 때문에 최종적인 글자의미가 번역의 궁극적 목표가 될 수 없다. 대신에 각 번역은 '전체적으로 언어 기저에 있는 의도 즉, 단일 언어 그 자체로는 획득할 수 없고 오직 서로 보충하는 의도의 총체성인 순수한 언어로만 실현될 수 있는 의도를 조금씩 드러낸다'(op. cit.: 18).

이후 몇몇 언어학자들(예. Sapir 1921, Jakobson 1959)은 번역이 특히 언어 간의 유사성을 입증하거나, 언어들의 표면적인 차이점 밑에 숨어있는 공통적인 의미적 근간을 제시하는 데 있어 언어 간 관계를 발견하는 좋은 방법이라는 데에 동의했다(3장 참조).

Benjamin이 본래 번역가능하다고 한 '특정 텍스트들'은 문학작품을 포함한 소위 높은 수준의 작품들이다. 이러한 점에서 Benjamin은 20세기 상반기의 대부분의 번역 작가들과 근본적으로 다르다. 이 시기의 대부분 번역 작가들은 전체적으로 텍스트의 문학적 가치가 증가할수록 번역가능성은 떨어진다고 생각하는 경향이 있었다. 이러한 경향에 대한 논의들은 구조주의적 원리에서 유래했다. 예를 들어, Ingarden([1931] 1973)은 모든 문학작품이 음성적 층위, 의미론적 층위, 상적 층위, 표상적 층위의 4가지 층위로 형성된다고 생각했다. 의미단위의 의미론적 층위는 전체적인 구조적 틀을 제공하는 반면, 음성적 층위는 '외부의 고정된 껍데기를 형성하는데, 이 층위에서 나머지 층위들이 외부적 버팀 지점을 발견하게 된다'([1931] 1973: 59). 분명히 이러한 음성적 층위는 번역 상에서 대체되고, 그래서 '참되고 정말 가치 있는 서정시는 외국 언어로 번역될 수 없다'는 결과를 낳게 된다. 그 이유는 음성적 층위가 완전히 다른 언어적 재료로 대체되어, 원전에서 특별한 노력 없이 수행되던 모든 기능을 결코 수행할 수 없다([1937] 1973: 266)는 점 때문이다. 사실상 Ingarden의 비관주의는 서정시에만 국한되지 않는다. Ingarden은 '진정으로 훌륭한 문학작품을 충실히 번역하는 것은 거의 불가능할 것이다([1937] 1973: 156)라고 생각한다. 왜냐하면 진정한 문학작품의 형식과 내용은 서정시의 형식과 내용처럼 상호의존적이기 때문이다.

　　이와 유사하지만 좀 더 기능적인 관점에서 Jakobson은 '시라는 것은 말 그대로 당연히 번역불가능하다'(1959: 238)고 주장한다. Jakobson에 따르면 번역에는 세 가지 종류가 있다([1959: 233] 1987: 429): (1) 언어내적 번역 혹은 다시쓰기는 같은 언어의 다른 기호를 사용하여 언어적 기호를 해석하는 것이다. (2) 언어간 번역 혹은 엄밀한 의미의 번역은 다른 언어를 사용하여 언어적 기호를 해석하는 것이다. (3) 기호간 번역 혹은 변환은 비언어적 기호체계를 사용하여 언어적 기호를 해석하는 것이다.

　　언어내적 번역(다시쓰기/고쳐쓰기)은 항상 완전한 동의어 즉, 단어 층위에서 완전한 의미적 동의성을 만들어내지 않는다. 그러나 대개 등가적 메시지를 만드는 것은 가능하다. 이러한 점은 언어간 번역에서도 마찬가지이다([1959] 1987: 430): '번역은 두 개의 다른 부호로 이루어진 두 개의 등가적 메시지와 관련 된다. 문학작품을 번역할 때의 문제는 문학 텍스트에 존재하는 부호 그 자체에 특별한 중요성이 있다는 것이다. 부호의 측면은 메시지의 일부가 되어서 메시지가 등가적일 수 없게 된다. 왜냐하면 부호가 달라지기 때문이다. 이것은 다음과 같은 방법으로 발생한다.

　　언어적 소통의 행위는 6가지의 요소를 수반한다(Jakobson [1960] 1987: 66). (1) 메시지를 보내는 발신자, (2) 메시지를 받는 수신자, (3) 메시지가 작용할 수 있도록 만드는 맥락, 즉 표현들이 무엇인가에 관한 메시지로 관련되도록 만드는 맥락, (4) 메시지 그 자체, (5) 발신자와 수신자를 물리적, 정신적으로 연결시켜 이들이 소통을 시작하고 그 안에 머물 수 있도록 하는 접촉, (6) 참여자들이 다소 완전히 공유하는 언어, 즉 부호 등이다.

이러한 각 요소들은 '언어의 다른 기능을 결정한다'([1960] 1987: 66). 거의 모든 메시지가 각 기능들을 수행하지만 메시지마다 그 기능에 서로 다른 중요성의 위계를 부여한다. 이러한 기능들은 다음과 같다. (1) 발신자가 감탄, 강조, 어조 등을 사용하여 태도나 감정을 표현하는 표현/감정의 기능, (2) 수신자에 대한 지향성을 나타내고 호격이나 명령법으로 주로 표현되는 능동적(conative) 기능, (3) 참여자들이 주위의 사물들에 관해 말할 수 있도록 해주고, 어휘적 단어(명사, 동사, 형용사, 부사, 몇몇 전치사)로 표현되는, 지시적/외연적/인지적 기능(맥락에 따라 결정됨).

이 세 가지 기능은 Bühler의 언어에 관한 설명에서 유래한다. 처음에는 Malinowsky(1953)가 제시한 네 번째 사교적(phatic) 기능에 관심 집중이 이루어졌다.

사교적 기능은 담화 상황의 접촉 요소에 의해 결정된다. 사교적 기능은 서로 친해지려는 사람들의 노력을 도와주고 사회성을 촉진시킨다. 이 기능은 의례적이고 공식적인 언어로 표현된다. 또한 담화참여자들이 서로 공유하는 정도를 확인하기 위해 부호 그 자체에 초점을 두게 하는 기능이 있다. 이 기능은 '언어에 대한 언어'로 표현되는 상위언어적 기능이다.

언어학적 행위의 지향점[Einstellung]이 주로 메시지 그 자체를 향한 것이면 마지막 언어의 기능인 시적 기능이 가장 우세한다. 이 기능은 사람들이 언어와 즐기고 언어로 설득하며 언어로 예술을 만들게 한다. 시적 기능은 등가와 반복, 또한 각운, 리듬, 두운을 포함하는 다른 유형화 형식들로 표현된다.

어떤 주어진 텍스트나 텍스트의 일부라도 언어학적 상호작용에 수 반되는 6가지 요소와 이에 대응되는 6가지 기능 중 하나를 주로 지향할 것이다. 문학작품의 경우 가장 우세한 기능은 전형적으로 시적 기능이다 ([1959] 1987: 434).

> 시에서 언어적 동등성은 텍스트의 구성적 원리가 된다. 통사론적 형태론 적 범주, 어근, 접사, 음소와 음소의 구성요소(변별 자질) – 즉, 언어적 부 호의 어떠한 구성성분이든 – 는 대비되고 병치되며 유사성과 대조의 원리 에 따라 인접적 관계가 되며, 그들 구성성분만의 독자적인 의미를 전달한 다. 음소적 유사성은 의미적 관계로 분별된다. 말장난 혹은 더 현학적이고 명확한 용어를 사용하자면 동음이의어 익살표현은 시적 예술을 지배하며 그 규칙이 절대적이든 제한적이든 시는 그 자체로 번역불가능하다. 오직 창조적인 전환(transposition)만 가능하다.

1.5 목표 텍스트로의 전환

번역 가능성에 대한 이러한 완전한 정의는 문학 번역 분야의 많은 작품 들의 특징이다. Toury(1980a)가 지적하듯이 이러한 정의는 문학 번역 분 야에서 이론과 기존 번역물의 실체 사이에 광대하고 당혹스러운 간극을 벌리고 이런 번역본을 체계적으로 연구하는데 심한 방해가 되었다. 이러 한 상황을 중화시키기 위해 Toury(1978, 1980a: 35-50, 1981)는 번역 적절 성을 평가하는 기준으로서 원천 텍스트를 배타적으로 지향하는 것에서 벗어나 경험적 사실로서 번역에 집중할 것을 제안했다. 이러한 관점에서 보면, 학자들은 특정 번역 부분이 특정 원천 텍스트 부분과의 등가성의 정도(물론 전체적 등가성은 결코 없지만)에 대해 끊임없이 고민해야할 필요가 없어진다. 실제로 등가를 번역과 원천 텍스트 사이에 존재하는 관계로 보는 것이 가능해진다. 즉 등가를 이상적인 현상보다는 경험적인 현상이며 기술 가능한 것으로 보게 된 것이다. 한편 이러한 기술에서 파생된 자료들이 이론을 구축하는 데에 이용 가능해진다.

원천 텍스트의 관점에서 정의된 등가성에 배타적으로 집착하는 것에서 벗어나 Toury는 문학번역 및 기타번역에 관한 이론과정을 근본적으로 변화시켰고 현대 번역이론을 진보시켰다고 해도 과언이 아니다. 2장에서는 이런 Toury의 기술접근법을 포함한 상대적으로 새로운 분과학문을 살펴볼 것이다. 그러나 특히 문학번역의 많은 이론가들과 비평가들은 번역을 여전히 원천 텍스트의 관점으로 보고 있고 또한 Schulte와 Biguenet(1992)과 같은 많은 실용번역가들도 원천 텍스트의 관점을 고수하고 있는 것은 시사할 만하다.

1.6 연습과 논의

▪▪▪ 연습 ▪▪▪

다음은 Hans Christian Andersen의 이야기 『Suppe paa en Pølsepind('소시지 핀 위의 스프')』(1858)를 Erik Haugaard가 번역한 것이다(Haugaard 1974: 516).

How to Cook Soup upon a Sausage Pin

In all countries there are old sayings that everyone know; even the school children, and it is hard to understand that the rest of the world does not know them too. Such a familiar expression in Danish is 'to cook soup upon a sausage pin.' It means to make a lot out of nothing; gossips and journalists are expert at preparing this dish. But what is a sausage pin? It is a small wooden peg used for closing the sausage skin after the meat has been stuffed into it; you can imagine how strong a soup one could cook on that. Well, that was the introduction; it contained information and that is always useful. Now I can begin the story.

'It was a delightful dinner last night!' exclaimed an old female mouse to an acquaintance, who had not been invited to the party....

소시지 핀에서 스프 요리하는 방법
모든 나라에는 모두가 아는 옛날 속담이 있습니다. 심지어 어린아이들도 알죠. 세상사람들이 그 속담을 모른다고 생각하는 것이 더 힘들죠. 덴마크에는 '소시지 핀에서 스프 요리 하기'라는 누구나 다 아는 표현이 있어요. 이 표현은 아무것도 없는 상태에서 많은 것을 만들어낸다는 의미에요. 수다쟁이나 언론가들이 이런 요리를 준비하는 데는 선수이죠. 그런데 소시지 핀이 무엇이냐구요? 소시지에 고기를 채워 넣고 난 후 껍질을 싸는 데 쓰는 나무로 만든 작은 막대기에요. 그러면 이 막대기 위에서 만든 스프는 얼마나 진할지 상상이 가시죠? 여기까지 유익한 정보를 담은 소개 부분이었습니다. 이제 이야기를 시작해 볼까요?

'어제 저녁식사는 정말 즐거웠어!' 할머니 쥐가 파티에 초대받지 않았던 지인에게 감탄하여 외쳤다.

Andersen의 텍스트는 다음과 같다.

SUPPE PAA EN PØLSEPIND

I

'Suppe paa en Pølsepind'

'Det var en udmærket Middag igaar!' sagde en gammel Hun-Muus til En, der ikke havde været med ved det Glide...

원전의 시작문장이 Haugaard의 번역에서 마지막 문장에 해당된다. 즉, Haugarrd는 한 단락 전체를 추가시켰다.

■■■ 논의 ■■■

Haugaard가 왜 자신의 번역에서 많이 추가시켰다고 생각하는가? 그의 이러한 전략을 승인할 수 있는가? 이 번역에 대한 비평가들의 반응은 비평가가 원천 텍스트 지향 접근을 채택했는지 혹은 번역 지향 접근을 채택했는지에 따라 영향을 받았을 것이라고 생각하는가?

2.

번역학의 위치 정하기와 접근법

2.1 서론

1장에서는 번역에 관한 로마인들의 글에서부터, 실증적 자료를 포함한 학문 분야로서의 번역학의 출현까지 주로 유럽 전통 번역학의 발전에 관하여 살펴보았다. 이 장에서는 Holmes([1972] 1988)가 이룬 새로운 연구 분야의 개략적 모습을 소개하고, 20세기 중반 이후로 학자들이 채택했던 몇 가지 접근법에 관해 논의한다.

2.2 분과학문으로서의 번역학

James Stratton Holmes(1924-86)는 대부분의 일생을 네덜란드에서 보낸 미국인 시인이자 번역가, 번역학자였다. Holmes는 제3회 국제 응용언어학 회의(코펜하겐, 1972년 8월 21일-26일)에서 발표한 것을 시작으로 번역학 분과학문을 형성시켰다는 평판을 받는다. Holmes 논문의 표준판이 된 논문인 'The name and nature of translation studies(번역학의 이름과 본질)'(Holmes [1972] 1988)은 처음에 Gideon Toury, André Lefevre, Anton Popovic, Itamar Even-Zohar, Raymond van den Broeck과 같은 다른 학자들의 글을 통해 간접적으로 큰 영향력을 행사했다. 1988년 van den Broeck이 편집한 Holmes의 논문집에 수록되고 나서야 그 논문이 널리 이용가능하게 되었기 때문이다.

Holmes는 기술과 이론이라는 과학적 구별에 대한 논의로 논문을 시작하여 기술과 이론 사이의 관계에 대한 논의를 하고 있다. 번역이론의 핵심은([1972] 1988: 73)

> 관련 분야와 학문으로부터 이용 가능한 정보와 함께 기술적 번역학의 결과를 사용하여, 번역하기와 번역이 무엇인지를 설명하고 예측할 수 있는 원리, 이론, 모델을 발전시키는 것이다.

Holmes([1971] 1988: 72-3)는 기술론적 번역학이 결과물 중심, 기능 중심, 과정 중심이 될 수 있다고 말했다.3)

결과물 중심 기술론적 번역학은 현존하는 번역을 기술하고, 한 텍스트에 대한 한 언어나 여러 개의 언어로 된, 혹은 한 시대나 여러 시대의 번역본들을 비교할 수도 있다. 결과물 중심 기술론적 번역학은 번역의 일반역사에 기여할 수 있고 텍스트와 텍스트 논평의 코퍼스를 만든다.

---

3) Holmes에 대한 내 설명은 완전히 충실하지 않다. 내가 느끼기에 Holmes의 낮은 층위 구분과 범주들은 그리 도움되지 않는 듯하기 때문이다. 여기에서 제시된 설명을 Holmes나 Toury(1995)의 설명과 비교하여 보라.

이러한 코퍼스는 번역의 난제에 직면했을 때 다른 번역가의 해결지침서를 찾고자 하는 번역가들에게 유용할 것이다. 또한 번역된 텍스트의 다양한 측면에 흥미 있는 학자와, 번역된 텍스트와 원천 텍스트간의 다양한 관계에 관심이 있는 학자들도 이런 코퍼스가 도움이 될 것이다. 우리가 특정 영역 내에서 또는 특정 시간에 번역된 가장 '외부적으로 지향된' 목록이라고 여기는 것부터 텍스트의 가장 정교한 언어적 세부사항을 가장 '친밀하게' 기술하는 것까지 기술의 범위가 다양할 것이다. 번역의 다양한 주제를 기술하는 것이나 번역가들이 예증, 외국어의 사용, 다른 텍스트로부터 인용하는 것 등의 텍스트 측면을 어떻게 다루는 지는 이러한 양극단 사이에서 일어난다.

기능 중심 기술론적 번역학은 수용문화에서의 번역의 기능에 관심을 두며 따라서 맥락에 대한 기술을 많이 포함한다. 기능 중심의 관점에서 보면, 다양한 시대에 번역되어 온 것의 목록들은 번역의 역사에서 끝이 나지 않는다. 그보다는 수용 맥락에서 원본의 장르, 독해 습관, 전반적 지적 분위기, 교육 체계, 의학적 관행, 여가 추구, 종교적 관행과 신념, 요리 등에 대해 그 번역본이 갖는 효과에 초점을 둔다.

Holmes의 설명에 따르면, 과정 중심 기술론적 번역학은 번역 과정 동안 번역가의 정신에서 어떤 일이 일어나는지에만 관심을 두기 때문에 그 결과물은 번역 심리학이다. 그러나 더 넓은 관점 속에는 명확하게 묘사된 번역가 전략뿐만 아니라 잠재의식과 의식에서의 정신적 과정이 포함된다. 또한 품질관리를 위해 번역 서비스 제공자가 사용하는 구성적 과정과 절차도 포함된다.

이러한 초기 분류를 넘어서 Holmes는 더욱 세부적으로 구분하였다. 다음 그림 2.1은 Toury(1995: 10)가 제시한 그림과 비슷하다.

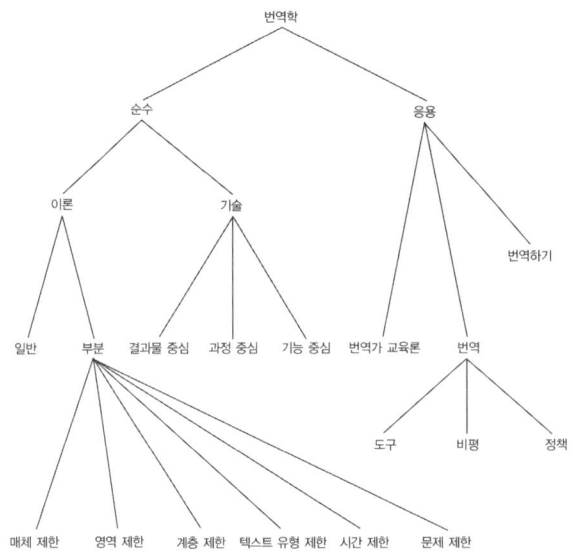

그림 2.1 Holmes의 번역학 기본 도해를 Toury(1995:10)가 재현한 것에 기초4)

    Holmes는 모든 번역 현상을 다룰 수 있는 일반적 이론이라도 '고도로 형식화가 되어 있으며, 학자가 경제성을 위해 노력한다 할지라도 이론은 아주 복잡할 수밖에 없다고 지적했다([1972] 1988: 73). 실제로 학자들은 다음의 번역 측면을 하나 또는 몇 가지만 주력하는 *부분적인* 이론을 만드는 경향이 있다.

---

4) 흥미로운 것은 Holmes나 Toury 모두 이러한 번역하기가 번역학의 응용분과에 속한다고 보지 않는다는 것이다. 물론 사실상 번역하기가 번역학의 응용분과가 아닌 것은 텍스트 만들기가 응용 언어학이 아닌 것과 마찬가지라고 주장할지도 모른다. 하지만 첫번째 저자가 텍스트, 담화, 장르분석에서 얻은 언어적 효과를 이해하는데 관심을 두는 것처럼 번역가도 번역 규범의 개념과 중요성, 번역 목적, 번역 맥락과 같이 번역학 연구에서 얻은 이해를 바탕으로 번역 결정을 내릴 것이다.

- **번역 매체** : 즉, 원천 텍스트가 처리되고 번역이 생산되는 통로로서의 매체. 이것은 단순히 인간 번역가일수도 있지만 기계 번역 프로그램일 수도 있다. 또는 인간 번역가가 번역 기억 체계와 작업할 수도 있고 기계 번역 프로그램 또는 용어 추출 시스템, 다른 기술적 번역 보조도구와 함께 작업할 수도 있다.
- **번역 영역** : 즉, 특정 언어 쌍 또는 언어 그룹, 특정 문화 쌍, 특정 문화 그룹 간의 번역.
- **번역이 일어나는 계층** : 예를 들어 대부분의 논의는 단어 대 단어 번역(1장과 5장 5.1.2)을 선호할 것인가 또는 더 높은 언어적 계층(절, 문장, 담화, 텍스트, 하위 코퍼스 또는 코퍼스)에서 번역하는 것이 성공적인 번역을 위한 유일한 방법인가에 대해 집중된다.
- **특정 텍스트 유형의 번역** : 문학 텍스트, 종교 텍스트, 과학 텍스트
- **특정 역사 시대의 번역** : 예를 들면 중세 시대의 번역, 동시대 텍스트의 번역 등.
- **특정 문제** : 예를 들어 등가의 문제 또는 은유의 번역, 번역에서 구두점을 어떻게 다룰 것인가, 각운과 두운을 어떻게 할 것인가 등.

번역학에서 주요한 두개의 분과, 즉 기술적, 이론적 연구 외에도 Holmes는 응용 번역학의 영역을 확인했다(1988: 77-8). 응용 번역학은 다른 학문 분야 뿐만 아니라, 기술적, 이론적 번역의 발견을 바탕으로 하여 번역 교수법(번역을 가르치고, 훈련시키는 것),5) 번역 도구의 발전6)(전자

---

5) Holmes는 교수법 분과를 번역가 교육으로 제한시키고 싶었다. 그러나 많은 대학원 과정에서 *번역하는 방법*을 훈련시키기보다 번역에 *관해* 가르치는데 중점을 두는 데에는 이유가 없다(물론 둘 다에 중점을 두는 과정은 포함되지 않는다).
6) Holmes는 사전편찬적, 용어적인 도움과 문법을 언급했다. 최근에 보통 번역가의 도구 상자는 컴퓨터, 모뎀, 기계 번역 프로그램, 번역 메모리, 코퍼스, 인터넷등과 같이 광대해졌다.

사전, 서적사전, 문법, 단어 처리기, 번역 메모리, 기계 번역 프로그램 등),
번역 비평과 같은 더 실용적인 목적을 심화시킨다. 여기에다 나는 '번역
하기'를 덧붙였는데 Toury의 도해에는 이것이 없는 것이 이상하다. Toury
(1995: 17)에 따르면 '우리 경험의 세계에서 변화를 유발시키는 것은 과학
적 학문의 관심사가 아니다. 번역이론을 적용할 필요가 있는 유일한 사
람들은 번역 비평가들, 교사들, 기획자들이다. Toury(1995: 17-18)가 말하
길 '완전히 의식적인 방법으로 번역 직업을 위해 훈련받기를 원하는 것'
이 아니면 실제 번역가는 여기에서 제외된다. '언어 사용의 적절한 방법
을 결정'하는 것이 언어학의 관심사가 아니듯이, '번역의 적절한 방법을
결정'하는 것은 번역 이론의 관심사가 아니라고 Toury는 주장한다. 그러
나 텍스트를 쓰는 사람은 텍스트, 담화, 장르 분석에서 얻은 언어적 효과
에 대한 이해를 의식적으로 이용한다고도 주장해 볼 수 있을 것이며, 이
것은 언어학을 적용하는 한 방식인 것 같다. 이와 유사하게 번역가는 많
은 번역의 결정들을 번역 규범의 개념과 중요성, 번역 목적, 번역 맥락과
같은 번역학에서 획득한 이해에 근거할지도 모르며 이것은 번역학을 적
용하는 한 방식인 듯하다.

　　마지막으로 번역학 응용 분과에는 번역 정책과 관련된 부분이 있다.
그 번역 정책 부분이 해야 할 일은 다음과 같다(1988: 78).

　　번역 정책은 전체 사회에서 번역가, 번역하기, 번역물의 위치와 역할을
　　규정하는 일이다. 예를 들어 특정 사회-문화적 상황에서 어떤 작품들이
　　번역되어야 하는가, 번역가의 사회, 경제적인 지위는 어떠한가 또한 어떠
　　해야만 하는가, 외국어 가르치기와 배우기에서 번역이 어떤 부분을 담당
　　해야 하는가와 같은 것을 결정해야 한다.

이 모든 번역학의 쟁점들과 영역들은 현대에 학자들이 채택했던 번역학에 대한 다양한 접근의 관점에서 논의될 것이다. 아래의 2.3에서 특히 영향력 있는 4가지 접근이 소개될 것이다.

2.3 번역에 대한 접근

이 장에서는 번역학에서 주요한 쟁점들에 관한 직접적인 의미를 갖는 번역에 대한 4가지 접근을 소개한다. 그것은 언어적, 기술적, 기능적, 문화적 접근이다.

하나의 주제에 대해 어떤 접근을 채택하게 되면 적어도 다음의 세가지 중의 하나가 될 수 있다. 첫째, 다른 연구 영역에 속하는 특정 이론을 염두에 두고 그 이론으로 번역현상을 설명할 수 있도록 이론의 영역을 넓히면서 번역학에 접근하는 것이 가능하다. 이론의 힘은 부분적으로 그것이 설명할 수 있는 현상의 수에 따라 측정된다고 일반적으로 생각되기 때문에, 이런 방법은 이론에도 도움이 될 수 있다. 따라서 이런 유형의 절차를 통해, 번역과 번역현상이 다른 학문에 속하는 주제 중에서 특별한 경우에 해당된다는 주장으로 종종(항상 그런 것은 아니지만) 귀결된다(Gutt 1991을 보라). 그러나 이런 의미의 '접근법'이란 단어는 이 책에서 사용되지 않을 것이다.

두 번째, 다른 분과학문에서 끌어낸 이론을 번역이론에 적용시킴으로써 번역이론을 발전시킬 수 있다는 것이다. 이것은 특히 상위 학문이 언어학일 때, 번역학을 상위 학문의 하위 분과로 보는 견해로 귀결될 수 있다(Catford 1965를 보라). 이러한 견해는 번역학을 (응용)언어학의 분과로 분류하려는 언어학자들에게 매력적이다. 왜냐하면 언어학자들에게 번역은 관심의 초점이 되는 텍스트 대상물과 같이 보이기 때문에 언어적 현상이다. 이 장에서 논의되는 접근들의 일부는 이런 개념의 접근들이다. 즉, 다른 학문에서 이끌어 낸 이론으로 주제에 접근하는 번역에 관한 논의들이 여기에 속한다. 이런 유형의 연구들을 살펴보는 것은 흥미롭고 유익하다. 왜냐하면 그런 연구들은 번역 현상의 다각적 본질을 보여주고, 번역이론이 이론가들의 배경 가정에 따라 형성될 수 있는 정도를 강조한다는 점에서 그러하다.

세 번째, 번역 현상이 여전히 특정 학문 주제와 연관된 것으로 보고, 번역학이 자체의 중요한 이론적, 개념적, 관념적 핵심을 가진다는 것을 인정하는 동시에 다른 학문에서 얻은 지식을 번역 현상에 적용하는 것이 가능하다. 이렇게 되면 다른 학문에서 얻어낸 통찰력이 번역학으로 스며드는데 이를 통해 번역학의 영역이 넓어지고 번역학 고유의 현상이 더 잘 이해된다. 이것은 상위 이론의 초점과 가장 가까운 번역물, 번역 활동, 번역 현상의 측면들에 대한 특정한 관심사와 관련될 수 있을 것이다. 또한 번역 이론의 통찰력이 반대로 상위 이론에 스며들지도 모른다는 희망 속에서 이루어진다. 이 책에서 주요 초점은 번역물의 언어이며 언어학과 철학은 여기에서 사용될 수 있는 통찰력의 근원으로 간주된다. 하지만 우리는 번역하기와 번역물의 특별한 본질을 염두에 둔다.

2.3.1. 언어적 접근

Catford

번역학을 형성하는 데 있어 언어학에 기초를 둔 시도 중 Catford(1965)가 가장 철저하고 체계적이며 정교한 이론가 중 하나이다. 또한 20세기 번역학의 주요 발전 중의 하나인 Toury(1980)의 등가의 재개념화가 Catford가 제시한 배경에 반대하여 형성되었다는 것은 우연한 일이 아니다.

Catford의 이론은 번역학 내부에서부터 번역학에 대한 언어학적 접근까지 가장 신랄한 비평의 대상이 되어왔다. 그 이유는 Catford가 '번역이론이 본질적으로 응용 언어학 이론이다'라고 주장한 것뿐만 아니라 Catford가 전면에 내세운 등가 개념과 이중언어 또는 번역가의 내적인 힘을 등가 예시에 대한 적절한 정보 원천으로 옹호한 것 때문이다(Snell-Hornby 1988: 22의 예를 보라).

Catford의 저서 서두에서 번역이론을 언어학 이론 아래에 두는 이유가 나와 있다(1965: 1).

> 번역은 언어에 대해 수행되는 작용이다. 한 언어의 텍스트를 다른 언어의 텍스트로 대체하는 과정이다. 분명한 것은, 어떤 번역 이론도 언어 이론(일반 언어학 이론)에 근거해야만 한다는 것이다.

Catford가 제시한 언어학적 이론은 Halliday(1961)의 체계 기능 문법의 초기 이론이다. 이 이론은 J. R. Firth(Firth 1957참조)의 영향을 받았고 Catford가 의미를 정의한 것은 Firth에서 직접적으로 가져온 것이다. Catford(1965: 35)가 말하길, 의미란 '언어적 형태가 맺는 관계들의 전체적인 네트워크'이다.

언어적 형태가 맺을 수 있는 관계들은 두 가지 종류이다. (1) (언어 이론에 의해 분류되는 다른 형태들과의) 형식적 관계와 (2) (언어학적 형태와 언어 이론에 의해 관련된다고 정의된 맥락 사이의) 맥락적 관계이다. 따라서 언어학적 형태는 '"의미"에 의해서 대개 이해'되는 맥락적 의미인데도 불구하고 형식적 의미와 맥락적 의미를 모두 가진다(1965: 5).

Catford가 말하는 '형식적 의미'를 이해하기 위해서는 그가 사용한 언어 이론의 측면들을 살펴볼 필요가 있다. 이 이론은 상황에서 의미가 어떻게 발생하는지를 설명하기 위해 언어 수반 사건으로부터 많은 추상화를 시도한다. 첫 번째로 실체(substance)의 층위와 형식의 층위라는 두 가지 종류의 층위들을 추상화한다. 두 번째로 이 층위유형 내에서 더 정교하게 하위분류한다.

실체에는 두 가지 층위가 있다: (1) 매체-실체의 층위: 언어의 음성(들을 수 있는), 글자(볼 수 있는) 실현, (2) 상황-실체의 층위: 말해진 것과 관련 있는 언어학적 상호작용의 상황적 측면, 예를 들어 언급되는 물건들과 사건들, 상호작용자와 사건의 본질 사이의 관계(강연, 팩스 전송, 이메일 교환...) 등으로 이루어진다. 이런 실체적 층위들은 언어외적인데, 발화에서 만들어지는 소리들, 글쓰기에서 만들어지는 표식들, 언어학적 상호작용이 일어나는 환경 등이 여기에 속한다.

형식적 층위들은 언어적이다. 언어학적 관점에서 음성과 글자 실체는 매체-형태의 층위들로 범주화된다. 즉 음운론과 필적학, 문법과 어휘 등이다. 이러한 층위에서 각 형태는 관련된 체계나 집합 내의 다른 형태들과의 관계에서 발생하는 형태적 의미(가치, 기능, 역할)를 가진다(아래를 참조). 게다가 이 형태들은 어휘와 문법(어휘문법)과 상황 실체 간의 관계에서 발생하는 맥락적 의미를 가진다. 다시 말해서 어떠한 언어학적 형태든지 그 형태는 (1) 다른 언어적 형태들과의 관계, (2) 비언어적 맥락과의 관계로부터 발생하는 의미를 가진다.

문법은 닫힌 체계로 구성된 반면, 어휘는 열린 집합으로 구성된다(5장, 5.2.1 참조). 체계는 상호 배타적인 한정된 숫자의 용어들을 포함한다. 만약 새로운 용어가 소개되거나 한 용어가 사라지면 다른 용어들의 형식적인 의미는 바뀌게 될 것이다. 예를 들면 영어의 문법적 수 체계는 단수와 복수를 포함한다. 단수는 '둘 이상과 반대되는 하나'의 형식적 의미를 가지고 복수는 '하나에 반대되는 둘 이상'의 형식적 의미를 가진다. 그러나 새로운 용어 '양수(兩數)'가 영어의 수 체계에 도입되면 '하나와 셋 이상에 반대되는 둘'라는 형식적 의미를 가질 것이다. 그렇게 되면 단수는 형식적으로 '둘과 셋 이상에 반대되는 하나의 의미를 가질 것이고 복수는 '둘과 하나에 반대되는 셋 또는 그 이상'의 의미가 될 것이다. 따라서 단수는 단수, 양수, 복수를 포함하는 체계와는 달리, 단수와 복수만 가지는 체계에서는 다른 형식적 의미를 갖는다.

문법적 수 체계와 같은 체계는 전체 언어 체계의 하위 체계이고, 완전히 동일하게 구성되는 언어들이 존재하지는 않는다. 즉 '모든 언어는 궁극적으로 특수하며, 따라서 그 범주들은 그 언어 자체 내의 관계로 정의된다'(Catford 1965: 27). 따라서 두개의 언어가 같은 형식적 의미를 실현할 수 없으며, 단지 근접한 형식적 대응만 가능하다. 형식적 대응은 한 언어의 범주가 그 언어의 경제성을 고려하여 차지하는 위치와 다른 언어의 범주가 그 언어의 경제성을 고려하여 차지하는 위치와 가능한 가까울 때 발생한다.

개방적 어휘집합은 전통적으로 명사, 형용사, 동사, 부사로 분류되는 단어들이다. 필요하면 이런 집합에 새로운 단어가 추가되기도 하지만 사실상 완전히 새로운 단어는 거의 '제조'되지 않는다(제조된 단어는 'kodak(코닥)', 'gazump(바가지 씌우다)'와 같은 단어를 뜻한다. McCarthy 1991: 320 참조). 그렇게 하기 보다는 오래된 단어들이 새롭게 사용되기도 하고(예. 컴퓨터의 hardware(하드웨어)) 또는 새로운 방식으로 결합되기도 한다(예. software(소프트웨어)). 형식적으로 어휘항목들은 연어와 어휘집합으로 다루어진다(6장 참조).

Firth(1957)가 처음 사용한 개념인 연어란 'the company words keep (함께 나타나는 단어들)'을 뜻한다. 예를 들어 Firth(1957: 196)에 따르면 'dark(어두운)'와 연어적으로 나타난 점이 바로 'night(밤)' 의미 중의 일부가 된다. 한 용어가 연어적으로 나타나는 단어들을 연어적인 범위라고 하는데, 언어들의 체계가 정확히 대응되지 않는 것처럼 두 언어의 용어가 완전히 동일한 연어적 범위를 갖지도 않을 것이다. 형식적, 체계적 의미의 관점과 마찬가지로 이런 관점에서 보면, 두 언어에서 나타나는 용어들의 대응은 서로 근접할 뿐이다.

이와 유사하게 맥락적 의미는 언어마다 다른데, 그 이유는 언어적 항목과 연관된 상황적 특성을 묶는 것은 '서로 다른 두 언어에서 거의 같지 않으며' '형식적 의미와 관련되기 때문이다'(Catford 1965: 36). Catford는 북동 스코틀랜드 방언과 표준영어에서 직시어를 예로 들었다. 스코틀랜드 방언에서는 3가지 체계(*this, that, yon*)가 사용되지만 영어에서는 4가지 체계(*this, these, that, those*)가 사용된다. 다음을 보자(Catford 1965: 37, 이탤릭체는 원본에서 나온 것이다).

두 체계가 거의 동일하게 전체적인 맥락을 나타낼 수 있다고 가정한다면, 우리는 다음의 표와 같이 구성 용어의 맥락적 의미를 나타낼 수 있을 것이다.

	S	P		
I	this	these	this	1
			that	2
II	that	those	yon	3
	ST.E		N.E. Sco.	

여기서 표준 영어 시스템은 맥락상으로 2차원으로 나타난다. 영어는 두 가지 직시어(I, II) 체계와 두 가지 수체계(단수, 복수)를 구현한다. 반면에 북동 스코틀랜드어 시스템은 1차원적이며, 세 가지 직시어 체계(1, 2, 3)만 구현하며 수체계는 이 북동 스코틀랜드어 체계에서는 문맥적으로 관련되지 않은 자질이다.

따라서 표준 언어에서 스코틀랜드 방언으로 번역할 경우, '의미를 전이시킬 수 없다. 스코틀랜드방언의 that을 영어의 that, this, these, those와 같은 의미라고 볼 수 없다. 특정 상황에서 영어의 한 직시어와 비슷한 상황적 자질을 가리킨다고 할 수 있을지 모르지만 형식적, 맥락적 의미는 완전히 다르다.

이러한 관점으로 보면 Catford가 번역을 '한 언어(SL)의 텍스트 자료를 다른 언어(TL)의 등가적인 텍스트 자료로 대체'하는 것이라고 정의했을 때, 실제로 그가 '등가'라고 한 것은 '의미적 등가'가 아님이 명백하다. 따라서 Catford가 등가의 개념에 치중했다고 비판할 경우, 이런 점을 염두에 두어야 할 것이다. 의미를 '어떤 언어 형태와 맺고 있는 전체적 관계망'이라고 정의하면, '의미란 언어의 속성이 된다. 즉, SL 텍스트는 SL의 의미를 가지고 TL텍스트는 TL의 의미를 가진다'(1965: 35).

사실상 Catford가 확립하고자 한 것은 '번역 등가'이다. '번역 이론의 핵심적 임무는 번역 등가의 본질과 조건을 정의하는 것이다'(1965: 21). 그가 시작한 일은 '번역의 광범위한 유형이나 범주를 범위(extent), 층위(level), 위계(rank)라는 용어로 정의하는' 일이었다.

번역의 범위는 전체적인 것이나 부분적인 것으로 설명될 수 있다. 전체적인 번역에서 'SL 텍스트의 모든 부분은 TL 자료로 대체된다.' 부분적인 번역에서 'SL 텍스트의 일부분은 번역되지 않은 채로 남겨둔다. 이 것들은 단지 TL 텍스트로 전이되고 병합된다'(ibid). 예를 들어 덴마크어 SL 텍스트 *Hun gav mig to kroner*는 영어로 'She gave me two crowns(그녀는 나에게 두 개의 왕관을 주었다)'로 완전히 번역될 수 있다. 이것은 또한 영어로 'She gave me two *kroner*(그녀는 나에게 두 개의 크로네를 주었다)로 부분적으로 번역될 수 있다. 첫 번째 번역의 경우, 덴마크어에서는 확실히 두 개의 동전을 의미하는데도, 영어 독자들에게는 머리에 쓰는 두 개의 화려한 장식품이라고 잘못 해석될 수 있는 위험성이 있다. 따라서 전이된 용어가 영어에서 다소 친숙하지 않고 이해하기 어렵더라도 덴마크 용어를 번역에서 쓰는 것이 좋을 듯하다.7) 그렇게 되면 원문의 일부가 번역에서 나타났기 때문에 결과적인 번역은 부분적 번역이다.

번역의 층위는 번역이 발생하는 언어의 층위에 의존한다. 보통 '번역'(Catford의 용어로는 '전체적 번역')에서 원천 언어의 모든 언어적 층위 (음운/형태, 문법, 어휘)는 목표 언어의 재료로 대체된다. 그러면 전체적 번역은 'SL문법과 어휘를 등가적인 TL문법과 어휘로 대체하고 SL 음운/형태를 TL 음운/형태로 대체하는 것'으로 정의할 수 있다(1965: 22. 이탤릭체는 원문에서 나온 것이다). 번역 등가인 단어가 두 언어에서 똑같이 들리거나 똑같이 쓰이는 경우는 거의 없다. 따라서 Ingarden과 Jakobson 이 귀중한 예술 작품, 특히 시 번역 가능성에 대한 회의주의나 염세주의를 갖게 된 것은, 이렇게 번역에서 매체형식의 어쩔 수 없는 대체가 일어나기 때문이다(1장, 1.4 상단을 참조).

---

7) 또 다른 가능성으로는 동전의 가치를 계산하여 등가적인 가치의 영어 동전으로 전환하는 것이다. 하지만 이런 전략의 성공은 텍스트나 텍스트 부분의 배경에 주로 의존하게 될 것이다. 만약 배경이 명백히 덴마크이면, 영국 돈이 나오는 것은 이상하게 될 것이기 때문이다.

제한된 번역에서 SL 텍스트 물질을 등가적인 TL 텍스트 물질로 대체하는 것은 한 언어 층위에서만 일어난다. 그 예로, Catford는 외국 액센트로 말하는 것을 음운론적 층위의 번역의 한 형식으로 보았고, 상이한 철자법의 관련된 글자로 맞추는 것을 형태론적 번역으로 보았다(Catford 1965: 48참조).

마지막으로 번역은 위계 결속적이나 무결속적일 수 있다. 위계는 Halliday식의 문법 위계척도(rank-scale)인데 가장 낮은 위계인 형태소부터 단어, 구, 절, 가장 높은 위계인 문장을 일컫는다. Catford가 '위계 무결속적 번역'이라고 칭한 보통의 전체 번역에서 등가는 위계척도의 위 아래로 자유롭게 전환된다. 위계 결속적 번역에서 등가는 고의적으로 한 위계에서만 제한되고, 원천 텍스트에 대한 단어 대 단어 또는 직역번역(가능한 한 단어 대 단어로 번역하지만 목표언어의 문법에 순응)하는 것이 목표 텍스트에서 수반되는 어려움을 이해하는데 도움이 되고 다른 언어가 같은 정보를 전달하는 방식들의 차이점을 보여줄 수 있다고 한다. 예를 들어 독일어 표현에 Ich muss nach Hause gehen은 논란의 여지가 있지만 영어 표현의 'I must go home(나는 집에 가야 한다)'으로 번역될 수 있다. 하지만 단어-위계에 결속된 번역에서는 'I must to house(or home) go.'로 번역해야 한다.

번역의 등가는(만약 존재한다면) 텍스트 속의 어휘 항목 사이에 존재하여야 한다. 따라서 그것은 경험적이고 관찰 가능한 현상이다. 원천 텍스트가 변경됐을 때 번역에서 어떤 부분이 변경되는지 능력 있는 이중언어 구사자에게 질문함으로써, 텍스트의 어떤 어휘 항목들 사이에서 번역 등가성이 유지되는지를 확립해 볼 수 있다. 예를 들어 원천 텍스트에서 Er ist nach Hause gegangen은 'He has gone home'으로 번역될 수 있는데, 만약 원천 텍스트를 Sie ist nach Hause gegangen으로 바꾸면 번역은 'She has gone home'으로 바뀐다. 그러면 우리는 er이 'he'이고 sie가 'she'라고 가정할 수 있으며 이것이 두 텍스트 상의 번역 등가이다. 만약 이런 실험이 수적으로 충분하게 반복된다면 특정 유형의 텍스트에서 이런 쌍들이 번역 등가로 기능하는 통계적 가능성을 확립할 수 있다. 따라서 광범위한 텍스트 관찰은 SL의 항목 x가 TL의 항목 y로 알맞게 번역된다는 통계적 가능성의 공식을 만들 수 있다. 이러한 가능성에서 도출된 공식은 기계 번역 프로그램에 쓸 수 있고 인간 번역가나 사전편찬자의 지침이 될 수도 있다. 기계가 읽을 수 있는 광범위한 텍스트 코퍼스와 번역의 출현으로 이러한 가능성은 Catford 때보다 더 정확하고 더 확실해졌다. 원천 텍스트의 코퍼스와 번역은 번역 교육학(Zanettin, Bernardini & Stewart (eds.) 2003)과 이중언어 사전편찬(Viberg 1996)에서 광범위하게 사용되고 있다.

　　Catford에 따르면 번역 등가가 발생하는 조건은 관계있는 SL, TL 항목이 '*특정 상황에서 상호 교환가능 해야 한다*'(이탤릭은 원본에서 나온 것). 또한 '문장은 상황내의 말하기-기능과 가장 직접적으로 연관된 문법 단위'이기 때문에 '번역 등가는 거의 항상 문장-위계에서 성립될 수 있다'. 그러나 특정 상황에서 텍스트 항목 쌍이 상호 교환가능 하더라도 두 항목이 모든 상황에서 같은 특성과 연관되기는 힘들다. 이런 관점에서 Catford는 다음과 같이 가정한다(1965: 49).

　　SL과 TL텍스트의 맥락적 의미에 공통적인 상황적 특성의 수가 많으면 많을수록, '더 나은' 번역이 된다. 따라서 전체적 번역의 목표는 SL 항목과 '같은 의미'의 TL 등가를 고르는 것이 아니라, 상황적 범위와 가능한

한 최대로 겹쳐지는 TL등가를 고르는 것이다.

상황적 실체는 각 언어가 바탕으로 하는 문화가 서로 다를지라도 두 언어에서 공유될 수도 있다. 사람, 사건, 물건, 양상들은 모든 문화에서 발견될 수 있기 때문이다. 따라서 문화적 차이에도 불구하고 일종의 공통적인 배경은 존재할 것이며 텍스트적 번역 등가는 이러한 공통적 배경에서 성립가능하다. 모든 배경이 공통적이지는 않을 것이지만 말이다.

각 언어와 문화에서 텍스트를 만들 때 상황적 특성은 특정한 텍스트 항목을 선정하는 데 중요하다. 이러한 특성들의 일부가 언어 체계상 요구된다는 점에서 '언어학적으로 관련될 것'이다. 예를 들어 러시아어에서 1인칭 과거 동사 형태의 선택에 화자의 성이 관련 있지만 영어는 그렇지 않다. 'I've arrived'의 러시아어 번역 등가는 화자의 성에 달려 있는데 이것은 단지 언어 체계가 이런 특성이 관계있다고 보기 때문이다. 반면 영어 체계는 화자의 성이 관계있다고 보지 않으며 'I've arrived'는 러시아어의 여성, 남성 모두 기능적으로 등가가 될 것이다. 원리상으로 볼때, 이러한 점은 영어에서 러시아어로 번역할 때 번역가에게 문제가 된다. 그러나 실제로 공기 텍스트나 맥락상에서 화자가 남성인지 여성인지 거의 명확해지기 때문에 문제가 되지 않는다.

상황에 기능적으로 관련 있는 특성은 '그 상황에서 텍스트의 소통적 기능과 관련 있는' 특성이다(1965: 94).

번역의 등가가 발생하려면 SL과 TL텍스트 모두 상황에서 기능적으로 관련있는 특성과 연관되어야 한다. 이러한 측면에서 기능적으로 관련 있느냐의 결정은 우리의 현재 지식상태에서 어느 정도 견해의 문제로 남아있다. 의사결정에 이를 때 번역가가 사용할 정보를 전체적인 공기 텍스트 (co-text)가 제공할 것이지만, 기능적 관련성을 일반적인 용어로 정의하기는 힘들다.

그러나 가능한 것은 기능적 관련성의 측면에서 번역불가능성을 논의하는 것이다. 이 관점에서는 '상황에서 기능적으로 관련 있는 특성을 TL 텍스트의 맥락적 의미로 만들 수 없을 때 번역은 실패한다(번역의 불가능성이 발생한다)'(1965: 94)는 것이다. 이러한 번역불가능성은 두 가지 종류이다. (i) *언어학적 번역 불가능성*과 (ii) *문화적 번역불가능성*이다. 그러나 Catford는 명백히 문화적 번역 불가능성도 항상 언어적으로 볼 수 있다는 견지를 고수한다. 그는 문화적 요인을 언어학적 요인으로 축소시켰다(아래 참조).

언어학적 번역불가능성은 SL의 형식적 특성이 ST에서 기능적으로 관련이 있고 TL에서는 형식적으로 상응하는 특성이 없을 때 발생한다. Catford는 중의성에 의존하는 말장난을 번역불가능성의 예로 설명하고 있지만, Jakobson과 Ingarden이 주장하듯이 번역의 어려움은 언어를 중시하는 어떤 텍스트에도 나타날 수 있다(1장 section 4 참조). 또한 번역의 어려움은 위에서 'I've arrived'를 러시아어로 번역할 때를 본 것처럼, TL이 화자의 성과 같은 선택을 TT에서 요구하지만 ST에서는 그에 필요한 정보가 없을 때 발생한다.

문화적 번역불가능성은 'SL 텍스트와 기능적으로 관련 있는 상황적 특성이 TL의 문화에 완전히 존재하지 않을 때 발생한다'(1965: 99). Dagut(1981: 64)는 이러한 경우를 '언어외적인 부재'라고 언급했다. 예를 들어 일본어에 유카타(yukata)라는 단어가 있다. 이것은 '허리띠로 묶는 느슨한 가운(로브)인데 여자나 남자 모두 입을 수 있고 일본 여관이나 호텔의 손님들에게 제공되며 저녁에 거리나 까페의 실내, 실외에서 입거나 잘 때 입는 것이다...'(1965: 100). 영국이나 미국 사회에서 이것과 동일한 현상은 없다. 영어에 '드레스 가운', '목욕 가운', '실내복'과 같은 단어가 유카타의 상황적 특성의 일부를 나타낼 수 있지만 전부를 나타낼 수 없다. 그러나 Catford는 이렇게 명백한 문화적 번역 불가능성이 언어의 개념을 통해서 언어학적 번역불가능성으로 축소될 수 있다고 주장하며 문화적 번역불가능성과 언어학적 번역불가능성을 구별하는 것이 불필요하다고 주장한다. 예를 들어 유카타라는 어휘 항목에 대해서 근접한 영어 번역 등가를 영어 텍스트에서 자주 쓰이지 않는 언어 패턴을 만들어 해결할 수 있다는 것이다(1965: 101).

> 따라서 일본어 텍스트 hoteru-no yukata에서 hoteru-no는 영어의 직접적인 번역등가 hotel's 또는 hotel(수식어로)이지만 yukata와 가까운 영어 등가는 hotel이라는 단어와 이상하게 연어를 형성하게 된다. 예를 들어 hotel dressing-gown(드레스 가운), hotel bath-robe(목욕 가운), hotel nightgown(취침 가운) 등의 단어들은 영어에서 모두 낮은 개연성을 갖는 단어이지만, 본래의 일본어 연어는 평범하고 자주 나타나는 연어이다.

'After his bath he enveloped his still-glowing body in the simple hotel *bath-robe* and went out to join his friends in the café down the street(목욕 후에 그는 여전히 빛나는 몸에 간편한 호텔 목욕 가운을 걸치고 길 아래쪽에 있는 까페에 친구를 만나러 갔다)'(Catford 1965: 102)와 같은 텍스트는 이상하지만, 이러한 이상한 효과를 문화적 충격보다 언어적 충격으

로 묘사할 수 있다고 Catford는 제안한다. 우리는 단지 hotel(호텔), bath-robe(목욕 가운), went out to(나갔다), café(까페)와 같은 어휘 항목이 연어적으로 함께 나타나는 것을 보는데 익숙하지 않을 뿐이라는 것이다. Catford는 번역불가능성을 언어학적 번역불가능성으로 바꾸어야 하며, 이것이 비로소 번역이론의 힘을 증가시키고 기계번역을 향상시킬 수 있다고 생각한다. 왜냐하면 언어는 문화보다 더 쉽고 정확하게 묘사가능하며, 문화에서 이용 가능한 항목 전체보다는 연어에 관한 정보를 기계에 제공하기가 더 쉽기 때문이다.

Nida

번역등가가 발생하는 경우는, ST와 TT 또는 두 항목이 텍스트가 사용되는 상황의 특성에 관련되고, 그러한 특성이 그 상황에서 텍스트의 소통적 기능에 관련될 때 가능하다고 Catford는 생각한다. 특히 Catford는 문법 위계 척도가 끝나는 지점인 문장까지의 번역을 주로 다룬다. Catford는 더 큰 텍스트에 대해서는 광범위하게 논의하지 않으며, 텍스트에 대한 독자의 반응도 논의하지 않는다. 만약 논의한다면, 번역이론의 범위를 정의하고 윤곽을 잡는 첫 장이 끝난 다음에 논의된다. 이것은 번역 등가가 거의 항상 문장 위계에서 확립된다는 그의 신념에 부합하는 것이다. 분장 이하의 문법 위계사이에서 전환이 발생하더라도 문장은 한 상황의 발화행위에 가장 직접적으로 연관되는 언어적 단위이기 때문이다. Catford의 시작점은 언어 간의 관계이며 자신의 측정단위는 본질적으로 언어적 단위이다.

이와 대조적으로 Nida가 번역 등가를 근본적으로 측정하는 것은 독자의 반응이다. Nida(1964) 저서의 부제 'With Special Reference to

Principles and Procedures Involved in Bible Translating(성경 번역에서 수반되는 원리와 절차를 특별히 언급하며)'이 암시하듯이, Nida 자신은 독자의 반응이 가장 중요한 텍스트에 매우 많은 관심을 갖고 있다. 성경 번역에서 종종 가장 중요한 목표는 독자를 기독교 신앙으로 개종시키는데 유리한 조건을 만드는 것이며 이를 위해서는 독자가 아주 심오하고 감정적이며 개인적인 방식으로 텍스트에 반응할 수 있도록 만들어야 한다. 이런 종류의 반응을 이끌어내는 소수의 다른 텍스트 중의 하나가 문학 텍스트인데, Nida의 출발점은 사실상 문학 번역에 대한 알르레기 반응이었다. Nida에 따르면 번역가의 문제는 다음과 같다(1964: 2). '번역가는 끊임없이 형식과 의미 사이에서 갈등한다. 만약 원본의 문체적 특성에 근접하려고 하면 의미의 상당부분을 희생시킬 것 같다. 반면, 문학적 내용을 엄격하게 고수하면 대개 문체적 특징을 상당히 포기하는 것이 된다.'

Jakobson이 번역을 언어내적 번역, 기호간 번역, 언어간 번역의 3가지로 나눈 분류법을 Nida는 그대로 채택했다. 언어내적 번역이란 '같은 언어 내에서 다시쓰기' 즉 환언하는 것을 말한다(Nida 1964: 3-4). 기호간 번역은 군대에서 깃발로 메시지를 전달하는 것처럼 '한 상징체계에서 다른 상징체계로 메시지를 전이'하는 것이다. 하지만 일반적으로 '번역'이라는 말이 의미하는 것은 언어간 번역이다. 즉, 번역은 '한 언어의 언어적 기호를 다른 언어의 언어적 기호로 해석하는 것'이다. 이 정의에서 Nida는 해석의 개념을 아주 심각하게 고려했는데 Isenberg(1953: 234, Nida 1964: 5)가 '해석의 예술은 이론을 능가하는 것이다'라고 한 것에 동의했다. '수많은 관련 분야에서 점점 더 중요성이 부각되는 다양한 통찰력들을 고려한다면 이론은 더 발전될 수 있을 것이다'라고 Nida는 생각했다(1964: 5). Nida는 인류학적, 구조주의적, 생성주의 언어학, 인류학, 의미론, 언어철학, 심리학, 정신의학, 철학, 성경해석 이론을 언급하였고, Catford보다는 확실히 훨씬 더 광범위하게 학제적이었다. 그럼에도 Nida 의 이론을 언어학적 접근이라는 주제 아래에서 논의하고 있는 이유는 그 의 학제간 인식과 관심에도 불구하고 '그의 근본적인 요지는 상이한 언 어에서 대응하는 메시지 간의 관계를 기술적으로 분석하는 언어학적인 것이기 때문이다(1964: 8).

위에서 살펴본 바와 같이 Catford(1965)의 번역이론은 Halliday의 초 기 체계문법(Halliday 1961)에 근거하는 반면, Nida는 Chomsky의 생성주 의 언어학에 근거하고 있다(1964: 9).

> 한 언어에서 다른 언어로 번역할 때는 단지 대응하는 구조를 비교하는 것을 넘어서 전체적인 메시지가 해독되고, 전이되고, 다른 언어의 구조 속으로 변형되는 메커니즘을 기술하여야 하기 때문에 생성주의적 관점이 특히 번역가에게 중요하다.

Nida는 또한 Catford와 다른 의미이론을 채택하였는데, Catford는 위에서 살펴본 바와 같이 Firth의 정의에 따라 의미는 형식적, 기능적 관계를 포 함한 언어적 항목이 맺고 있는 전체적인 관계들의 집합이라고 정의했다. 반면에 Nida는 의미를 언어적, 지시적, 감정적 의미로 나누었다. 물론 언 어적 의미는 '구조적으로 지시적 의미와 감정적 의미를 선행한다. "지시 적 의미와 감정적 의미는 언어적 의미가 끝나는 지점에서 시작된다"' (1964: 57). 언어적 의미는 Catford의 형식적 의미를 말한다. 지시적 의미 는 Catford가 기능적 의미라고 포괄적으로 논의한 개념을 의미한다. '지 시적 의미는 주로 발화에서 식별되는 문화적 맥락을 지칭한다. Nida는 명시적으로 논의했지만 Catford가 암시적으로만 남겨둔 감정적 의미는 '의사소통행위에서 참여자들의 반응'과 관계된다(Nida 1964: 70).

Nida의 의사소통적 행위 요소 목록은 Jakobson의 언어적 의사소통에서 수반되는 요소들을 상기시켜준다(1960/1987: 66 1장 1.4 상단 참조). Nida(1964: 120)에 따르면 의사소통적 행위는 (1) 주제(subject matter), (2) 참여자, (3) 언어적 행위, (4) 사용된 부호, (5) '주제가 특정한 상징과 배열로 부호화되는 특별한 방법'을 의미하는 메시지로 구성된다. 또한 참여자와 메시지는 특히 중요한데 이는 '다양한 번역유형이 3가지 기본 요소로 설명될 수 있기 때문이다. (1) 메시지의 본질, (2) 저자와 그 대리인으로서의 번역가의 목적(들), (3) 독자의 유형'이 그 기본 요소이다(1964: 156).

메시지는 내용과 형식을 완전히 분리하는 것이 불가능함에도 불구하고 '내용과 형식 이 둘 중 어느 것이 더 중요한 관심을 받느냐의 정도에 따라 주로 달라진다(1964: 156).

번역가의 목적은 원천 텍스트 저자의 목적과 같을 지도 모른다. 하지만 반드시 같아야 하는 것은 아니다. 번역가는 독자들에게 이국적 사회에 들어온 것 같은 기분을 만들어 주고 싶을 수도 있고 원천 텍스트의 주제나 형식에 관해 순수하고 간단한 정보만 제공하고 싶을 수도 있다. 또는 원천 텍스트의 주제와 형식 모두를 전달하고 싶을 수도 있다. 또한 이런 목적과 함께 독자들에게 특별한 반응을 유도하려는 추가적인 목표를 가질 수도 있다. 목표 텍스트를 읽은 후에 독자들이 특정한 방법으로 행동하고 싶어하도록 만들 수도 있다(1964: 157-8). 번역가의 입장에서 이런 잠재적인 목적을 강조하고 이것이 원래 저자가 목표 텍스트에 바라던 목적과 완전히 다를 수 있는 가능성과 원천 텍스트의 문화적 맥락에서 수행했던 목적과 실제로 다를 수 있다는 점을 강조하면서 Nida는 특히 독일어에서 번역 이론의 추후 발전을 암시했다. 독일어에 관한 번역이론은 번역의 기능적 접근에서 다룰 것이다.

번역가의 목적이 무엇이든지 (단지 원천 텍스트를 이해할 수 있는 것인지 아니면 완전한 등가를 찾는 것인지 간에) '독자들은 부호를 해독하는 능력과 잠재적인 관심도 서로 다르기 때문에' 번역가는 의도된 독자를 고려해야 한다(1964: 158). 이점에서 Nida는 그 유명한 형식적 등가와 역동적 등가를 구분한다. 전체적 등가는 번역에서 결코 불가능하기 때문에 '번역가는 가능한 가장 가까운 등가를 찾아야 한다. 그러나 근본적으로 등가는 두 가지 종류가 있다. 하나는 형식적 등가이고, 다른 하나는 역동적 등가이다(1964: 159). 그는 다음과 같이 말한다(ibid).

> 형식적 등가는 메시지 그 자체의 형식과 내용에 관심을 집중시킨다. 이런 번역에서 번역가는 시(poetry) 대 시, 문장 대 문장, 개념 대 개념과 같은 대응에 관심을 둔다.
>
> 이런 형식적 등가의 측면에서 수용자의 언어의 메시지는 원천 언어의 상이한 요소와 가능한한 근접해야 한다. 이는 정확성과 적절성의 기준을 판단하기 위해 수용자 문화의 메시지가 원천 문화의 메시지와 끊임없이 비교되는 것을 의미한다....
>
> 이와 대조적으로 형식적 등가보다 역동적 등가를 성립시키고자 하는 번역은 '등가효과의 원리'에 기초한다(Rieu & Phillips 1954). 이러한 번역에서 번역가는 원천 언어 메시지와 수용자 언어 메시지를 맞추려는데 급급하지 않고 역동적 관계에 관심을 둔다. 즉, 수용자와 메시지간의 관계가 실질적으로 원천 텍스트의 수용자와 메시지와의 관계와 동일해야 한다는 것이다.
>
> 역동적 등가의 번역은 완전히 자연스러운 표현에 초점을 두고, 수용자

를 자신의 문화적 맥락 내에서 중요한 행동 방식으로 연결시키려고 노력한다. 메시지를 이해하기 위하여 원천 언어 맥락의 문화적 패턴을 수용자가 이해해야 한다는 것은 아니다.

그러나 '만약 번역이 다음의 4가지 요구사항 (1) 말이 되도록 하기 (2) 원본의 정신과 방식을 전달하기, (2) 자연스럽고 쉬운 표현을 쓰기, (4) 비슷한 반응을 유도하기를 충족시켜야 한다면 어떤 지점에서는 내용과 형식 간의 갈등이 첨예해지고 한쪽은 포기를 해야 한다(1964: 164).

Nida(1964: 182, cf. Gutt 1991)는 '다른 것은 똑같은 상황에서 번역의 효율성은 최소의 부호 해독 노력으로 최대의 수용이라는 관점에서 판단될 수 있다. 언어적 형식과 문화적 배경은 다양하기 때문에, 번역에는 과도한 정보가 담기게 마련이고, 따라서 부호화 노력의 측면에서 매우 쉽게 비효율적이게 된다. 의사소통 과정의 일반적 효율성이라는 기준은 Nida가 모든 번역 평가에서 기본적이라고 했던 세 가지 기준 중의 하나이다. 나머지 두 가지는 의도의 이해와 반응의 등가라 할 수 있다.

의도의 이해는 '원천 언어 메시지가 번역에서 재현되는 의미의 정확성'에 근거한다. 이 기준은 형식적 등가 번역의 형태로 원천 문화에 적용될 수도 있고, 역동적 등가 번역의 형태로 수용자 문화에 적용될 수도 있다. 다음을 보자(1964: 182-3).

형식적 등가 번역에서 의도의 이해는 의사소통이 처음 발화되는 맥락에서 판단된다. 역동적 등가번역에서 의도는 수용자 문화의 측면에서 이해되어야 한다. 처음 메시지가 전달되었던 문화적 맥락과는 다른 맥락에서 의도가 해석될 수 있는 정도는 메시지의 보편성에 직접적으로 비례한다.

성경 메시지의 보편성을 믿는 번역가에게는 이것이 희소식이 될 것이다. 왜냐하면 이런 관점에서 볼 때 성경번역은 성공할 가능성이 높기 때문이다.

번역 품질 평가의 세 번째 기준인 반응의 등가는 원천 문화 중심적이거나 수용자 문화 중심이다. 여기에서 원천 문화 중심적이란 '수용자가 본래 반응의 기본을 이해해야 하는' 경우이며, 수용자 문화 중심적이란 '수용자가 다른 문화적 맥락 내에서 상응하는 반응을 만들어 내는' 경우라 할 수 있다. 또한 '반응이 유사한 정도는 두 의사소통 맥락간의 문화적 거리에 의존한다'(1964: 183). 의도와 반응의 구별과 원천 맥락과 수용자 맥락의 구별은 절대적인 것이 아니며 주로 주의집중의 초점과 관련된다.

이 세 가지 기준은 상호작용한다. 그 이유는 '형식적 등가에 기반한 매우 직역 의존적 번역은 이상한 표현이 많고, 따라서 예상 수용자 입장에서는 '너무 많은 정보를 전달하기' 때문이다'(1964: 183-4). 한편 '역동적 등가 번역은 확실한 기준을 세우기 힘들고 번역가의 관심이 수용자의 반응을 위한 것이라면 원본의 메시지 내용에 충실하지 못할 수 있다.' 하지만 Nida는 전체적으로 역동적 등가 번역을 선호했는데 그 이유는 형식적 등가 번역의 결과로 나타난 정보가 지나치게 많아져 번역이 이해 불가능한 것이 되기 때문이다. 역동적 등가번역에서 일어날 수 있는 최악의 상태는 번역가가 '왜곡됨'을 감추는 것이다(1964: 184). Nida와 Taber(1969)에서 역동적 등가는 '기능적 등가'로 명칭이 바뀌었지만 그 특징은 기본적으로 동일하다.

2.3.2 기술적 접근

번역의 기술적 접근은 연구프로그램에서 기술적인 부분과 이론적인 부분의 상호 의존성을 강조한다. 어떤 이론도 데이터를 통해서 입증해야 한다는 필요성과 데이터를 분별하고 설명하는데 이론의 필요성이 있기 때문이다(1장, 1절과 5절 참조, Toury 1995: 1). 1절에서 우리는 기술론적 번역학의 다양한 하위 분야에 대한 도해를 살펴보았다. 여기서 우리는 목표 텍스트 중심의 기술론적 접근 방법을 옹호하는 Toury의 견해를 살펴볼 것이다. 또한 그 접근 방법과 규범 개념과의 관련성에 대해서도 살펴볼 것이다. 먼저 Toury의 접근을 Catford, Nida의 연구와 관련지어 살펴보자.

앞에서 보았듯이 번역 등가성이 나타나는 경우는 원천 텍스트(항목)와 목표 텍스트(항목)가 기능상으로 동일한 상황 특성과 관련될 때라고 Catford는 주장한다. 즉 원천 텍스트 항목과 목표 텍스트 항목간의 번역 등가성에 대한 주장을 하는 것은 곧 원천 텍스트 항목과 목표 텍스트 항목을 같은 특성과 관련시키는 것이 가능한지의 여부를 검증하는 일이다. 그러나 Toury가 아래에서 형식화 한 것처럼(1981: 27), Catford는 다음과 같이 지적한다.

> 우리는 SL텍스트와 TL텍스트를 비교함으로써 알 수 있는 경험적 현상으로서의 번역 등가와 번역 등가의 근본 조건 또는 타당한 이유의 차이를 구별해야 한다.

Toury의 이론에서 이런 구별은 특히 진지하게 고려되며, 경험적 현상으로서의 번역등가는 주요한 관심사이다.

Nida에서 번역등가의 근본 조건은, 텍스트 기능적으로 관련된 상황 특징으로 설명되지 않는다. 오히려 투사된 기능과 텍스트 수용의 관점으로 기술된다. 또한 이러한 투사된 기능과 텍스트 수용은 부분적으로 수용자의 사회-심리적 기질에 의해 결정된다. 번역가는 번역의 시작점이 되는 원천 문화나 혹은 번역의 목표가 되는 목표 문화를 더 지향할 수 있다고 Nida는 주장한다.

Toury는 Nida와 관련되지만 완전히 동일하지는 않게 원천 텍스트 중심의 기술과 목표 텍스트 중심의 기술을 구별한다. 또한 Toury는 텍스트의 모든 특성들이 동일하게 관련 있는 것은 아니며 '관련성의 위계' (1980: 38)에서 특성들의 위치는 목표 텍스트와 원천 텍스트 둘 다의 관점에서 동일하지 않을 수 있다고 지적한다. Toury는 현재까지 대부분의 번역이론이 'ST 중심이고 SL 중심'이라고 주장한다(1980: 35).

> 따라서 그 번역이론은 본질적으로 지시적이고 규범적이다. 그들은 ST나 SL을 TL로 재구성하는 관점에서 번역을 생각한다. 일반적으로 ST나 SL을 TL로 최대(적어도 최적) 재구성(즉 ST의 체계적 관계를 형식화하는 것)하는 것의 관점에서 생각한다. 여기에서 그 정도와 방식은 상호교환성 이라는 정의에 따라 TT와 ST가 상호교환가능한 정도가 될 것이다.

이러한 원천 텍스트와 원천 언어에 대한 집착 때문에 번역이론이 '실제 번역물의 기술적인 연구에 대한 적절한 출발점과 틀을 제공하지 못하게 된다'고 Toury는 주장한다. 원천 텍스트 중심의 번역등가 이론에서는 다른 언어와 등가가 되기 위해 언어 항목이 갖추어야 할 조건에 대한 가설이 설정된다. 어떤 항목이라도 이러한 조건들을 완벽하게 지킬 수는 없다. 따라서 어떤 항목 쌍도 적절한 번역 등가어가 될 수 없으며 결국 어떠한 번역도 이론에 따른 적절한 번역이 될 수 없다. 어떻게 이러한 접근 방법이 사실상 번역본으로 *여겨지는* 텍스트와 실제로 번역본의 *기능을 하는* 텍스트를 만족스럽게 다루는지 알기 어렵다. 그 이론은 목적 없는 이론이 되고 이론과 실제 사이에 격차가 커진다.

Toury에 따르면, 이런 딜레마에 빠지지 않기 위해서는 기존 문화의 문학적 폴리시스템[8])에서 특정한 위치를 차지하는 경험적 현상으로 번역본을 보면 된다고 한다. 간단하게 말하면, 한 문화에서 번역이라고 간주되는 대상은 원칙상으로나 최소한 어떤 조사[9])에서나 번역으로 용인되어야 한다. 그 다음에 기술이 진행될 수 있다. 기술은 번역관계의 목표 텍스트 끝점에서 시작하지만, 목표 텍스트 부분들을 원천 텍스트 부분들에 사상시켜 번역 등가를 만들기 위해서 원천텍스트 방향으로 작용할 것이다(Toury 1995: 37). 따라서 성립된 번역 등가 관계는 더 이상 이상적이거나 현실 불가능한 관계가 아니다. 'TT의 관점에서 등가는 요구사항이 아니라 TT 자체와 마찬가지로 경험적 사실이다. 즉 TT와 ST사이에 존재하는 *실질적인 관계이다*(Toury 1980a: 39, 이탤릭체는 원본에서 나온 것임).

---

8) Toury의 논의는 문학 텍스트에 초점을 두지만 전체적인 논의는 모든 텍스트 장르에 해당된다. 폴리시스템 이론은 러시아의 형식주의자에 의해 발전되었으며 번역학에는 Itamar Even-Zohar(1971, 1978, 1990)의 논의로 소개되었다. 이 이론은 문화 내에서 존재하는 전체 텍스트를 시스템으로 본다. 이 시스템에서는 수많은 하위시스템(장르)이 존재하고 서로 연관되며 서로간의 관계에서 가치나 지위가 형성된다. 따라서 특정 장르의 가치와 지위는 폴리시스템내의 위치로 결정된다. 마찬가지로 이런 시스템내의 특정 텍스트는 다른 텍스트와의 상호관계성 속에서 가치와 지위를 획득한다.

9) 이 연구는 때로 원천 텍스트가 없는 것을 발견할 때도 있지만, 이것도 작가가 자신만의 목적을 가진 번역으로 받아들일 수 있다. 예를 들어 텍스트에 특정한 매력, 신비함, 고색적인 것이나 방황하는 사람들, 또는 동경하는 외국 문화의 권위나 지위를 추가할 수 있다. 이러한 텍스트는 '의사번역'(Toury 1980a: 48)으로 알려져 있고 특히 유명한 것이 James Macpherson(1783)의 『Ossian(오시안)』이다.

모든 (용인 가능한) TT-ST 항목 쌍에는 한 가지 번역등가의 예시 증거가 있을 것이다. 하지만 언어, 문화에서 이용 가능한 텍스트 유형, 문화 간의 관계 등이 포함되는 것을 고려해보면, 모든 쌍에는 또 다른 가능한 번역등가도 존재할 수 있다(1980: 46). 따라서 다른 것을 선택하지 않고 이것을 선택한 이유를 설명해야 한다. 이런 설명을 할 때 Toury는 다음과 같은 Catford의 일반적인 번역 등가의 정의를 사용하지 않는다.

> *SL과 TL 텍스트나 항목이 같은 실체의 특성을 가진 것으로(적어도 일부라도) 연관 지을 수 있을 때, 번역 등가가 발생한다*(이탤릭은 원본에서 나온 것임).

대신 다음과 같은 상대적 정의를 내린다(Toury 1980a: 37).

> SL과 TL 텍스트 (또는 항목)가 같은 관련성 있는 특성을 가진 것으로 (적어도 일부라도)연관 지을 수 있을 때 번역 등가가 발생한다.

여기서 추가된 개념인 관련성은 항상 '무엇에 관련 있는' 또는 '특정 관점에서 볼 때 관련 있는' 것으로 이해되어야 한다. 또한 모든 특성이 다른 모든 특성만큼 관련 있는 것이 아니라는 점을 명심해야 한다. '절대적인 관련성 보다는 관련성의 위계(1980: 38)'가 존재한다. 따라서 TT-ST 텍스트 쌍에 던져야 할 질문은 이것들이 등가인가가 아니라 '어떤 종류 또는 어떤 정도의 번역 등가인가 하는 점이다(1980: 47).

번역학의 이론적 분야 내에서, 이런 관계들에 대해 기술하는 주요한 목적은 '번역과 관련된 모든 변수간의 고유한 관계를 설명해 줄 수 있는 일련의 일관적 법칙을 기술하는 것이다(Toury 1995: 16). 물론 이런 '법칙'들은 번역의 규범적 진술로 이해되어선 안 된다. 오히려 이런 법칙은 우리가 살고 있는 물리적, 정신적 세계에서 과학자들이 관찰하는 현상에 대한 과학자들의 설명과 같다. 즉 '자연의 법칙', 물리적 '법칙' 등과 같다. 또한 번역학의 '법칙'은 이러한 자연의 법칙과 물리적 법칙과 같이 정규적으로 검토의 대상이 되며, 추가적인 관찰(기술)이란 관점에서 다시 쓰기가 이루어지게 된다. 이 법칙들은 관찰 불가능한 현상을 관찰 가능한 것으로 설명한다는 점에서 관찰 가능한 번역 등가어 쌍들과는 다르다(Toury 1995: 36). 이런 법칙을 Toury가 '규범'이라고 불렀다. 번역 규범은 특정 문화에서 작동하는 관찰 불가능한 번역 개념에서 도출된다(Toury 1995: 37). 이렇게 관찰 불가능한 것은 번역물과 원천 텍스트와 같이 경험적 현상에 대한 관찰을 기반으로 해서만 (재)구성될 수 있다. 물리학자들이 자연의 법칙을 공식화하는 것처럼 번역규범도 언어화될 수 있다. 그러나 Toury는 다음과 같이 진술한다(1999: 15).

> 지침으로서의 규범과 언어로 규범에 부여하는 형식화 사이에는 동일성이 없다는 것을 명심해야 한다. 언어화하는 것은 규범의 존재를 인식하고 그 규범의 중요성을 인식한다는 것을 반영한다. 그러나 언어화는 역시 다른 관심들을 구현한다. 특히 규범을 통제하거나, 규범에 영향을 주거나, 의식적이고 체계적인 방법으로 규범을 설명하고자 하는 욕구를 구현한다. 따라서 규범적인 공식은 규범 지배적 행동과 기저의 규범에 대한 데이터 원천이 될 수 있다. 하지만 이것은 간접적으로만 가능하다. 만약 규범을 노출 시키고자 한다면, 그러한 만들어진 규범 공식으로 인해 그동안 쌓아왔던 이국적 관심을 잃어버리게 되는 결과를 낳게 될 것이다.

번역학에서 규범의 개념은 Grice의 대화함축이론에서 격률의 개념과 상당부분 유사하다(Grice 1975). 규범은 암시적으로 행동의 지침이 되고, 학자들은 행동(의 결과물) 분석에만 기초하여 규범을 식별하고 기술할 수 있다(Toury 1999: 16 참조). 이 규범들은 시간이 지나면서 변화하기 마련이다. 또한 이 규범들은 문화적 규범과 관습의 더 큰 체계 내에 존재하기 때문에 특정 기간의 번역 규범을 형성하고 또 다른 규범들과 비교하는 일은 번역본을 둘러싼 문화의 다른 측면들에 유용할 수 있다. 특정 시대의 한 문화에서 서로 다른 규범이 있을 수 있고 이것들은 서로 경쟁할 수 있다. 이러한 경쟁 규범들은 현재 주류를 대표하는 것일 수도 있고 또는 오래된 규범과 새로 발생한 규범의 잔존물일 수도 있다(Toury 1999: 27-8). 또는 그 경쟁 규범들이 한편으로는 관련된 체제에서 용인 가능한 것을 나타내고 다른 편에서는 반항적 그룹을 나타낼 수 있다. 문화 내의 모든 텍스트 생산처럼 번역도 이데올로기를 위해 사용될 수도 있다.

2.3.3 기능적 접근

Toury가 번역 *기술*에서 목표 중심적 접근을 형성할 때와 거의 비슷한 시기에, 핀란드의 Justa Holz-Mänttäri(1984)와 독일어 사용 국가에서 주로 활동하는 많은 학자들이 현재 '스코포스 이론'이라고 알려진 번역 *생산*에 대한 접근 이론을 형성하였다(Vermeer 1978/1983). 스코포스는 '목적'이라는 그리스어이고 스코포스 이론은 번역을 포함한 인간 활동이 그 목적에 따라 결정된다는 이론에 바탕을 두고 있다(Schäffner, 1998: 236 참조). 그러나 번역학 연구 학자들은 그들의 이론적 선구자로서 기능주의 언어학자를 언급하는 습관이 있었는데 그래서 '기능적'이라는 용어가 자주 사용된 것이다. 예를 들어 Reiss(2000 [1971]: 25-6)는 Bühler(1933)의 재현적

(representative), 표현적, 호소적 기능을 언급하면서 텍스트의 유형은 우선시되는 기능에 따라 분류되어야 한다고 주장했다. 정보적, 내용중심의 텍스트는 재현적 기능을 우선시하고, 표현적, 형식 중심의 텍스트는 표현적 기능을 우선시하며, 호소 중심의 작용적 텍스트는 호소적 기능을 우선시한다. 이와 유사하게 Nord(1995)도 Bühler의 기능을 사용했지만 제목에 관한 코퍼스 분석에서 확인된 몇 가지를 추가시켰다. 그 중 하나가 Malinowski의 사교적(phatic) 기능인데 나머지는 특징적인 기능이고 상위 텍스트적인 기능이다. 마찬가지로 Reiss와 Vermeer(1984/ 1991: 45)는 텍스트 장르의 유형론을 도출하기 위해 Bühler의 언어기능 개념을 사용한다. 목표 텍스트와 원천 텍스트의 기능이 같거나 다른 경우, 각각 독일어의 Funktionskonstanz('기능의 일치'), Funktionsänderung('기능의 변화')란 용어를 사용하였다. Schäffner(1998: 236-7)에 따르면 이들은 '스코포스', '기능', '목적'이란 용어를 서로 교환하여 사용하였다.

스코포스 이론의 주요 원리는 번역 행위를 개시한 사람(번역가의 의뢰인)이 목표텍스트에 대해 명시하는 목적(이 접근법에서 종종 'translatum' (Vermeer 1979: 174) 또는 'translat'라는 명칭이 사용됨(Reiss & Vermeer 1984/1991: 2))이 가장 중요한 요인이 되어야 한다는 것이다. 이 목적이 목표 텍스트를 형성하는데 있어 원천 텍스트의 형식과 내용보다 더 중요하다. 만약 광고번역에서 목표 텍스트의 목적이 광고되는 상품을 파는 것이라면 목표 언어가 최대로 비슷하게 원천 텍스트를 복제하는 것 보다는 예상독자에게 매력 있는 텍스트를 만드는 것이 더 중요할 것이다. 이를 위해서 목표 텍스트는 예상독자의 배경 지식과 상황에 '일관적'(추가적인 논의를 위해서는 7장 7.2.3의 일관성을 참조하라)이어야 하며, 이것은 원천 텍스트 독자의 배경 지식과 상황과는 다소 차이날 수 있다. 그러나 번역본으로 남기 위해서(원천 텍스트에 느슨하게 기반을 둔 원본 창조물과는 반대로) 원천텍스트와 번역본 간의 관계는 (비록 이런 관계는 다소 느슨하게 정의되긴 하지만) 반드시 유지되어야 한다.

　　Reiss & Vermeer(1984/1991)가 발전시킨 이 접근론에서 텍스트는 그 저자가 예상 수용자에게 정보(독일어로는 Informationsangebot)를 제공하는 것으로 인식되었는데, 이 경우 번역은 이차적 정보제공이다. 번역은 원천 텍스트의 저자가 의도된 수용자에게 제공한 정보를 그 수용자에게 다시 제공하는 것이다. 번역은 선택적으로 스코포스에 근거하여 행해진다. 스코포스는 전형적으로 인식된 필요성과 목표 텍스트 수용자의 기대에 따라 결정된다(Nida 1964, 2.3.1에서 논의된 내용 참조). 스코포스는 목표 텍스트 수용자에게 원천 텍스트가 어땠는지를 정확하게 알려줄 지도 모른다. 따라서 이 접근에서는 원천 텍스트와 목표 텍스트 간의 최적의 내용의 등가를 배제하지 않는다. 다만 이것은 번역가가 번역을 위해 자신의 마음속에 간직한 가능한 전체 목적 중 하나에 해당될 뿐이다.

2.3.4 문화적 접근

Susan Bassnett(1998: 110)은 1980년대 중반을 번역학이 특별히 '문화적 전환'을 한 때라고 규정했다(Bassnett & Lefevere 1991/1995). 번역가가 그 언어에 정통할 뿐만 아니라 언어가 발화되는 문화에도 정통해야 한다는 것은 번역학에서 널리 알려진 사실이다. 즉 거의 모두가 번역가의 활동에서 문화적 이해의 중요성을 인정한다. 문화의 측면이 텍스트의 측면을 형성시키고 문화의 측면이 텍스트의 측면에 반영되어 있고 반대로 텍스트의 측면이 문화의 측면에 영향을 준다는 것을 거의 모두가 인정하고 있기 때문이다. 그런데 이러한 번역 활동의 최전면에 나선 접근은 번역학의 문화적 접근이다. 의미를 만들고 유지하는 점에서 언어의 역할을 강조한 후기 구조주의 이론가들은 이 접근이 번역과 이데올로기 간의 관계를 밝혀준다고 생각했다. 예를 들어 실제 번역행위를 통해 특정 문화 집단을 다른 집단이 지배하는 관계를 유지하거나 의심하거나 변경할 때의 번역의 역할을 강조한다. 따라서 문화를 사고와 행동 유형, 가치와 신념, 수행 코드, 정치적, 경제적 상업적 방식과 같이 인간 삶의 전체로 광범위하게 정의할 수 있음에도 불구하고, 번역학에서 문화 중심적 논의는 주로 두 가지의 큰 분야에 집중되는 경향이 있다. 그 두 가지는 후기-식민지주의 번역학(Bassnett & Trivedi 1999가 대표적임)과 젠더(gender) 중심의 번역학(Simon 1996이 대표적임)이다. 또한 번역과 소수, 번역과 정치학의 문제와 같이 일반적인 관심분야도 있는데, 여기에는 아이들을 위한 번역, 게이 문학 번역(Harvey 1998, Keenaghan 1998), 번역과 정치적 검열(Craig 1998), 소수어로 번역 또는 소수어를 번역하는 것(Millán-Varela 1997) 등이 포함된다. 하지만 많은 번역학 연구자들은 또한 텍스트의 문화 특정적 양상을 번역할 때 관계되는 어려움에 구체적으로 초점을 둔다. 이러한 어려움은 축제와 관행을 지칭하는 경우와 은유와 속담처럼 문화적인 용어를 번역할 때 수반된다(Leppihalme 1997).

2.4 연습과 논의

■■■ 연습: 어떤 접근법? ■■■

다음은 Hans Christian Andersen 동화를 번역한 것을 발췌한 것이다. 각 번역 쌍에서 첫 번째 부분은 원전에 가능한 가깝게 번역하려는 의도로 번역된 것이고 두 번째 부분은 영어로 번역된 최초의 번역본인 Mary

Howitt의 번역이다(Howitt 1846). 번역 쌍을 주의 깊게 비교하고 이들의 차이점을 분류할 수 있는지 살펴보라.

번역 쌍 1

『Ole Lukøie(1842)』:

... and they all talked about themselves, except the spittoon, which stood silent, cross that they could be so vain as to only talk about themselves and only think about themselves and have no thought for it, even though it stood so humbly in the corner and let itself be spat on.

... 조용히 서 있는 (가래나 기침을 뱉기 위한) 타구 빼고는 모두 자기 자신들에 대해서만 이야기 했다. 자기 자신들에 대해서만 이야기 하고 자기 자신만 생각하고 코너에 그렇게 얌전히 서 있는 타구에 대한 생각은 전혀 않고 밟히는 대로 놓아 둔 그들은 허영에 찬 것임이 틀림없다.

Howitt(1846), 『Olé Luckoiè』 (4-5):

Everything talked except the old door mat, which lay silent, and was vexed that they should be all so full of vanity as to talk of nothing but themselves, and think only about themselves, and never have one thought for it which lay so modestly in a corner and let itself be trodden upon.

조용히 놓인 오래된 현관매트 빼고는 모두 이야기 했다. 자신들에 대해서만 말할 줄 알고 사기 자신만 생각히며, 코너에 그렇게 겸손하게 놓여 있는 매트에 대해선 생각한 번 안해 주고 밟히는 대로 놓아 둔 허영에 꽉 찬 그들에게 화가 났다.

번역 쌍 2

『Paradisets Have(1838)』

Half thawed snow with moss, sharp stones and skeletons of walruses and polar bears lay there, they looked like giant's arms and legs, with mouldy greenness... I blew at the fog a little so you could see the shed: it was a house made of a wreck and covered with walrus-skin; the meaty side was turned outwards, it was full of red and green... Furthest down the walruses were writhing about like live intestines or gigantic maggots with swines' heads and ell-long teeth!

반쯤 녹은 눈에 이끼와 예리한 돌, 바다코끼리의 해골이 가득했다. 북극 곰이 거기 누워 있었는데 푸른 이끼가 긴 거인의 팔과 다리 같았다. 나는 그가 빛을 볼 수 있도록 안개를 입으로 살짝 불었다. 난파선과 바다코끼리의 가죽으로 만든 집이 있었다. 살이 있는 쪽은 밖을 향해 있었고 빨간 색과 초록색으로 가득했다. 그 아래에는 바다코끼리들이 살아있는 창자 같이 괴로워하고 돼지머리 모양을 하고 긴 이빨을 가진 거대한 구더기처럼 몸부림치고 있었다.

Howitt(1846), 『낙원의 동산(The Garden of Paradise)』 (69-70):
Half covered with dwarfish mosses, sharp stones and leg-bones of walruses and icebears lie scattered about, looking like the arms and legs of giants... I blew the mist aside a little, that one might see the erection there; it was a house, built of pieces of wrecks, covered with the skin of the walrus, the fleshy side turned outwards... Down below tumbled about the walruses, like gigantic ascarides, with pigs' heads and teeth an ell long!

작은 이끼로 반쯤 덮힌 채로, 예리한 돌, 그리고 바다코끼리와 북극 흰곰 다리뼈가 흩어진 채 널려있었다. 이들은 마치 거인의 팔과 다리 같았다. 거기 서 있는 물체가 보이지 않아 내가 엷은 안개를 입으로 살짝 불었다. 난파선 조각으로 만들어졌고, 살이 있는 살집이 있는 도톰한 부분이 바깥 쪽으로 향하는 바다코끼리 가죽으로 덮힌 집이 한 채 보였다. ... 아래쪽에는 거대한 해충처럼 돼지머리와 긴 이빨을 가진 바다코끼리가 널브러져 있었다.

번역 쌍3

『Storkene(1839)』

'Now we'll be revenged!' they said.

'To be sure' said the mother stork. 'My plan is just right! I know where the pond is, where all the little human children lie until the stork comes to take them to their parents. The pretty little children sleep and dream more wonderfully than they'll ever dream again. All parents would like to have such a little child, and all children would like a sister or brother. Now we'll fly to the pond, fetch one for each of the children who haven't sung the nasty song and made fun of the storks, for those children will have none at all!'

'But the one who started the singing, the nasty horrible boy!' the young storks screeched, 'what shall we do with him?'

'In the pond lies a little dead child, it has dreamt itself to death, we will take it to him, then he'll cry because we have brought him a dead little brother; but the good boy, I'm sure you haven't forgotten him, the one who said: it is a shame to make fun of the animals! We'll take him both a brother and a sister, and as that boy was called Peter, you'll all be called Peter too!'

And it happened as she said, so all the storks were called Peter, and they still are.

"이제 우리가 복수하자". 그들이 말했다.

"당연하지." 엄마 황새가 말했다. "내 계획이 옳아! 난 연못이 어디 있는지 알거든. 거기서 어린이들은 황새가 부모한테 태워줄 때까지 누워있을 거야. 그 예쁜 어린이들은 여느 때보다 더 꿈꾸면서 잘 자고 있어. 모든 부모들은 그런 예쁜 아이를 갖고 싶을 거고, 모든 어린이들은 자매나 형제를 좋아할 거야. 이제 연못으로 날아가 그 못된 노래를 부르지 않고 황새를 놀리지 않은 어린이들을 데려오자. 그 애들한테는 아무 짓도 안할 거야."

"그러면 노래를 부르기 시작한 그 끔찍하고 못된 소년은 어떻게 할 거에요?" 어린 황새들이 소리 질렀다.

"연못에 가면 어린애가 죽어 있을 거야. 우리는 걔를 못된 소년에게 데려가는 거야. 그러면 소년은 죽은 동생을 보고 울겠지. 하지만 너희들이 기억하고 있을 그 착한 소년말이야. 동물을 놀리는 것은 부끄러운 일이라고 말했던 그 착한 소년에겐 남동생과 여동생 모두를 데려다 줄거야. 그 소년 이름이 피터였으니 너희들 모두 이제 피터야!"

그러자 엄마 황새가 말한 대로 되었다. 모든 황새는 피터가 되었고, 지금까지도 그렇다.

Howitt(1846), 『황새(The storks)』 (126-7)

'Now let's have revenge,' said they.

'Leave off talking of revenge,' said the mother. 'Listen to me, which is a great deal better. Do not you remember the good little boy who said, when the others sung, "that is was a sin to make fun of the storks"; let us reward him, that is better than having revenge.'

'Yes, let us reward him,' said the storks.

'He shall have, next summer, a nice little sister, such a beautiful little sister as never was seen! Will not that be a reward for him?' said the mother.

'It will;' said the young ones, 'a sweet little sister he shall have!'

'And as he is called Peter,' continued the mother, 'so shall you also be called Peter altogether.'

And that which she said was done. The little boy had the loveliest of little sisters next year; and, from that time, all the storks in Denmark were called Peter; and so are they to this day.

"이제 복수하자." 그들이 말했다.

"복수는 그만 둬." 엄마 황새가 말했다. "내 말 들어. 그만 두는 게 훨씬 좋아. 다른 애들이 노래할 때 "황새를 놀리는 건 나쁜 짓이야'라고 말했던 착한 소년을 기억 못하니? 그 소년에게 상을 주자. 복수하는 것 보다 그게 나아".

"그래, 착한 소년에게 상을 주자." 황새들이 말했다.

"내년 여름에 그 소년에게 최고로 예쁜 여동생을 선물하자! 그거야 말로 좋은 상이 되지 않을까?" 엄마 황새가 말했다.

"맞아요. 소년은 귀여운 여동생을 갖게 될 거에요." 어린 황새들이 말했다.

"그리고 그 소년은 피터지. 너희들도 이제 모두 피터야." 엄마 황새가 말했다.

그러자 엄마 황새가 말한 대로 되었다. 착한 소년은 다음 해에 사랑스러운 여동생이 생겼고, 그때부터 덴마크의 모든 황새들의 이름은 피터가 되었다. 지금까지도 말이다.

번역 씽4

『Tommelise(1835)』

There was once a woman who would like to have a little tiny child, but she had no idea where she could get one from; then she went to see an old witch and said to her: 'I would so very much like to have a little child, won't you please tell me where I can get one from?'

'Yes, we'll get around that all right!' said the witch. 'There's a corn of barley, it is not at all the kind that grows on the farmer's field or that the chickens are given to eat, put it in a flower pot, and wait and see what'll happen!'

어린 아이를 갖고 싶었지만 어디서 구할지 모르는 한 여자가 있었다. 그녀는 어느 날 늙은 마녀에게 찾아가 말했다. "전 어린 아이가 너무 갖고 싶어요. 어디서 아이를 구할 수 있을 까요?"

"그래, 바로 알려줄게. 저기 보리가 있는데 저 보리는 농장에서 자라거나 닭이 먹는 보리가 아니야. 저걸 화분에 넣어서 무슨 일이 일어나는지 살펴봐!"

Howitt(1846) 『Tommelise』 (33)
Once upon a time, a beggar woman went to the house of a poor peasant, and asked for something to eat. The peasant's wife gave her some bread and milk. When she had eaten it, she took a barley-corn out of her pocket, and said-'This will I give thee; set it in a flower pot, and see what will come out of it.'

옛날에 한 거지여자가 가난한 농부집에 가서 먹을 것을 구했다. 가난한 농부의 아내는 거지에게 빵과 우유를 조금 나눠주었다. 거지가 식사를 마치고 호주머니에서 보리를 꺼내면서 말했다. "내가 이 보리를 줄게요. 화분에 심어 무엇이 자라는지 살펴보아요."

번역 쌍5

『Paradisets Have(1838)』
The most beautiful girls, floating and slender, dressed in waving gauze so you could see their lovely limbs, floated in dances

날씬하고 떠다니는 아름다운 소녀들이 나풀거리는 거즈를 입어서 사랑스러운 팔 다리가 춤사위에 보이는 구나

Howitt(1846), 『낙원의 동산(The Garden of Paradise)』 (86)
The most beautiful maidens floated in the dance
아름다운 처녀들이 춤추며 떠다니는 구나

번역 쌍6

『Paradisets Have(1838)』

Then the fairy beckoned and called lovingly: 'follow me! follow me!' and he rushed towards her, forgot his promise, forgot it already on the first evening, and she beckoned and smiled. The scent, the spicy scent all around, grew stronger, the harps intoned far more beautifully, and it was as if the millions of smiling faces in the hall where the tree grew nodded, singing: 'Everything ought to be known to us! Humanity is master of the earth.' And they were no longer tears of blood that were dripping from the leaves of the tree of knowledge, they were red, fiery stars, it seemed to him. 'Follow me, follow me!' sounded the quivering notes, and with every step the prince's cheeks burned hotter, his blood moved more strongly. 'I must!' he said, 'it isn't a sin after all, it cannot be! why not follow beauty and happiness! I want to see her sleeping! Nothing is thereby lost, as long as I don't kiss her, and I'm not going to do that, I am strong, my will is firm!'

And the fairy cast off her brilliant clothes, and a moment later she was hidden within.

'I haven't sinned yet!' said the prince, 'and I won't;' and then he drew back the branches; there she was, already asleep, lovely as only the fairy in the garden of Paradise can be; she smiled in her dream, he bent down over her and saw the tears quiver between her eye lashes!

'Are you crying for me?' he whispered, 'don't cry beautiful woman! Only now do I comprehend the happiness of paradise, it is streaming through my blood, through my thoughts, I feel the cherub's power and eternal life within my earthly body, let eternal night fall upon me, a minute like this brings riches enough!' and he kissed the tear away from her eye, his mouth touched hers.

그러자 요정은 손짓하며 사랑스럽게 불렀다. "따라와요! 날 따라와요!" 그러자 그는 요정을 따라갔다. 그의 약속은 잊은 채, 첫날 저녁 이미 잊었었다. 그녀는 손짓하며 미소 지었다. 향긋한 향기가 사방에 진하게 퍼지며, 하프소리가 훨씬 더 아름답게 울리고 나무가 자란 홀에서 수백만의 웃는 얼굴들이 끄덕이며 노래하는 것 같았다. "우리는 모든 것을 알아야 해! 인류는 지구의 주인이야." 그리고 그것들은 더 이상 지식의 나뭇잎사귀에서 떨어지는 피눈물이 아니었다. 그에게는 빨갛고 격렬한 빛을 내는 별처럼 보였다. "따라와요! 따라와!" 떨리는 음성이 들리고 한걸음씩 움직일 때마다 왕자의 얼굴은 뜨거워지고 피는 더 힘차게 움직이는 것 같았다. 그가 말했다. "그건 결코 죄가 아니야! 왜 아름다움과 행복을 따라가면 안되는 거야. 그녀가 잠자는 모습을 보고 싶어. 내가 키스하지만 않으면 괜찮을 거야. 난 키스하지 않을 거야. 강하고 확고한 모습을 보여주고야 말겠어!"

요정이 그녀의 광채나는 옷자락을 던지자 그녀가 잠자고 있는 모습이 보였다.

'난 아직 죄를 지은 게 아니야! 그리고 그런 일은 절대 없을 거야' 왕자는 말했다. 왕자가 나뭇가지를 젖히자, 낙원의 동산에서 유일하게 사랑스러운 요정 같은 그녀가 잠들어 있는 모습이 보였다. 그녀는 꿈꾸며 미소 짓고 있었다. 왕자가 그녀 곁에서 몸을 굽히자 그녀의 눈가에 맺힌 눈물이 보였다.

'당신, 나 때문에 울고 있는 건가요?' 왕자가 속삭였다. '울지 말아요, 아름다운 여인이여! 이제 나는 낙원의 행복을 이해할 수 있어요. 그 행복은 내 혈액, 내 생각을 따라 흐리고 있어요. 이 세속적인 내 몸에서 천가의 힘과 영생을 느껴요. 영원히 이 밤, 지금 이 순간이 지속됐으면 좋겠어요!' 그리고 왕자는 그녀의 눈가에 맺힌 눈물에 키스하고 그녀의 입술에 키스하였다.

Howitt(1846), 『낙원의 동산(The Garden of Paradise)』 (86)
Then beckoned the Fairy, and said, 'Follow, follow me!'

He started towards her — he forgot his promise — forgot it all the first evening!

'Follow, follow me!' alone sounded in his heart. He paused not-he hastened after her.

'I will,' said he; 'there is really no sin in it! Why should I not do so? I will see her! There is nothing lost if I only do not kiss her, and that I will not do — for I have a firm will!'

The Fairy put aside the green depending branches of the Tree of Knowledge, and the next moment was hidden from sight.

'I have not sinned,' said the prince, 'and I will not!' He also put aside the green, depending branches of the Tree of Knowledge, and there sat the Fairy with her hands clasped, and the tears on her dark eyelashes!

'Weep not for me!' said he passionately. 'There can be no sin in what I have done; weep not!' and he kissed away her tears, and his lips touched hers!

요정이 손짓하여 말했다. '날 따라와요. 따라와!'

그는 첫날 밤 한 약속을 잊은 채 요정을 따라가기 시작했다.

"따라와요. 따라와!" 라는 목소리가 그의 마음속에서 울려 퍼졌다. 그는 계속해서 요정을 쫓아갔다.

"따라갈게요." 그가 말했다. "따라가는 건 죄가 아니잖아요! 그럼 안 될 이유라도 있나요? 그녀를 보고야 말거에요. 내가 키스하지만 않으면 아무 문제없어요. 절대 안 그러기로 결심했어요!"

요정이 지식의 나무의 초록 가지를 옆으로 제쳐뒀지만 그녀는 보이지 않았다.

"난 죄를 짓지 않았어. 그리고 안 지을 거야!" 왕자는 말했다. 왕자가 초록 가지를 젖히자 두 손을 모으고 눈가에 눈물이 가득한 요정의 모습이 모였다.

"나 때문에 울지 말아요!" 왕자는 말했다. "아직 죄를 짓지 않았어요. 울지 말아요!" 왕자는 그녀의 눈물에 키스하고 그녀의 입술에 키스하였다!

■■■ **논의** ■■■

지금까지 기술적으로 번역 간의 차이를 논의하였다. 2장에서 논의한 접근 중 원천 텍스트와 Mary Howitt의 목표 텍스트간의 차이를 가장 잘 설명해줄 접근은 어느 것인가?

3.

번역과 언어

3.1 서론

1장과 2장에서 번역이론과 번역학의 범위를 광범위하게 제시하였다. 이번 장에서는 개인 번역가가 번역의 본질을 좀 더 자세히 이해할 수 있도록 두 가지 문제에 대해서 논의하고자 한다. 첫 번째 문제는 번역학 내에서 의미가 어떻게 이해되면 좋을지에 많은 영향을 미치는 문제인 언어학적, 문화적, 존재론적 상대주의에 관한 문제이다. 두 번째 문제는 언어학 이론(언어과학)과 번역이론 간의 관계에 관한 문제이다. 이런 문제들을 먼저 논의한 후, 좀 더 실용적이고 응용적 논의로 넘어가도록 한다.

3.2 언어, 문화, 이해

대부분 언어학자들, 철학자들, 시회 과학자들은 인간이 발화하는 언어와, 문화, 그리고 그 배경이 되는 세계에 관한 이해 간에 밀접한 관계가 있다는 데 거의 동의한다. 언어는 인간의 사회화, 성장 과정에서 가장 중요한 정보를 전달한다. 우리의 실용적, 역사적, 문화적, 사회적 지식은 상당 부분 언어로 획득되고, 언어습득 학습 과정을 통해 우리 주위의 세계가 대개 범주화되고 식별된다. 그렇지만 모든 언어가 똑같은 범주화 체계를 가지지는 않는다. 이미 우리는 2장 2.3.1에서 화자와 지시되는 물체 사이의 공간이 서로 다른 직시 체계로 어떻게 다르게 나누어 되는지, 또한 언어 사이에 어휘적으로 부합하지 않는 예들이 풍부하다는 것을 살펴보았다. 아래의 그림은 Hjelmslev(1953: 33)에 기초하여 Palmer(1981: 68-9)가 제시한 것이다. 이 예는 색깔 스펙트럼처럼 객관적인 사물을 지시할 경우에도 각 언어마다 구분의 정도가 다르고 각 색깔의 최고점이 서로 다름을 보여주었다. 이와 유사하게 외현적으로 명백한 공간적 관계도 각 언어마다 사용하는 전치사가 서로 대응되지 않았다. 그림 3.1에서 Bowerman(1996: 151-3)은 한국어와 영어의 예를 들었다.

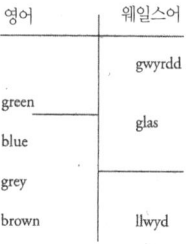

영어화자의 관점에서 그림 3.1은 사과가 그릇 속으로 들어가는 것과 컵이 탁자위에 올려지는 것을 보여준다. 이런 경우를 각각 유추하면 비

디오 테이프와 그 케이스, 그릇과 그 뚜껑간의 관계에도 적용될 수 있다. 비디오 테이프는 그 케이스 안에 포함되어 있기 때문에 케이스 안으로 들어갈 수 있고, 그릇 뚜껑은 그릇으로 지지되기 때문에 그릇 위에 올릴 수 있는 것이다. 하지만 한국어에서는 다르다(Bowerman 1996: 151).

> '포함'과 '지지'의 개념에 너무 의존하면 길을 잃어버릴 수 있다. 한국어에서 비디오 테이프를 케이스 속으로 넣는 것, 뚜껑을 용기에 맞춰 올리는 것은 그릇에 사과를 넣는 것, 탁자위에 컵을 놓는 것과는 확연히 구별된다. 전자의 행위는 함께 같은 공간적 범주로 분류되는데, 그 이유는 한 물체를 다른 물체와 3차원적으로 맞추는 관계에 있기 때문이다.

이런 종류의 분류차이에 일부 근거하여 학자들은 다양한 *상대주의*를 형성하였다. 상대주의는 다른 문화와 다른 언어 속에서 자란 사람들이 다소 매우 다른 세계관을 가질 수 있다는 개념이다.

상대주의와 대조되는 것은 *보편주의*이다. Gumperz & Levinson (1996: 3)에서 지적하였듯이 이런 다양성이 보편소(모든 언어와 문화가 공유하는 특성들)에 관해 우리가 학습한 내용의 맥락 내에서 '언어적 차이와 문화적 차이에 관심을 두는 '중간 입장'을 채택할 수도 있지만, 상대주의를 고수하는 학자들은 보편소의 존재를 인정하는 중간 입장은 받아들이지 않을 것이다. 상대주의자들은 내재적 보편소를 부인하거나 보편소가 의식적 수준에서 아무런 영향을 미치지 못한다고 주장한다. 진정한 상대주의자에게 '중간' 입장은 보편주의자의 입장이어서 받아들일 수 없다.

상대주의의 주요 초점은 문화적, 언어학적, 존재론적인 것이며 우리는 이것들을 차례대로 살펴볼 것이다. 앞으로 밝혀지겠지만 이것들은 밀접하게 연관되어 있다.

영어

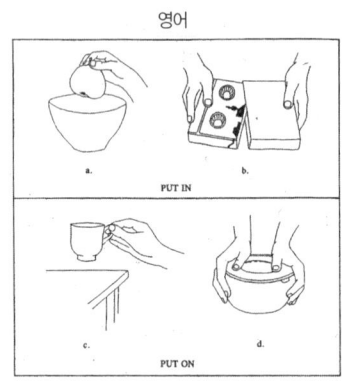

그림 3.1a 4가지 행위의 의미론적 분류(영어)

3.3 문화적 상대주의

문화적 상대주의에 관한 표현은 트로브리안드 섬에서 현지연구를 한 것으로 유명한 인류학자 Bronislaw Malinowski(1884-1942)의 논의에서 많이 찾아볼 수 있다. 트로브리안드 발화의 번역서만으로는 번역어만 알고 트로브리안드 문화를 모르는 사람은 그 발화를 이해할 수 없다고 Malinowski(1923)는 주장한다. 왜냐하면 발화는 그 화자의 전체 삶의 방식을 둘러싼 맥락 없이는 이해될 수 없기 때문이다(Sampson 1980: 225). Malinowski는 여기에 두 가지 이유를 제시한다(1923). 첫째, 언어는 사용되는 사회내의 특정한 요구에 반응하여 진화한다. 또한 언어 사용은 완전히 맥락 의존적이기 때문에 발화의 해석자가 언어가 사용되는 상황을 모르면 그 발화를 결코 이해할 수 없다.

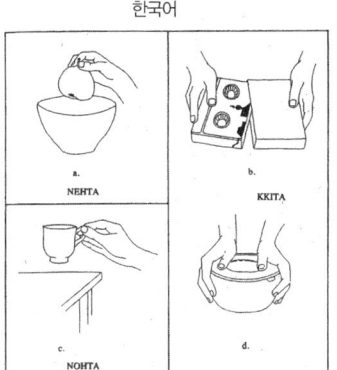

한국어

그림 3.1b 4가지 행위의 의미론적 분류(한국어)

　　여기서 Malinowski가 말하는 상황이란, 한편으로는 특정 발화 사건
이 발생하는 실제 상황을 의미한다. 또한 다른 한편으로는 일반적이고
추상적인 상황 맥락을 의미하는데, 그 맥락은 상황 내에서 언어가 수행
하는 기능적인 측면에서 일부 정의될 수 있다. Malinowski는 자신의 기능
주의 언어관을 Roman Jakobson(1896-1982) 및 다른 Jakobson 동시대 학
자의 관점과 공유한다(자신의 근본적 상대주의는 그러하지 못하다). 기능
주의는 이후 영국 언어학에서 여전히 영향력을 미쳐 왔으며, 그 대표학
자가 Michael Halliday이다. 번역학에서 기능주의적 관점은 Katarina Reiss
와 Christiane Nord 등의 논의에서 발견할 수 있다.

3.3.1 문화적 보편주의: Halliday의 기능과 사용역 개념
Halliday는 보편주의적 입장을 Malinowski의 상대주의적 입장에 직접적으
로 연관시켜 표현하였다. 그는 다음과 같이 말한다(1970: 141).

언어의 본질은 언어가 담당해야 하는 기능과 밀접하게 연관되어 있다. 가장 구체적인 용어로 말하자면 이러한 기능들은 문화 특정적이다. 반세기 전 Malinowski가 기술한 트로브리안드 섬에서 조사를 준비하기 위한 언어 사용은 우리사회에서 버금가는 언어를 찾을 수 없다. 하지만 이런 구체적인 언어 사용의 기저에 있는 것은 모든 문화에 공통적인 보다 일반적 기능이다. 우리 모두가 조사를 가는 것은 아니다. 그렇지만 우리는 모두 다른 사람을 조직화 시키거나 다른 사람들의 행동을 지시하는 수단으로서 언어를 사용한다.

Halliday(특히 1978 & 1985)에 따르면 의미체계의 3가지 상위기능 중 하나를 통해 언어는 사람들로 하여금 다른 사람을 조직화 시키고 그들의 행동을 지시할 수 있다고 한다. 그 상위기능이란 모든 언어와 모든 화자에게 공통적인 *대인적 기능*을 말한다. 두 번째 상위기능인 *관념적 기능*을 통해 화자가 자신 주위를 둘러싼 세계를 생각할 수 있는 있다. 세 번째 기능인 *텍스트적 기능*을 통해 화자들은 텍스트를 서로 연관된 정보단위로 배열할 수 있다(7장, 7.2.1과 7.2.3을 참조). 텍스트적 기능으로 화자들은 어떤 단위를 주제적(thematic)인 것으로 강조할 수 있고, 어떤 정보단위를 청자의 의식 속에서 이미 존재하는 것으로 인식하는지를 나타낼 수 있다. 또한 어떤 정보 단위가 청자에게 새로운 정보로 간주되는 것인지도 나타낼 수 있다(8장, 8.1.2 참조).

한편 상황맥락은 담화영역(field), 담화경향(tenor), 담화방식(mode)의 추상적인 범주로 이론화된다. 담화영역은 특정 상황 유형이란 관점에서 무엇이 발생하는지에 대한 개념이다. 담화경향은 발화 사건의 참여자간 개인적 관계와 보다 제도적 역할 관계의 측면에서 누가 참여하는지에 대한 개념이다. 담화방식은 상호작용 속에서 언어가 담당하는 부분에 대한 개념이다. 결국 언어기능과 상황적인 측면은 사용역(register)의 개념을 통해 서로 연관된다. 즉 이러한 담화영역, 담화경향, 담화방식의 구성과 관념적, 대인적, 텍스트적 기능의 구성을 고려하여 언어화자들은 적절하게 사용되도록 선택되는 언어적 항목의 종류에 관한 기대감을 만들어 나간다.

담화영역(무엇이 전개되는지)은 동사, 명사, 형용사, 부사, 전치사 등의 선택, 시제와 상의 선택, 타동성의 선택, 의미역 체계에 관한 선택 등에 영향을 끼친다(8장 참조). 담화경향(누가 참여하는가)은 인칭 대명사와 법, 서법의 선택에 영향을 끼친다. 담화방식(언어가 담당하는 부분)은 문체선택(형식적, 비형식적, 대화적, 인터뷰 스타일), 주제 구조의 선택, 텍스트적 응집과 일관성을 만드는 선택에 영향을 끼친다(8장 참조).

Halliday에 따르면 서로 다른 방언과 서로 다른 언어로 똑 같은 것을 말하는 것은 가능하지만, 서로 다른 사용역으로 똑 같은 것을 말하는 것은 가능하지 않다(1978: 185). 'nice ball'이라는 표현을 살펴보자. 축구 경기 TV해설에서 이 표현을 사용하는 화자(즉 선수가 특히 공을 잘 찼다고 하는 경우)는 꼬마 어린이와 경기하는 동안 화려한 색깔의 공에 대해 말하는 화자와 의미하는 바가 서로 다를 것이다. 서로 다른 언어로 표현을 번역하는 것은 두 상황 중에 어떤 상황에 근거하느냐에 따라 다르고, 상황 유형에서 다른 언어의 화자가 구분하는 차이의 종류에 따라서 달라진다. 예를 들자면 독일어[10]에서 꼬마 어린이와 경기할 때 쓸 수 있는 표현은 Das ist aber ein schöner Ball!('잘쳤어(that is but a nice ball)')이지만 축구 해설에서 사용할 때는 몇 가지 다른 가능성이 있다. 만약 선수가 예외적으로 공을 숙련되게 패스한 경우라면 해설자는 Ein schöner Pass('나이

---

10) 독일어 예문에 대해 자문해준 동료 Edgar Schröder에게 감사를 표한다.

스 패스')를 쓸 수 있고 Ein schöner Ball('나이스 볼')도 가능하지만 흔하진 않다. 만약 공이 패널티 박스 안으로 들어가면 Ein schöne Flanke in den Strafraum('패널티 박스내로 크로스패스 잘 했다')을 쓸 수 있지만 Ein schöner Ball in den Strafraum은 가능하지만 흔하지 않은 표현이다. 만약 선수가 골을 숙련되게 잘 넣으면 해설자는 Ein schöner Schuss('나이스 슛')이라고 말할 수 있다.

이탈리아어11)에서 상황은 공의 사이즈에 따라 공에 대한 두 가지 용어가 있다. 축구에서는 palla(여성)('(작은) 공') 또는 pallone(남성)('(큰) 공')의 두 용어가 사용되는데 해설자는 una bella palla보다 un bel pallone를 더 잘 쓸 것이다. 왜냐하면 '귀찮은 일이다'라는 의미의 è una palla와 혼동될 수 있기 때문이다. 반면에 화려한 색깔의 공으로 경기하는 꼬마 어린이의 경우, 공과 관련된 표현은 공이 그리 크지 않을 경우, una bella palla를 쓸 수 있고 공이 큰 경우는 un bel pallone을 쓸 수 있다.

칠레 스페인어12)에서 축구 해설자가 가장 많이 쓸 것 같은 표현은 buena jugada('공과 민첩하게 움직임')이고 어린이와 경기할 때는 hermosa pelota('아름다운 볼')를 쓸 수 있다.

언어의 유형론적 근접성과 거리와 관련하여 맥락적인 특징에 따라 언어 간 변이를 예상하는 것은 일반적으로 가능하지 않다. 앞에서 봤듯이 게르만어와 라틴어인 유럽 언어는 맥락에 따라 서로 다른 표현을 요구한다는 점에서 영어와 다르다. 이와 대조적으로 중국어13)는 이 두 맥락에서 모두 hao qiu를 사용할 수 있다는 점에서 영어와 유사하다.

---

11) 이탈리아어 예문에 대해 자문해준 동료 Abele Longo에게 감사를 표한다.
12) 칠레 스페인어 예문에 대해 자문해 준 동료 Francisco Dominguez에게 감사를 표한다.
13) 중국어 예문에 대해 자문해 준 동료 Hu Wei에 감사를 표한다.

3.3.2 연습과 논의

■■■ **연습** ■■■

다음 신문 보고서는 두 소년의 럭비 시합에 대한 것이다. 전형적인 영국 스포츠인 럭비는 전 세계의 국가에서 행해지고 용어도 그에 따라서 관련 언어에서 개발되었다. 다음의 텍스트를 여러분의 언어로 번역해 보라. 가능하다면 원래 언어로 쓰여 진 럭비 시합에 관한 보고서를 사용해보라.

출처 *The Reporter* 신문(1998년 4월 30일, p. 54):

Shelford's best yet

EIGHTEEN months ago **Shelford's** under-14 side were totally overwhelmed by **Diss**. But the boot was on the other foot on Sunday when Shelford wrapped up their season with their best performance yet and came away form Norfolk with an emphatic 62-12 success under their belts.

Neil Hayden converted tries from Dean, Jackson, Conlon and Worthington to give Shelford a 28-7 lead at half-time and Shelford ran in five more tries after the break through Worthington (2), Hayden, Poulter and Raine.

Douglas Finlayson took the honours by running in seven tries in **Shelford** under-7s 40-30 success over previously unbeaten **West Norfolk**.

Nils Downes went over for Shelford's other try.

■■■ **논의** ■■■

여러분의 번역에서는 영어 텍스트에서 사용된 것과는 다른 비유적인 표현과 다른 표현을 사용했을지 모른다. 그 표현들이 일상적 언어사용에서 비유적이든('the boot on the other foot'; 'wrapped up'; 'under their belts'; 'took the honours'), 아니면 이 표현들이 이 장르 내에서 특정한 의미를 지니고 사용되든 간에('season'; 'converted'; 'tries/try'; 'ran in/running in'; 'went over') 상관이 없다. 여러분이 선택한 언어와 영어 텍스트에서 사용한 언어는 어느 정도로 문화적 영향을 받는가?

3.4 언어적 상대성

언어학 중심의 상대주의 논의는 *사피르-워프 가설*로 알려져 있다. 이 가설은 특히 명확하고 유명한 가설로써 언어와 세계관이 어떻게 서로 연결되어 있는지에 대해 Edward Sapir(1884-1939)와 Benjamin Lee Whorf (1897-1941)가 각각 제시하였다. 또한 이 가설은 기능주의적 근거로 인해 생겨난 것이 아니고 서로 다른 언어에서 발견된 문법적 범주의 변이로 인해 생겨났다. Whorf의 논의는 Carroll(1956)에서 찾아볼 수 있고, Sapir의 논의는 Mandelbaum(1949)에서 찾아볼 수 있다.

　　미국과 유럽의 기술언어학을 습득한 많은 언어학자들이 미국인디언들의 언어를 기록하는 일에 참여한 시기에 Sapir와 Whorf는 언어 상대성 가설을 세웠다. 미국에서 영어가 많이 사용됨에 따라 미국인디언들의 언어가 멸종위기에 처해있었기 때문에 미국인디언들의 언어를 기록하는 일은 시급한 사안이었다. 이 언어학자들은 주로 미국인디언 언어의 기술적 범주를 인도-유럽어의 기술적 범주에 적용시켰다. 그러나 Boas (1858-1942)는 「미국인디언어 편람(Handbook of American Indian Languages(1911))」에서 이러한 방법을 강력하게 비판받았다. Boas에 따르면 언어학자의 임무는 각 언어에 맞는 문법 구조를 발견하고 그에 적당한 기술적 범주를 개발시키는 것이라고 한다.

　Boas의 충고를 받아들이면서 언어학자들은 미국인디언 언어의 문법적 범주와 유럽어의 범주 간에 큰 차이가 있다는 것을 발견하기 시작했다(Hockett 1958). 호피인디언들 사이에서 현장연구를 한 Whorf는 호피인디언들의 문법적 범주가 서구 전통과 다른 방식으로 우주의 개념을 반영한다는 것을 발견하였다. 그는 서구 형이상학에서는 두 가지 우주형식인 시간과 공간의 개념이 있는 반면, 호피 인디언들에게는 '표명된 것(manifested)'과 '표명되지 않은 것(manifesting, unmanifest)' 이 두 가지의 개념이 있었다. 서구 언어에서 공간이란 정적이고 삼차원적이며 무한한 개념인 반면 시간은 과거, 현재, 미래로 나뉘어진 것이다. 이러한 개념화는 문법에서 장소 직시어(here-there, this-that)와 시제 체계로 반영된다. 하지만 호피인디언들의 '표명된 것'이란 범주는 감각으로 접근할 수 있는 모든 것을 포함한다. 따라서 과거와 현재를 구별하려고 시도하지는 않지만, 미래는 배제된다. 미래와 정신적인 것들은 '표명되지 않은 것' 범주에 들어가는데, 이것들은 사람, 동물, 식물, 사물의 생각에 나타난 전부를 포함한다.

　서로 다른 언어가 형이상학마다 우주에 부여하는 서로 다른 형식을 반영한다는 개념은 선호되는 서구의 분석 철학 전통에 급진적인 결과를 가져올 수 있는 개념이었다. 『Critique of Pure Reason(순수이성 비판)』에서 Kant(1781, 1787, Kemp Smith 1933 참조)는 보편적이며 인간적인 경험의 방식을 설명하고 정당화시켰다. 그 설명의 방식은 시간과 공간이라는 범주가 있으며, 그 범주는 우리가 사용하여 잘못될 수 있는 단순한 개념이 아니라, 어떠한 것이든 우리가 경험하는 바로 그 조건을 나타낸다. 시간과 공간은 근본적인 범주이며 인간 경험과 이해의 바로 그 형식이다.

공간은 빈 것이며, 시간은 무한한 것이라고 상상하는 것이 가능한 반면 인간이 시간과 공간의 부재를 상상하는 것은 불가능하다. 가장 근본적으로 인간의 의식적 경험은 '현재 여기서 느낌(sensation here now)'의 형태를 갖는다. 인간 경험은 인간의 인지기관을 조건으로 일어나기 때문에 우리가 이러한 범주를 사용할 '권리'에 대해서 묻는 것은 의미가 없다. Kant는 계속해서 우리가 원인과 결과, 대상 및 과정과 같은 개념을 사용하는 것을 정당화하면서 이러한 개념이 시간과 공간의 구별과 관계에서 논리적으로 유래한 것이라고 입증한다.

Sapir와 Whorf는 이러한 견해의 잠재적인 결과에 대해서 인식하고 있었다. Sapir의 논의에 따르면 다음과 같다(1929/Mandelbaum 1949: 69).

> 인간은 객관적인 세계 안에서만 사는 것이 아니며, 사회 활동의 세계에서도 혼자 살아가는 것이 아니다. 인간은 그들 사회에서 표현의 매체가 되는 특정 언어에 좌우된다. 언어를 사용하지 않고 인간이 본질적으로 현실에 순응한다든지 또는 언어가 단지 의사소통이나 생각의 특수한 문제를 해결하는 우연적인 수단이라고 상상하는 것은 환상이다. 사실상 '실제 세계'는 그 집단의 언어 습관을 기반으로 상당부분 형성된다. 같은 사회적 실체를 나타낸다고 간주될 정도로 매우 유사한 언어들은 없다. 서로 다른 사회 구성원들이 살아가는 세계는 다른 세계이지, 다른 이름이 붙은 같은 세계가 아니다.

물론 Sapir는 여기서 물리적 세계가 아니라 *사회적* 세계만을 말한 것일지 모른다. 『Language(언어) 1921』란 책에서 Sapir는 확실히 보편주의자이다 (3.6.1 하단 참조). 그러나 급진적인 상대주의의 가능성은 상대주의의 신념을 갖고 있는 많은 학자들의 마음속에 남아있다. 그 예로 Lakoff와

Johnson(1980: 181)은 다음과 같이 주장한다.

> 우리와 아주 다른 개념적 체계를 가진 사람들은 우리와 아주 다른 방식
> 으로 세계를 이해 한다. 따라서 그들은 우리와 다른 진리체계와, 진리와
> 실체에 대한 심지어 다른 기준을 가질 수도 있다.

3.4.1 언어적 보편주의

Whorf는 자신의 용어인 '새로운 상대주의 원리'(1940/Carroll, 1956: 214)
라고 하는 다소 약한 입장을 내놓았다.

> 어떤 사람도 완전히 공명정대하게 자연을 설명하진 못하며, 어떤 해석의
> 방식에 제한 받는다. 언어적 배경이 비슷하거나 아니면 어떤 식으로 조정
> 되지 않으면, 모든 관찰자들은 같은 우주 그림에 대해 같은 물리적 증거
> 를 선택하지는 않는다.

Whorf는 그가 관심을 가진 아주 다른 언어 체계들에 대해서 영어로 적고
있다. 또한 이러한 언어체계가 영어와 어떻게 다른지 꽤 성공적으로 설
명하였다. 그래서 그 정도에서 그는 언어가 서로 '조정가능하다'라고 생
각했음에 틀림없다. 물론 영어와 호피인디언어와 같이, 서로 거리가 먼
언어를 번역하는 것은 아주 어렵지만 어떤 수준에서는 번역이 가능할 수
도 있다. 이와 비슷한 입장은 다음과 같은 Jakobson의 유명한 글에서도
찾아볼 수 있다(1959/1987: 431-2).

> 모든 인지적인 경험과 그 분류를 표현하는 일은 존재하는 어떤 언어로도
> 가능하다. 만약 용어의 부족현상이 생긴다면 차용어나 차용번역, 신조어

또는 의미전환, 완곡한 표현으로 보완할 수 있다. 목표언어에서 특정 문법적 장치가 없다 하더라도, 원본에 포함된 개념 정보 전체를 직역하는 것이 불가능하지는 않다.

Berlin & Kay(1969)의 연구에 바탕을 두고 색깔 스펙트럼에는 공통성이 있다는 낙관론도 생겨났다. 이 연구는 100여개의 언어에서 색깔 용어를 조사하고 있다. 이들은 언어 간에 색깔 용어가 다르다 하더라도, 원칙에 의거하여 달라진다는 것을 발견했다. 각 언어는 11개의 색깔 범주 집합 중의 하나의 선택에 대응되는 용어의 부분집합을 갖지만 선택된 부분집합 사이에는 자유변이(free variation)가 있는 것은 아니다.

이러한 기본 색깔 용어의 관계를 도식으로 나타내면 다음과 같다 (Palmer 1981: 73).

$$\begin{bmatrix} \text{white} \\ \text{black} \end{bmatrix} < [\text{red}] < \begin{bmatrix} \text{green} \\ \text{yellow} \end{bmatrix} < [\text{blue}] < [\text{brown}] < \begin{bmatrix} \text{purple} \\ \text{pink} \\ \text{orange} \\ \text{grey} \end{bmatrix}$$

한 언어에서 이 그림의 오른쪽에 있는 용어가 나타나면 그 언어에는 그 왼쪽에 있는 모든 용어가 나타난다. 따라서 Berlin & Kay에 따르면 한 언어에 색깔 용어가 있기만 하면 그 언어에는 최소 2개의 색깔 용어가 있다고 한다. 즉 밝고/따뜻한 색깔(흰색/빨간색/노란색)과 차고/시원한 색깔(검정색/녹색/파란색)을 구별할 수 있다는 것이다. 한편 한 언어에 3가지 색깔용어가 있다면 세 번째 용어는 빨간색이 될 것이다. 만약 3가지 이상의 색깔 용어가 있다면 네 번째는 녹색이나 노란색이 될 것이다. 또한 이 그림에서 제일 오른쪽에 있는 용어 중 한 개라도 있다면 그 언어에는 갈색, 파란색, 녹색이나 노란색, 또는 녹색과 노란색 둘 다, 빨간색, 흰색, 검정색이 모두 존재한다.

　　Levinson(1996: 195)이 지적하듯이 Berlin & Kay(1969)의 연구는 변이에 대한 보편적 의미 제약을 확립하는데 관심을 둔 많은 다른 학자들이 참고할 수 있는 모형을 제공하였다. 보편적 의미 제약이란 적은 유한한 '가능한 지각 대상 혹은 개념'의 목록으로부터의 문화적 선택이다. 일부의 연구는 모든 언어에 존재한다고 보는 범주를 식별하기도 했다. 이러한 연구에는 몇 개의 특수한 개념의 공유를 주장하는 연구부터 아주 추상적인 개념 수준에서만 공통성이 있다고 보는 연구까지 다양하다. Wierzbicka의 '의미 원소(semantic primitives)' 또는 '의미 주요요소(semantic primes)'는 첫 번째 범주에 속하며 3.2에서 언급한 Bowerman (1996)의 연구는 두 번째 범주에 속한다. Wierzbicka는 더 작은 의미 요소로 나눌 수 없는 의미요소의 확정된 집합을 식별했으며 이 집합은 모든 언어에 공통적으로 나타나는 보편적인 것이라고 주장했다. 이러한 의미 요소집합은 영어에서 'I', 'you', 'someone', 'something', 'where', 'when', 'big', 'small', 'good', 'bad', 'do', 'happen'과 같은 요소를 포함한다(Wierzbicka 1996: 14). 한편, Bowerman(1996: 149-50)은 공간적 관계의 경계가 언어마다 다르지만 '모든 언어는 공간적 형상을 범주적으로 구별하며, 이러한 구별은 공간 전치사와 같이 상대적으로 적은 수의 표현으로 나타낸다'고 주장한다.

　　하지만 이러한 주장이나 증거로도 확고한 상대주의자들을 설득할 수 없다. 다음 장에서 보겠지만, Lakoff & Johnson과 같은 입장을 설명하는데 경험적인 증거를 사용할 수는 없다. 왜냐하면 사람들은 아주 다른 개념적 체계를 가지고 있어, 단지 다른 진리의 집합이나 다른 실체에 대한 견해를 가지고 있을 뿐만 아니라, 진리로 받아들이는 것과 실체로 인식되는 것의 관점에서 실제로 다를 수 있기 때문이다. 실체로부터의 '증거'를 가지고 이러한 논쟁을 완전히 평가할 수는 없다. 왜냐하면 상대주의자들에 따르면 '실체'란 객관적인 것이 아니라 그것을 인지하는 사람들의 주관적인 견해가 묻어나올 수밖에 없기 때문이다.

3.5 존재론적 상대주의

상대주의자들의 철학적인 견해는 존재론적 상대주의로 알려져 있다. 이것은 상대주의/보편주의 논쟁을 결정할 만한 어떠한 증거도 존재하지 않는다는 믿음이다. 무엇이 '사실'인가에 관한 신념은 이들의 신념 안에서만 존재하기 때문에 사실적 증거로 평가할 수 없다. 이러한 회의주의에 대한 보편주의자들 또는 신칸트파의 답변의 내용은 상대주의자들의 주장은 내적으로 일관적이지 않으며, 다소 깊은 언어와 사고의 수준에서 어느 정도의 보편주의적 견해가 전제되지 않고서는 언어적 의사소통은 물론이고 다른 사람과의 의사소통이 발생하지 않을 것이라는 것이다. 그런데 흥미로운 것은 보편주의자들과 상대주의자들 모두 예증을 위한 목적으로 언어간 번역(엄밀히 말하자면 통역) 예를 채택하여 설명한다.

3.5.1 Quine의 비관주의

철학적 논리학자 Willard van Orman Quine은 번역에 관한 책에서 처음 상대주의 입장을 밝혔다(Brower 1959). 이 책(1959: 171)에서 '대부분의 외국어 문장이 영어 문장의 의미를 공유하고 있다는 것은 독단적인 번역

지침서에서만 볼 수 있을 뿐이다'라고 밝혔다. Quine은 엄격한 경험주의 자로 모든 우리의 지식이 감각을 통해 획득된다고 주장한다(1960: 26). '표면적인 자극은 언어를 통해 세상에 관한 지식을 생성시킨다. 인간은 단어와 단어를 서로 연상시키고 단어와 다른 자극과 연상시키도록 교육 받아, 그 결과 사물에 대한 말로 인식할 수 있는 무언가가 생겨나고, 또 한 그것은 세계에 대한 진리와는 구분되어서는 안 된다.' 하지만 어떤 두 사람이라도 언어와 세계에 관해 습득한 경험이 동일하지 않고, 우리가 삶을 통해 우리의 언어와 지식을 계속해서 배우기 때문에(1960: 13) 차이 점을 식별할 수 없을지라도 결과적인 개인언어(idiolect)는 아주 다르다고 생각할 수 있다(1960: 8). '같은 언어 환경에서 자란 서로 다른 사람들은 똑같은 코끼리 모양을 만들기 위해 다듬어지는 서로 다른 나무와 같다. 세부적인 작은 가지와 큰 가지의 모양은 나무마다 달라서 코끼리 형체를 만드는데 달라지겠지만, 전체적인 외형의 모습은 똑같다.' 다시 말해서 (1960: 26) '두 남자가 가능한 모든 감각적인 자극아래의 언어적인 행동에 대한 모든 성향에서 같을 수 있지만, 같은 동기와 소리를 갖는 발화로 표현된 의미나 생각은 아주 달라질 수 있다.' 이것은 언어와 그것이 표현하는 대상 사이의 상관관계를 볼 때, 사실적인 적은 아무것도 없다는 것이다. 심지어 *개인의* 언어에서도 그러하다(1960: 27).

무한히 많은 문장들은 바뀔 수 있고 그 자체로 사상(map)될 수 있기 때문에 *(a)*언어적 행동에 대한 화자 성향의 총체성은 불변적인 것으로 남는다. 하지만 *(b)*사상은 단순히 문장과 등가적인 문장 간의 상관관계가 아니다. 무수한 문장들은 그 각각의 상관된 문장들과 근본적으로 다르지만 그 다양성은 서로를 체계적으로 상쇄시킬 수 있기 때문에 문장들이 서로 연상된 전체적인 패턴이나 문장들이 비언어적인 자극과 연상된 전체적인 패턴은 그대로 보존된다.

이렇게 한 개인언어와 비교하여 상대주의를 명확하게 하는 과정에서 Quine은 원초적 번역의 예에 의존하게 된다.

Quine의 '원초적 번역'이란 현장 언어학자가 지금까지 잘 알려지지 않은 언어에 대해 수행하는 번역의 종류를 의미한다(1960: 28). 이러한 언어학자는 정보 제공자의 환경에서 일어난 사건에서의 발화의 의미를 규명하려고 시도하는 일부터 시작할 것이다. 예를 들어(1960: 29) '토끼가 총총 지나가자 원어민은 "*가바가이(gavagai)*"라고 말하고 언어학자는 임시 번역으로 "토끼..."라고 쓴다. 그리고 추가적으로 더 시험한다.' 이 시험 과정은 토끼 사건을 이해하는데 경쟁이 되는 요소를 제거하는 것을 포함한다. 예를 들어 하얀 물건이나 하얀 동물(또는 다른 색깔의 동물)의 존재처럼 '토끼'에 대한 경쟁요소로 '흰색' 또는 '동물'과 같은 번역이 되는 것을 제거하는 것이다. 그래서 현장 언어학자는 이국 언어에서 인정되는 것과 인정되지 않는 것을 규명하려고 노력하고 토끼, 하얀 사물, 다른 동물들을 포함하는 상황에서 *가바가이*라는 발화를 엄밀하게 시험해볼 것이다. 만약 정보 제공자가 토끼를 포함한 상황에서만 인정하면 언어학자는 *가바가이*가 '토끼'를 의미한다고 확정지어도 될 것이다.

그러나 '원어민이 *가바가이*'라고 인정한 것은 자극때문이지 토끼때문이 아니라는 점을 기억해야 한다(1960: 31). 따라서 '*가바가이*'와 '토끼'의 발화를 짝짓는 과정에서 짝짓게 하는 것은 자극이지 동물이 아니라는 것이다(ibid).' 대답해야 되는 질문은 해석하는 사람이 이용할 수 있는 어떤 종류의 증거로 이 두 발화의 자극이 동일하다는 신념을 지지할 수 있겠는가라는 질문이 된다.

Quine에 따르면 이러한 증거는 사실상 존재하지 않는다. *가바가이*의 경우를 보면 다음과 같다.

이 용어가 가리키는 물체가 토끼가 아니라 단지 토끼가 성장하는 단계 또는 일시적인 부분이라는 것을 누가 알겠는가? 이 두 경우에서 '가바가이'라고 인정하는 자극의 상황은 '토끼'의 상황과 같을 것이다. 또는 '가바가이'가 적용되는 물체는 토끼에 붙어있는 모든 잡다한 신체부분일지도 모르지만 그 자극의 의미는 차이점을 드러내지 못할 것이다. '가바가이'와 '토끼'의 자극 의미가 같기 때문에 언어학자는 가바가이가 토끼 전체를 의미한다는 결론을 내릴 수 있다. 그는 단순하게 원어민도 우리처럼 토끼를 간단하고 일반적인 용어로 나타낸다고 생각할 수 있고 토끼의 성장단계나 신체부분에 관해 사용하는 일반적인 용어가 없다고 생각할 수 있다.

"토끼가 있다"의 자극 의미는 '토끼의 분리되지 않은 부분이 저기 있다' 또는 '토끼의 특성이 저기 예시되고 있다' 또는 '토끼의 성장 과정 중 한 단계가 저기 있다' 또는 '저 지점은 토끼의 오른쪽으로 1마일 거리 지역의 1마일 왼쪽이다' 또는 그 외 다른 문장이 될 수 있다. 왜냐하면 인간이 자극의미라고 이해하는 것은 무언가에 영향 받은 실체이며, 어떤 '존재적 지시'에 의존하기 때문이다. 즉, 토끼의 신체 부위, 토끼의 특성, 토끼의 성장 단계, 그 공간 영역에 의존한다. 청자는 화자가 사용하는 발화에 자극의미를 부여한다. 하지만 화자의 존재론적 지시 즉 화자가 인식하는 자극의미가 청자의 자극의미와 동일한지를 확인할 방법은 없다. 청자가 토끼 전체를 의미할 때만 화자는 자신의 경험에 비추어 '토끼'란 단어를 단정하여 발화할 수 있다. 그러나 화자가 존재한다고 생각한 개체는 토끼의 신체부위의 집합, 토끼의 특성, 토끼의 성장 단계, 또는 공간 영역처럼 완전히 다른 종류의 개체일 수도 있다. 따라서 용어의 번역은 문장의 자극 동의성에 의해 옹호될 수는 없으며, 자극의미는 물리적 사실에만 영향을 받게 된다.

물론 우리에게는 결과적인 번역의 불확정성에 대해 대처하는 방법이 있다. 우리는 가능한한 자주 우리 기준에 따라 화자를 옳다고 판단하려고 한다. 즉 우리는 '자선의 원리'를 채택한다(1960: 59). 우리는 또한 화자가 토끼의 성장 단계나 신체부위보다는 중간 크기의 토끼 전체를 지칭하는 용어를 사용했을 것이라고 생각하는 경향이 있다. 그러나 이러한 생각은 발화행위의 실질적인 법칙이 아니다. 이것은 단지 우리가 갖는 보충적인 규범에 불과하다. 우리는 물론 화용론적으로 접근하겠지만 이것이 유용한 방법이라고 해서 다른 사람들이 모두 우리의 존재론적인 지시를 공유한다는 것은 아니다. 우리의 존재론적 지시는 하나의 전체로서의 언어 속에 요약되어 있으며, 개별 문장들을 벗어나서 해석되지는 않는다. 한 개인의 존재론적인 지시가 무엇인지 보여줄 단서가 없기 때문에, 그 개인의 존재론적 지시가 관찰자의 존재론적 지시와 동일하다고 할 수도 없다. 같은 언어든 다른 언어든 발화간의 관계는 단순히 이론화의 영역 안에 있는 것이 아니며, 이것은 의미 이론이 있을 수 없다는 것을 말한다.

번역이론에 대한 이런 비관주의의 결과는 분명히 고무적이지는 않을 것이다. 다음 장에서 우리는 좀 더 낙관적인 시각에 대해 살펴보기로 하자. 낙관적인 시각에서는 의미의 개념을 번역 이론에서 특히 유용한 것으로 본다. 왜냐하면 의미의 개념은 이론가들을 골치 아픈 의미의 등가 개념에 대한 전념에서 탈출할 수 있도록 만들어 주기 때문이다.

3.5.2 Davidson의 낙관주의

Donald Davidson에 따르면 번역의 불확정성과 지시의 불가사의함에 대한 Quine의 주장이 옳았다고 한다. 하지만 Quine은 의미이론이 용어나 개별 문장의 상호 번역가능성에 대한 이론이라는 데에는 동의하지 않는다. 이러한 이론은 한 용어나 표현이 무엇과 같은 것을 의미하는지를 보여주지만 그 용어의 의미가 무엇인지를 보여줄 수는 없다. Davidson은 Quine의 관점과 자신의 관점의 차이점을 강조하기 위하여 원초적 해석에 대해서 말한다(Davidson [1973] 1984: 126, 주석1 참조). 또 다른 차이는 Davidson은 Quine의 엄격한 경험주의에 동의하지 않기 때문에 Quine보다 인지 처리과정을 좀 더 중요한 것으로 생각한다는 점이다.

Quine은 의미의 개념이 의미이론을 확립하는데 도움이 되지 않는 시작점이라고 생각하기 때문에, Davidson(1967: 307-9)은 전통적으로 의미이론에서 중요한 역할을 담당했던 또 다른 개념인 진리의 개념을 사용하여 의미이론을 시작할 것을 주장한다. 이 개념에 따르면 '각 발화는 그만의 해석을 가지는 반면, 진리 개념은 발화에 수반되기도 하고 수반되지 않기도 하는 단일한 속성(1984 [1973]: 134)'을 가지기 때문에 발화를 이해하지 않고도 발화가 사실이라고 말할 수 있게 된다는 이점이 있다. 물론 진리를 의미이론의 시작점으로 보는 것은 진리를 발화에 할당시키는 것을 정당화하게 된다. 하지만 자신들의 발화를 진리로 유지하는 생각하는 태도는 화자가 대부분 발화에서 취하고 있는 태도이기 때문에 큰 문제가 되지 않는다. 문제는 이러한 증거를 사용하여 어떻게 의미이론을 입증하는가이다.

우리는 다음과 같이 논의를 전개할 것이다. 독일어 발화 공동체에 소속된 Kurt라는 화자가 있다. Kurt는 발화 당시 비가 오는 상황에서 *Es* *regnet*라고 발화했다. 우리는 같은 상황에서 다른 독일어 화자들이 발화하는 것을 미루어 봤을 때 "'Es regnet"는 x가 t시점에서 x가까이에 비가 오는 상황에서만 발화했을 때 독일어에서 참이 된다는 증거를 채택하게 된다. 여기서 t는 어떤 시점이든 가능하고, x는 어떤 화자든 가능하다. 따라서 진리의 개념은 절대적인 것이 아니라, 시점, 화자, 언어, 발화, 상황적인 측면에서 상대적인 개념이다. 이와 마찬가지로 앞서 살펴본 정보제공자와 지나가는 토끼의 경우를 가지고 "'Gavagai'가 t의 시점에서 x가까이 지나가는 토끼가 있을 때만 그 언어에서 진실이다'라는 진술로 볼 수 있다(Hookway 1988: 168). 이러한 진술은 'Es regnet'이나 'Gavagai'라는 진술이 무엇을 의미하는지에 관한 것이 아니다. 이것들은 발화가 참이 되는 상황에 관한 문제이다. 이러한 문제는 상황 실체의 측면에서 번역등가의 개념을 다루는 Catford의 번역 등가 이론에 부합되는 것 같다(2장 2.3.1 참조). 또한 발화로 무엇이 '말해졌는지'에 대해 상황적인 특성의 영향력을 중요시하는 Halliday의 사용역의 개념과도 연결된다. Davidson의 관점에서는 발화와 상황간의 관계는 "es regnet"가 "비가 오고 있다"를 의미하는 것처럼 발화간의 의미등가의 관계로 표현되지는 않는다. 오히려 특정 언어의 화자가 특정 발화를 참이라고 믿는 그 상황에 대한 진술을 얻게 된다.

이 이론이 번역이론으로 기능하기 위해서는 인용문(이 경우 'es regnet')의 발화자가 상황묘사에 동의할 수 있도록 화자들 간의 충분한 유사점을 먼저 가정해야 한다. 이 상황은 인용문의 언어와 묘사된 언어가 같든지 아니든지 간에 발화가 참이 되는 상황이다. 다시 말해서 언어가 어떤 언어든지 상관없이 C는 발화 U가 참인 상황에 대한 진술일 때 "'U'가 C일 때만 사실이라'는 데 발화자와 해석자는 동의할 수 있어야 한다.

Quine은 이러한 가정이 (의미 이론에 관한한) 근본적이고 필연적으로 정당화될 수 없다고 생각한다. 하지만 아래 인용문에서 볼 수 있듯이 정당화될 수 있을지도 모른다(Davidson 1984 [1973]: 137).

> 동의를 최적화시키는 방식으로 해석해야 한다는 방법론적인 조언이, 거짓일 가능성이 있는 인간 지능에 대한 너그러운 가정에 의존할 것이라고 생각되어서는 안 된다. 만약 생물의 발화나 행동을 우리의 기준에 따라 대체로 일관적이고 참인 일련의 믿음을 나타내는 것으로 해석할 수 있는 방법을 찾지 못하면 그 생물이 이성적이거나 무엇인가를 말한다고 할 수 없다.

Quine에게 자선원리는 선택적이거나 단지 화용론적인 이유로 채택하는 원리일 뿐이지만 Davidson에게 자선원리는 없어서는 안 될 중요한 것이다. 누군가가 합리적인 발화행위의 일부로 소리를 낸다면 우리는 이미 우리 기준에 따라 그가 일관적이고 참인 신념을 가진다고 생각하게 된다. 이러한 가정은 다른 인간의 언어적 행위를 포함한 모든 행위를 해석할 때 본래 시도하게 되는 것이다(Davidson 1974). 그 생물이 의미 있는 소리를 낸다고 생각하는 것은 그 생물이 신념이 있다고 생각하는 것이다. 하지만 신념을 가진다는 것은 무언가를 진리라고 여기는 것과 같다. 따라서 우리는 소리 해석의 대상이 되는 생물은 무엇인가를 진리라고 여기는 개념을 갖고 있다. 만약 그 생물에 적용된다는 자세를 부인하게 되면 우리는 동시에 그 생물이 신념을 가진다는 것을 부인하게 될 것이다. 그러나 문화 상대주의자들은 이에 동의하지 않는다. 문화 상대주의자들은 생물이 우리가 접근할 수 있는 어떤 신념을 가진다는 것을 부인하려 한다. 이들에 따르면 우리가 생물의 신념에 접근할 수 없는 이유는 그 생물의 언어를 우리의 언어로 번역할 수 없기 때문이라고 한다. 그 생물은 신념이 있으며, 뭔가를 진리라고 여기는 개념을 가진다고 본다. 그러나 그 언어를 우리 언어로 번역하는 것은 불가능하다는 것이다. 다시 말해서 그 생물의 언어는 진리를 갖지만 번역불가능하다.

이러한 이론의 문제는 번역의 개념을 떠나서는 진리라는 술어를 명시화할 수 있는 방법을 찾을 수 없다는 것이다. Tarski(1956)가 지적했듯이 '진리이다'라는 술어는 어떤 문장 S든지 다음과 같은 진술 형식이 성립한다는 의미이다. 즉 p가 그 이론의 언어 상에서 S의 번역일 때 '오직 p라면 S는 진실이다'가 성립한다. 이렇게 진리라는 술어를 명시화하는 것은 번역을 가정하게 된다. Davidson은 명시화의 방향을 바꿨다. 진리를 갖는다는 태도는 그대로 유지하되 해석과 번역의 가능성은 따라오는 것으로 가정한다. 어떤 방식으로든 진리의 개념은 번역의 개념과 분리할 수 없고, 진리와 번역을 분리시키려는 어떤 이론도 내재적으로 일관적이지 않을 수밖에 없다는 것이다. 번역 불가능성을 유지하면서도 화자가 신념을 갖는다는 생각을 유지하기 위해서, 문화 상대주의에서 이루어지듯이 그 둘을 분리시키는 것이 이러한 일관적이지 못한 경우에 해당된다.

Davidson이 주장하는 이론은 의미가 무엇인지에 대한 방법과 개념을 제공한다. 이 이론은 다른 사람의 언어적 행위나 다른 행위들을 이해하는 데 도움을 주고 특정 문장의 사용이 다른 문장들의 사용과 어떻게 연관되는지 알 수 있게 해준다. 발화의 일부에 대한 지시는 전체적 언어에 대한 이해를 근간으로 한다. 그러나 이것은 그 언어로의 우리의 진입점이 아니다. 이 진입점을 제공하는 것은 발화를 진리라고 여기는 개념이다. 이 이론은 의미를 화자, 청자(각자 자신들만의 배경지식을 가지는),

시점, 보다 광범위한 상황과 발화의 집합 사이의 관계로 의미를 보는 견해를 지지한다. 또는 더 형식적으로 화자, 청자, 시점, 광범위한 상황집합, 발화의 기능에서 해석으로의 함수로 보는 견해를 지지한다(Lewis 1983). 하지만 그것은 반복 가능하지 않다.

　　Davidson에 따르면 사람들이 의사소통할 때마다 나타나는 현상은 다음과 같이 형식화할 수 있다(Malmkjær 1993).

	이전 이론	현재 이론
화자	청자의 이전 이론이 무엇 이라고 화자가 믿는 내용	청자가 화자를 해석하는 데 사용하도록 화자가 의도하는 이론
청자	청자가 화자를 해석하도록 미리 준비된 방식	청자가 실제로 화자를 해석하는데 결국 사용하게 될 이론

우리가 다른 사람(또는 독자)에게 언어적으로 접근할 때 우리가 말하는 것(또는 글쓴 것)을 해석하는 데 그들이 어떤 준비가 되어 있는가에 대한 생각을 하게 된다. 이것을 '화자의 이전 이론'이라고 한다. 이것을 이론이라고 부르는 이유는 사람들의 발화 사용을 서로 서로 비교적 체계적인 방법으로 연관시킴으로써 그 이론이 도출되기 때문이다. 사실상 언어를 사용하는 모든 사람들은 끊임없는 언어 습득 과정동안 필연적으로 다른 사람들과의 발화를 연관지을 수밖에 없다. 따라서 이 이론은 끊임없이 물론 체계적으로 새로워진다. 하지만 많은 경우(항상 그럴지도 모른다), 우리는 대화참여자들이 우리를 해석하기 위해 미리 준비했을 것이라고 예상하는 것과는 약간 다르게 우리를 해석하기를 원한다. 대화참여자들이 사용했으면 좋겠다고 생각하는 이론은 '화자의 현재 이론'이다.

우리의 발화를 듣기 전에 우리가 어떻게 해석되는지에 관한 독자의 이론도 있다. 이것은 '청자의 이전 이론'이다. 하지만 실제로 우리가 무엇인가 말했을 때 청자는 약간 다른 이론이 필요하다고 이해할 수도 있다. 왜냐하면 청자가 준비했던 이론이 발화를 이해하는데 도움이 되지 않을 수 있기 때문이다. 결국 청자가 채택하는 이론은 '청자의 현재 이론'이다. 의사소통은 청자와 화자의 현재이론이 수렴될 때 성공한다. 이 수렴도는 청자와 화자의 과거 이력에 의존하는데, 즉 그들이 서로 친숙한지 또는 서로의 배경, 문화, 과거이력, 언어를 사용하는 관행 등이 서로 친숙한지에 따라 달라지게 된다. 따라서 인간이 발화간의 관계를 포함하여 다양한 종류의 관계를 인지할 수 없다는 점만 빼면 확정된 것은 아무것도 없다.

이러한 관점에서 의미는 미래의 사용자들에게 사용되는 것이지 과거의 사용자들에게 사용되는 것이 아니다. 과거의 용법은 화자, 청자, 상황의 일시적인 융합으로 형성되는 의미관계에서 언어적 항목들이 참여하는 배경이 된다. 이것들은 항상 새롭기 때문에 언어 사용은 선천적으로 미래지향적일 수밖에 없고, 의미는 내재적으로 반복불가능하다.

번역 등가 개념에 대해 이 이론이 함축하는 바는 꽤 명확하다. 각 의미는 일시적인 발화상황의 모든 특성이 조합되어 나타나기 때문에 각각의 의미가 유일한 뜻을 갖는다고 가정해 보면, 같은 언어 내에서든 다른 언어에서든 반복될 수 없다. 따라서 번역등가에 대해서 말할 때, Toury(1980a)가 1장 1.5상단에서 제외시켰던 이상적인 개념을 더 이상 말할 수는 없다. 대신에 Toury가 번역 (항목)과 원천 텍스트 (항목) 간의 실제적 관계라는 그의 대안적 개념으로 볼 필요가 있다. Toury는 화용론적인 근간에서 목표 텍스트 중심의 접근을 주장한다. 즉 번역이론이 묘사하고 이론화해야 대상이 있다면 원천 텍스트 중심의 입장을 철회하고 목표 텍스트 중심의 입장을 채택해야 한다는 것이다. 하지만 이제 우리는 번역등가의 이상적인 관점이 이론적인 입장에 밀려났다는 것을 안다. 3.6에서 우리는 번역이론과 언어학의 관계에 대해서 살펴보기로 한다.

3.6 언어이론과 번역이론의 관계

번역학과 언어학 사이에서 발생했을 상호작용을 고려해 볼 때 과거에 어떤 일이 일어났는지 고려해 보는 일은 유용할 것이다.

2장 2.3.1 상단에서 논의되었듯이 언어학이론을 번역이론으로 사용하는 일반적인 관행 이외에도 다음의 것들이 과거의 일반적 관행이 되어왔다. 그 관행이란 번역학을 언어학의 근거자료로 사용하고, 언어학을 번역학의 근거자료로 사용하는 것이었다. 이러한 관행은 여전히 활발하며, 언어학의 발전과 함께 새로워지기도 했다. 이러한 논의는 3.6.1, 3.6.2, 3.6.3에서 살펴볼 것이고 3.6.4에서는 언어학이 번역의 연구를 알리는데 사용되는 방법을 소개할 것이다.

3.6.1 언어학의 근거자료로서 번역학

과거의 많은 언어학자들은 언어학 이론과 기술에 번역 자료를 사용하는 것을 옹호했다. 영어를 사용하는 언어학자 중에서 Edward Sapir(1921: 5장)가 그 좋은 예이다. Sapir는 '언어가 의사소통의 만족스러운 수단이라면 반드시 표현되어야 할 절대적으로 필수적인 개념'이 무엇인지를 확립하기 위하여 '농부가 오리새끼를 죽인다(The farmer kills the duckling)'와 같은 많은 문장과, 독일어, 야나어(Yana), 중국어, 프랑스어, 라틴어, 그리스어, 캄보디아어, 누트카어, 티베트어, 반투어, 러시아어, 치누크어로 번역된 번역문에서 표현된 개념과 관계를 분석했다([1921] 1926: 98). Sapir는 이런 것들이 우선 대상물이나 행동, 특성들의 '기본적이거나 근본적 개념'이라고 생각했다. 명제를 이해할 수 있기 위해서는 이들 중 적어도 두 개는 표현되어야 하거나 맥락상에서 추론할 수 있어야 한다. 또한 그는 이런 것들이 서로 근본적 개념을 고착시키고 명제에 '확정적이고 근본적인 형식'을 부여하는 관계적인 개념이라고 생각했다. 이러한 필수적인 개념은 보편적으로 표현되는 반면, 필수적이지 않은 개념은 '어떤 언어에서 산발적으로 발전되고 다른 언어에서는 아주 정교해진다'([1921] 1926: 99). Sapir는 다음과 같이 결론짓는다([1921] 1926). '어떤 언어도 명사화 동사를 구분할 수 있다. 물론 특별한 경우에는 이러한 구분이 힘들 수도 있지만 말이다. 다른 품사의 경우에는 사정이 다르다. 다른 품사들 중 어느 하나도 언어의 존재를 위해 반드시 필요하지는 않다.' 이것은 Sapir(1929)가 적어도 10년 후에 채택했을 것 같은 상대주의 입장이기 보다는 근본적으로 보편주의의 입장이다. 이것은 Roman Jakobson과 같은 보편주의자의 입장이며 Jakobson도 Sapir처럼 번역이 언어학에 중요한 정보를 제공하는 것으로 생각했다(1959: 233-4).

차이 속의 등가는 언어의 기본적인 문제이고 언어학의 중심이 되는 관심사이다. 기호들을 같은 체계 내의 다른 기호들로 번역하거나 다른 체계의 기호들로 번역하는 행위가 없으면 어떤 언어적 표본도 언어과학으로 해석할 수 없을 것이다. 두 언어를 비교하는 것은 상호간 번역가능성을 조사한다는 것을 함축한다. 특히 번역활동처럼 언어 간 의사소통을 광범위하게 하게 될 때는 끊임없이 언어과학의 조사를 받아야 한다. 이중언어 사전의 필요성과 이론적 실용적 중요성을 아무리 높게 평가해도 무리가 없다. 그 사전이란 모든 상응하는 단위에 대한 조심스런 비교 정의를 그 내연(intension)과 외연(extension) 속에 담고 있는 사전을 말한다. 마찬가지로 이중언어 문법은 문법적 개념의 선택과 영역 설정의 측면에서 두 언어의 공통점과 차이점을 정의해야 한다.

그러나 Jakobson은 실제 의사소통 상황에서 발생한 번역 자료를 언어학에서 사용해야 한다고 주장했는데 이는 그 동시대 학자들과 다른 생각이었다. 오늘날의 관점에서 보면, Sapir는 실제 발생한 발화나 글쓰기에서 인용된 예를 전혀 사용하지 않았거나 언급조차 하지 않았다는 사실이 놀라운 일이다. 알려진 바로는 Sapir가 단지 그의 생각 또는 정보 제공자의 생각을 기초로 하여 예들을 만들었다는 점이다. 사실상 우세한 방법으로 자리 잡은 것은 Jakobson의 방법이다. 1980년대 이후로 기술론적 번역학뿐만 아니라 대조언어학의 여러 연구들은 병렬코퍼스 또는 번역코퍼스와 같이 실제 언어사용 코퍼스를 기반으로 연구를 수행하였다(Johansson과 Oksefjell을 참조, 1998과 *Meta* 43(4)). 이러한 코퍼스는 사전편찬상의 목적과 교수법의 목적으로 사용되기도 하고(Zanettin, Bernardini와 Stewart (eds.) 2003, Viberg 1996 참조) 새로운 기술 문법의 근간으로 사용되기도 한다.

코퍼스에 기초한 연구들은 이전 연구들에 비해 거대한 양의 텍스트 자료를 사용할 수 있다는 점과 언어관계를 정적인 체계로 나타내기보다 실제 언어 사용의 관계를 나타내는 이점이 있다. 따라서 번역 코퍼스(번역과 원천 텍스트의 코퍼스)는 내성적 태도와 무관할 수는 없다. 왜냐하면 번역 코퍼스는 검색되기 전에, 가능하다면 두 텍스트 쌍들은 절

(clause) 대 절, 또는 문장 대 문장으로 서로 짝이 맞춰져야 하기 때문이다. 이러한 짝배열이 가능하기 위해서는 소위 '고정 단어(anchor words)' (Hofland & Johansson 1998: 87)에 초점을 둘 필요가 있다. 이 고정단어는 '두 언어에서 꽤 직접적인 등가어'이고, '부분적으로 직관에 의존하고 또 부분적으로는 원문 텍스트와 번역된 텍스트간의 (수작업의) 짝맞추기' (Hofland & Johansson 1998: 87)로 확인할 수 있는 상당히 빈번한 단어들이다. 물론 원문 텍스트와 번역된 텍스트간의 짝맞추기는 번역가의 등가 관계에 대한 직관의 결과이다. 3.5상단에서 논의하였듯이, 번역의 철학적 접근법의 통찰력을 고려하면, 이중 언어 사용자의 직관에 의존했다는 이유로 Catford를 비판한 Mary Snell-Hornby(1988: 22)에게는 이것이 보기보다 큰 문제가 아니라는 것을 알 수 있다. 하지만 철학적으로 접근해보면 코퍼스가 얼마나 크든지, 또한 얼마나 신중하게 분석되었든지 간에 언어 분석은 항상 과거의 용법에 대한 것이며, 미래의 용법도 이와 똑같을 것이라는 보장이 없다는 것을 알 수 있다(사실상 미래의 용법이 똑같지 않다고 보장할 수 있다). 코퍼스가 언어학과 번역학에 기여한 점은 앞으로도 여전히 중요할 것이며 이 책에서도 계속 다뤄질 것이다. 하지만 코퍼스와 번역가의 다른 수단이 제공한 증거의 본질에 대해 신중하게 생각할 필요가 있다. 다음 장에서도 우리는 이런 신중한 태도를 유지할 것이다.

3.6.2 번역학의 자료원천으로서 언어학

이중 언어 사전은 그 본질상 번역가에게 번역 등가 관계에 대한 도움을 제공하는 원천으로 사용되는 경향이 있다. 마찬가지로 외국어 문법서들(다른 언어를 배우는 학습자를 위해 모국어로 쓰여진 문법서들)은 거리낌 없이 번역에 대한 조언을 제공하거나 번역 사례를 사용한다. 예를 들어 Allan et al.이 영어로 쓴 덴마크 문법 서적(1995: 366-7)은 덴마크 담화 불변화사에 관한 섹션에서 다양한 번역 사례를 제공한다.

담화 불변화사 *jo*에 대한 가능한 번역 등가어로 '(as) you know(당신이 알듯이)'를 제시한다. 문장 'Tom er *jo* en flink fyr'는 '당신도 알듯이 Tom은 좋은 친구(Tom's a nice chap, *you know*)'라고 번역되고 'Han er *jo* i London'은 '당신도 알듯이, 그는 런던에 있다(He's in London, *you know*)'로 번역된다. Axelsen의 덴마크어-영어 사전(1984: 239)도 마찬가지이다. *Jo*는 설명하는 맥락에서는 'you know(당신이 알듯이)' 또는 'you see(당신이 보듯이)'로 번역되고, 다른 맥락에서는 다음과 같은 등가어가 제시된다.

주장할 때: 'why(왜)': 'I cannot betray him; why he is my best friend(나는 그 사람을 배신할 수 없어. 왜? 그 사람은 내 가장 친한 친구거든.)'

Der er han jo. 'Why there he is(왜냐면 그곳에 그가 있어)'

Vi vidste jo godt at...: 'Of course we knew that...(물론 우리는...알았어)'

Du har jo været der?: 'You have been there, haven't you?(당신 거기 계속 있었죠, 그렇죠?)'

Davidsen-Nielsen(1992: 8)에 따르면 *jo*는 청자 중심의 담화 불변화사이다. *jo*는 전달되는 정보가 청자와 공유한다는 화자나 글쓴이의 전제를 표현한다. 영어에서 이런 전제는 몇 가지 명확한 추천용법으로 제시된다. 이 추천용법은 약간 부자연스런 용법인 'why'를 제외하면 번역 등가를 확립하기 위해 문법 서적이나 사전에서 제공되는 용법이다. 하지만 실제 번역은 제시된 조언과 다소간 다른 변이 양상을 띤다.

Barbara Haveland(1994)가 Høeg(1993)의 작품을 번역한 것을 예로 들면, 원천 텍스트에서 *jo*가 50번 나타난 것 중에 거의 반 정도(21개, 42퍼센트)가 번역에서 등가가 뚜렷하게 나타나지 않았고 또 나머지 반은 다음과 같이 사전이나 문법서에서 제시되지 않은 방법으로 번역되었다. 8개는 'after all(결국)'로 번역되었고 7개는 'well(음...)', 5개는 강의어로 번역되었고 1개는 'but then(그런데)'으로 번역되었다. 5개는 사전에서 제시된 것과 같이 'of course(물론)'으로 번역되었고 1개는 부가 의문문 'isn't it(그렇죠)'로 번역되었으며 1개는 'you see(당신이 보듯이)', 1개는 'you know(당신이 알듯이)'로 번역되었다. 즉 문법서나 사전에서 제시된 번역 등가로 번역된 것은 16퍼센트였으며 '선호되는' 등가 'you know'로 번역된 것은 2퍼센트였다.

번역가는 영어 실력이 좋은 저자와 사적인 의사소통을 통해 긴밀하게 협력하여 작업하기 때문에, 번역가가 *jo*에 대한 번역 등가어를 선택한 것이 대부분 부적절했다고 보기는 어려울 것이다. 하지만 숙련된 언어학자들과 사전편찬자들이 만든 문법서와 사전이 위에 나타난 자료가 나타내고 있는 것과 같이 유용하지 못하다고 보는 것도 역시 문제가 될 것이다. 권장 용법과 실제 사용간의 명확한 불일치현상은 문법서와 사전들이 번역 등가어를 제공한다고 보아서는 안 된다는 데 그 원인을 두어야 할 것 같다. 오히려 문법서와 사전들은 어휘적 항목과 문법적 항목을 이해하는데 필수적인 정보원천이라고 할 수 있다. 한편 번역서는 그러한 이해로 인해 언어 사용자가 도달할 수 있는 언어적 확장의 증거를 제공하고, 미래의 창조성을 북돋아주게 된다. 3.6.3 이하에서 우리는 번역서의 연구가 이 창조적인 확장의 한계를 보여주는데 유용한지 살펴볼 것이다. 하지만 먼저 번역 자료와 문법서, 사전에서 제시된 정보간의 불일치 현상에 대해 앞서 제시한 설명을 유지하려면 *jo*의 번역등가로 번역가가 선택한 것에 대해 조금 더 살펴볼 필요가 있다. 각 예들은 다음과 같은 방식으로 제시한다. 원천 텍스트 부분(D)을 먼저 제시하고, 출판된 번역부분(E)을 제시한다. 숫자는 소설의 페이지를 나타낸다. 각 예 뒤에는 그 예의 논리 구조의 도식적 예시나 그 예 내부의 논증이 따라 나온다. 주요 범주에서 명확한 예들만 제시된다. 모든 예들의 완전한 분석을 보려면 Malmkjær(1999b)를 참고하라.

JO-AFTER ALL(결국)

D182: Det må De have set, det skrev han jo flere steder.

E163: You must have seen that, **after all** it turns up several times in his writing.

D218: En dag påpegede hun at det ikke var for sent, de var jo alle i live

E198: One day she pointed out that it was not too late. **After all,** they were all still alive

이 예에서 'after all'로 시작하는 절은 앞 절에서 제시한 결론에 대한 전제를 소개한다.

예	전제(절 2)	결론(절 1)
D182/E163	It turns up several times in his writings	You must have seen that
D218/E198	They were still alive	It was not too late

JO-WELL(음...)

D81: Hendes stemme var hæs af søvn, jeg havde jo vækket hende.

E69: Her voice was husky with sleep. **Well,** I had woken her up.

D181: Jeg har afklapset dem, sagde han. Det gør man jo.

E163: "I've spanked them," he said. "**Well,** one does."

여기서 'well'로 시작하는 절은 앞 절에서 제시된 결과에 대한 원인이다.

예	원인	결과
D81E69	I had woken her up	Her voice was husky with sleep
D181/E163	one does (spank them)	I have spanked them

JO-OF COURSE(물론)

위에서 언급했듯이 *jo*가 'of course'로 번역되는 예는 5가지가 있다. 이 중 하나는 Axelsen의 덴마크어-영어 사전에서 제시된 예이다(1984: 239). 다음은 그 중 2가지 예이다.

D226: Men man så ingen udvej. Indtil jeg traf Katarina. Men derefter brød alt jo sammen.

E204: But you saw no way out. Until I met Katarina. But then, **of course,** everything fell apart.

D227: Undertiden, de nætter jeg ligger vågen... da frygter jeg, at det måske ikke skulle have forandret sig, ude i verden, at tidens greb skulle være usvækket.

Jeg håber, jeg tager fejl. Dette er mit højest ønske. At have taget fuldstændig fejl.

Der var jo også skoler andre steder, det véd jeg. Men vel ingen steder med en vision som Biehls.

E205: Now and then-those nights when I lie awake... I fear that things may not have changed, out in the world; that time's grip will not have slackened. I hope I am wrong. This is my greatest wish. To be utterly wrong.

Of course there were schools elsewhere too, this I know. But surely no place with a vision such as Biehl's.

여기서 'of course'가 포함되어있는 절은 진행 중인 사고의 흐름과는 반대된다. 하지만 이 'of course'절은 다시 다음절과 반대되기 때문에, 본래의 사고의 흐름이 복원된다.

예	처음 상태	반대 상태1	복원
D226/E204	I saw no way out	I met Katarina	But then everything fell apart
D227/205	I hope it is not the case that time still rules the world as in Biehl's school	But there were schools elsewhere so it might	But surely those schools were not like Biehl's

jo 강의어
jo 절이 강의어로 번역되는 경우는 다른 전제-결론의 경우와 유사하다. 다

만 결론으로 이끌어지는 증거는 *jo*를 포함한 절에서 좀 떨어져서 제시되거나 텍스트에서 추론되어야 한다는 점이 다르다. 아래의 예에서 Oscar Humlum의 주제에 관한 전체의 이전 담화로부터 독자는 Oscar Humlum이 충분히 훌륭하다고 간주되지 않는다는 것을 추론해야 한다.

> D90: Oscar Humlum for eksempel var jo ikke god nok
> E77: Oscar Humlum, for example, was **just** not good enough.

이 예에서 강의어를 선호하는 이유는 영어 부사가 덴마크어 담화 불변화사보다 제한된 영역을 갖기 때문에, 영어 부사의 위치에서 상당히 뒤이나 앞에 걸쳐서 분포하는 증거성 범주를 나타내기 위해 영어 부사를 사용하는 것이 어렵기 때문으로 보인다. 지금 연구가 진행중인 Ip의 연구는 영어와 중국어의 절 연결사 사이의 유사한 영역 차이점을 보고하고 있다. 대안적인 번역등가어로 강의어를 사용하는 것은 적절할 것 같다.

Jo-명확한 등가가 없는 경우

*jo*가 번역이 안 된 경우를 설명하기 위해서는 Davidsen-Nielsen(1992: 8)가 언급한 *jo*의 기능을 상기하면 된다. 즉 *jo*는 청자중심의 불변화사로, 전달된 정보를 청자와 공유된다는 화자의 전제를 나타낸다. Davidsen-Nielsen이 언급했듯이(1992: 32), 이러한 *jo*는 덴마크 말과 글에서 광범위하게 사용된다. 또한 덴마크어에서 담화 불변화사들은 강세가 없고 단음절이기 때문에 담화의 흐름에서 야단스럽지 않은 경향이 있다. 따라서 공통 기반 표지어인 *jo*를 사용하는 것이 조심스럽지만 만연되어 사용되는 덴마크어에서, 공유하는 정보를 표지어 사용없이 단순히 서술하는 것은 무례

할 정도는 아니지만 갑작스러울 것이다. 따라서 *jo*를 사용하지 않으면 화자는 그 정보가 대화참여자에게 신정보라는 것을 가정하기 때문에 이것은 그들의 체면을 위협하는 일이 될 것이다. 한편 담화 불변화사가 없는 영어에서는 공유한다고 가정될 수 있는 정보를 명시적으로 표시하지 않고 서술하는 것은 용인 가능하다. 사실상 그런 것을 공유되는 정보라고 명시적으로 말할 때는 청자에게 그 정보가 이미 그들의 영역 안에 있다고 분명히 상기시킬 필요가 있을 경우이다. 또한 그 경우에는 그들의 체면을 위협하게 될 것이다. 전형적인 예는 다음과 같다.

D42: Desværre kommer dette år jo ikke igen,
E34: Unfortunately that year will never come round again.

D122-3: de meddelte at de havde indberettet mig til Overpræsidiet og til Børneog ungdomsværnet, da jeg jo havde friplads
E109: They advised me that I had been reported to the Children's Panel and to the child welfare services, since I was on a scholarship.

D153: Jeg ventede på dig, sagde hun. — Jeg har jo skemaet, jeg vidste du ville komme.
E137: 'I was waiting for you,' she said, 'I have the timetable, I knew you would come.'

위의 예에서 'you know'를 삽입하면 청자가 아주 잘 알고 있는 정보를 상기시킬 필요가 있다는 것을 함축할 것이다.

　*jo*가 번역된 거의 모든 경우, *jo*는 원천 텍스트의 논항 구조의 한 측

면을 나타내는데 도움이 됐었던 것 같다. 하지만 *jo*가 번역되지 않은 경우는 Davidsen-Nielsen이 요약한 기능만 담당하는 것 같고, 또한 'you know'를 가진 예들로 문법에 가득한 그 기능만을 담당하는 것 같다. *jo*가 이런 기능만 있을 경우에는 번역될 필요가 없는데 번역되면 화자나 저자가 청자 또는 독자에게 위압적이거나 모욕적인 태도를 갖고 있다는 인상을 줄 수 있다. 하지만 *jo*가 논항구조를 알리는 추가적인 기능이 있을 경우에는 영어로 번역해도 괜찮은데 이때 번역되지 않으면 의미요소는 손실될 수 있다. 이런 측면에서 사전과 문법서는 언어 사용자가 언어항목을 정확하게 사용할 수 있도록 필수 정보를 제공해야 한다고 생각할 수 있다. 하지만 사용 맥락의 측면에서는 사전과 문법서가 제공할 수 있는 정보의 한계가 있기 때문에 사전과 문법서를 번역 등가어의 정보원천으로 생각하면 안 된다. 사실 실제 사용과 연관된 맥락에서는 다른 번역등가가 더 적합할 수 있다.

이처럼 실제 사용 맥락이 중요하다면 언어학에서 번역 자료를 사용해야 한다는 Jakobson의 주장이 타당성이 있다(3.6.1 참조). 번역 자료는 맥락화된 번역 등가에 대한 언어학적 증거뿐만 아니라, 원천 언어의 언어적 항목의 사용과 기능에 대한 정보를 제공할 수 있다. 이러한 사용과 기능은 내성적 관찰로 쉽게 발견할 수 없으며 원천 언어 코퍼스만 참고하여 알 수도 없다. 하나의 원천 텍스트 항목과 여러 가지의 목표 텍스트 항목들 사이의 번역 등가성의 관계를 살펴보면, 원천 텍스트에서만 사용되었을 때 쉽게 확인할 수 없었던 원천 텍스트 용어의 측면들을 알 수 있다. 여기에서 그 목표 텍스트의 용어들은 그 용어들이 사용되는 맥락들에서 체계적으로 변이에 따라 달라진다. 하지만 이 접근에는 두 가지 문제가 있다. 첫째, 번역가도 때로는 실수를 한다는 점이다. 둘째, 번역가는 원천 텍스트의 내용뿐만 아니라 번역가가 만들고 싶은 번역 유형에 영향을 받게 된다. 여기서 번역가의 이러한 의도는 다시 목표 독자의 취향과 요구사항, 목표 문화에서의 용인 가능성의 한계 등에 영향을 받게 된다. 다음 장에서 우리는 번역가의 선택이 오류인지 아니면 텍스트 외적인 측면의 영향을 받은 것인지를 결정하는 몇 가지 방법에 대해 살펴보기로 한다.

3.6.3 등가, 오류, 그리고 조작

몇 명의 번역가에게 같은 텍스트를 번역하라고 시키면 정확히 똑같이 번역하는 사람은 없을 것이다. 이러한 견해를 뒷받침하는 예를 찾기는 쉽다. 그 예로 Hans Christian Andersen의 『The Princess on the Pea(완두콩 공주)』의 마지막 줄을 번역한 13가지 번역사례를 살펴보자.

원천 텍스트	*See, det var en rigitg Historie!*
De Chatelain(1852: 232):	And this, mind you, is a real story.
	(명심하라. 그리고 이것이 실제 이야기이다.)
Dulcken (1866: 36):	Look you, this is a true story.
	(봐라, 이것이 진짜 이야기이다.)
Wehnert (1869: 44):	Now, this is a true story.
	(이제, 이것이 진짜 이야기이다.)
Hersholt (1942: 20):	There, that's a true story.
	(자, 저것이 진짜 이야기이다.)
Keigwin (1950/1976: 28):	There, that's something like a story, isn't it?
	(자, 저것이 이야기 같은 것이다. 그렇지 않은가?)
Kingsland (1959: 29):	And that's a true story!

	(그리고 저것이 진짜 이야기이다!)
Spink (1960: 25):	There, now that was a real story!
	(자, 저것이 실제 이야기였다!)
Peulevé (196?: 62):	Now, this is my idea of a good story!
	(이제, 이것은 내가 생각하는 좋은 이야기이다!)
Haugaard (1974: 21):	Now, that was a real story!
	(이제, 저것은 실제 이야기였다!)
Corrin (1978: 66):	How about that for a true story!
	(진짜 이야기로 훌륭하지!)
Lewis (1981: 12):	There's fine story for you!
	(당신을 위한 멋진 이야기가 있다!)
Corrin and Corrin (1988: 60):	How about that for a real story!
	(실제 이야기로 훌륭하지!)
Blegvad (1993: 29):	Now, what did you think of that for a story!
	(이제, 저것이 당신이 생각한 이야기이다!)

위에서 보면 똑같은 번역을 찾을 수 없다. 심지어 (Sarah) Corrin & (Stephen) Corrin(1988)도 (Stephen) Corrin(1978)의 10년 전 번역과 달랐다. 하지만 각 번역의 변이형들은 우리가 '의미장'이라고 하는 매개변수 내에서만 나타나는 것 같다. 모든 번역에서 이야기(story)는 일정하게 나타난다. 그 이야기는 '그 종류의 좋은 예'('real(실제의)', 'true(진짜)', 'good(좋은)', 'something like(뭔가 ~같은)', 'fine(멋진)')이라는 의미를 기술한다. 또한 일반적으로 주의를 환기시키는 요약장치를 사용하고 있다('look you(봐라)', 'Now(이제)', 'There(자,)', 'And(그리고)', 'How about(훌륭하지)'). 이미 들은 것을 다시 지칭하는 담화 직시 표현도 사용된다('this(이

것)’, ‘that(저것)’, ‘There(-가 있다)’). 또한 대부분 번역에서 시제를 사용한다(‘is(-이다)’, ‘was(-였다)’). 그러나 이 부분을 다르게 번역한 예를 찾는 것도 어렵지 않다. 그 예로 Hjørnager Pedersen(2004: 97)이 지적했듯이 von Jenssen(1839)은 이 마지막 줄을 ‘*War das nicht eine Dame von wirklich feinem Gefühl?*’와 같이 의문문으로 ‘번역했다. Boner(1846)와 Peachey(1846)는 아마 이 독일어 번역에 기초하여 번역한 것 같은데 ‘Now was not that a lady of exquisite feeling(아름다운 여인이 아닌가)’과 ‘Was not this a lady of real delicacy?(정말 섬세한 여인이 아닌가?)’의 수사학적 의문문으로 각각 번역했다.

상식적으로 볼 때 이렇게 번역 선택을 하였다고 해서 원천 텍스트를 잘못 이해했거나 오해한 것이 아니다. 하지만 아름다운 여인/정말 섬세한 여인과 좋은/실제/진짜 이야기를 같은 의미장으로 포함하려면, ‘의미장’의 개념을 원하는 것보다 더 확장시킬 필요가 있다. 이 세 번역가(또는 최소한 von Jenssen)는 앞서 언급한 13가지 예의 번역가들과 다른 정도의 시적 파격 어법을 구사했을 것 같다. 만약 번역이 Jakobson이 설명한 것 같은 목적을 달성하기 위한 것이라면 이러한 전략(우리가 조작이라고 부르는 전략), 오류, 비조작적 번역을 구별하는 방법을 찾아야 한다. 그렇지 않으면 번역등가를 알아보기 위해 실제번역을 조사하여 얻은 정보가 아주 신뢰할 수 없는 것이 될 수 있기 때문이다.

다행스러운 것은 원천 텍스트 번역, 조작, 오류를 구별할 수 있는 근거로, 조작은 번역가의 동기로 설명할 수 있는 의미적 유형으로 나타나고 오류는 형식적 유형으로 구별할 수 있다는 점이다(Malmkjær 2004). 따라서 의미장의 개념이 엄밀한 의미의 번역등가어로 지칭될 수 있는 그러한 선택들을 자유롭게 결합시킬 수 있게 해 준다. 또한 이 구별로 인해

Davidson식의 의미 접근법과 Toury(1980a)의 번역등가 접근법이 제공하는 새로운 언어용법과 새로운 번역 선택에 관여할 수 있는 무한한 자유의 한계를 정할 수 있을 것이다.

오류와 조작의 구분을 예시하기 위해서는 한 번역가가 만든 번역 코퍼스에 집중하는 것이 유용하다. 단지 그 번역가는 원본을 충실하게 번역하는 것을 넘어서, 번역에서 특별한 목적을 가지고 텍스트 외적인 배경에 대해 우리가 논할 수 있을 만큼 잘 알려진 번역가일 필요가 있다. Mary Howitt(1846)이 Hans Christian Andersen의 이야기를 번역한 번역본은 이러한 코퍼스를 구성한다고 볼 수 있다. Howitt(1846)은 9개의 개별 이야기를 번역했고, 장편이야기 『The Flying Trunk(하늘을 나는 트렁크)』의 한 이야기를 번역했다. 이것들은 *Wonderful Stories for Children. By Hans Christian Anderson [sic], Author of 'The Improvisatore' etc.*라는 제목으로 출판되었다. 여기에는 명확한 오류도 있고 Bredsdorff(1954: 492-4)가 Howitt의 청교도적인 윤리관 탓이라고 보았던 조작에 대한 예도 충분하다. Hjørnager Pedersen(2004: 80-7)도 이에 동의한다. Mary Howitt은 독실한 퀘이커교도로 자랐으며 뒤에 로마 카톨릭으로 개종했다. Hjørnager Pedersen(2004: 83)이 지적했듯이 'Howitt은 19세기 중반의 여류번역가로서, Andersen이 윤리적, 종교적 특성을 강조하고 확장시키기 위해 남성성을 드러낸 것을 계속해서 확인하려고 했다.

Howitt은 혐오스럽거나 신성모독의 내용, 성적으로 암시하거나 자만심과 복수심같이 부적절한 감정을 언급하지 않기 위해 생략, 추가, 대체의 방법으로 이야기를 조작했다.

Howitt이 혐오스러운 내용을 조작하는 방법은 다음의 예에서 나타난다. 같은 부분을 번역한 내용인데 A는 원본, 그 다음은 어구주석, H는

Howitt의 번역을 나타낸다. 숫자는 Howitt 번역본을 뜻한다.

A   *skar hans Hoved af og begravede det med Kroppen   i den blode Jord*
어구주석 cut   his   head off and buried   it with   the body in the soft earth
            (그의 머리를 잘라 몸과 함께 부드러운 땅에 묻었다.)
H   and then buried him in the bloody earth(58)
            (그리고 그를 피로 얼룩진 땅에 묻었다.)

A   *saa   tog   hun det blege Hoved med   de lukkede Øine, kyssede den*
어구주석 then took she the pale head with the closed eyes kissed the
A   *kolde Mund og rystede Jorden   af hans deilige Haar*
어구주석 cold mouth and shook the earth off his lovely hair
            (그리고 그녀는 눈 감은 창백한 머리를 가져다가 차가운 입술에
            키스하고 탐스러운 그의 머릿결을 흔들었다.)
H   so she cut away a beautiful lock of his hair, and laid it near her
            heart (60)
            (그래서 그녀는 탐스러운 그의 머리채를 잘라 그녀의 가슴에 놓
            았다.)

A   *tog   hun Hovedet med sig hjem*
어구주석 took she   the head with her home
            (그녀는 그의 머리를 집에 가져갔다.)
H   she went home (60)
            (그녀는 집에 갔다.)

번역 코퍼스에 이러한 종류의 예가 13가지가 있다.

신성모독적인 내용을 피하려는 예도 뚜렷이 나타난다. 이런 경우, 텍스트에서 형이상학적인 지역에 거주하는 사람들을 뜻하는 어휘를 생략하거나 종교와 관계없는 어휘로 대체한다.

다음의 예는 코퍼스에서 식별된 9개의 예 중 전형적인 예이다.

A   *Gud, hvor den stakkels Tommelise   blev   forskrækket,*

어구주석   God how the poor   Thumbelina became frightened

        (신이시여, 이 불쌍한 Thumbelina가 얼마나 놀랐습니까)

H   'Poor Tommelise! How fightened she was' (38)

        (불쌍한 Tommelise! 얼마나 놀랐을까)

A   *Tak   Du   Gud for ham!*

어구주석   Thank you God for him

        (신이시여 감사합니다.)

H   'Be thankful that thou canst get such a one!' (49)

        (그렇게 좋은 것을 얻다니 참 고마운 일일세!)

A   *at   de aldrig vilde doe, og at Paradisets Have skulde evig blomstre*

어구주석   that they never would die, and that Paradise's garden should ever bloom

        (그들은 결코 죽지 않을 것이고 낙원의 동산은 영원히 창성하리라)

H   that they who were purified by trial should never die, and that the

        Garden of Paradise for them should bloom for ever! (86)

        (심판으로 순결하게 된 자는 결코 죽지 않고 이들을 위한 낙원의

        동산은 영원히 창성하리라)

성적으로 함축하는 것을 피하는 것도 똑같이 명확한 의미 유형으로

나타난다. 주로 신체부분, 친밀감을 나타내는 행동, 성적인 생각을 야기
시키는 행동을 나타내는 단어나 구를 생략하게 된다. 다음은 길이가 긴
11개 예 중의 하나이다.

A   *De skjønneste   Piger, svævende og slanke, klædte i bølgende Flor,*
어구주석 The most beautiful girls, floating and slim, dressed in waving gauze,
A   *saa man saae de deilige Lemmer, svævede i Dandse,*
어구주석 so one saw the lovely limbs   floated in dances
       (날씬하고 떠다니는 아름다운 소녀들이 나풀거리는 거즈를 입어
       서 사랑스러운 팔 다리가 춤사위에 보이는 구나)
H   'The most beautiful maidens floated in the dance' (86)
       (아름다운 처녀들이 춤추며 떠다니는 구나)

부적절한 정서나 감정을 피하려는 것도 다음의 예에서 잘 나타난다.
원본에서는 어린 황새가 그들을 괴롭힌 소년들에게 복수를 계획하는데
심지어 엄마 황새도 이것을 지지하고 실행한다. 하지만 Howitt의 번역에
서 어린황새들은 용서하라는 엄마 황새의 조언에 얌전하게 응한다.

A   *og altsom de   blev større, vilde   de mindre taale   det; Moderen*
어구주석 and as   they grew bigger would they less   bear it the mother
A   *maatte tilsidst love   dem, at de   nok   skulde faa Hævn*
어구주석 must finally promise them that they PART should get revenge
       (그들이 점점 성장하여 참지 못하게 되자 엄마 황새는 결국 그들
       이 복수해야 한다고 했다.)
H   'and the more they were determined on revenge, the less they said
       of it to their mother. Their mother, they thought, would at last

grant their wishes' (125-6)

(그들이 복수를 결심할수록 엄마황새에게는 말을 더 하지 않았다. 그들의 생각에 엄마 황새는 결국 그들의 소망을 인정해줄 것이라고 믿었다)

A	'Nu skulle vi hævnes!' sagde de.
어구주석	Now shall we be revenged said they
A	'Ja vist!' sagde Storkemoderen. 'Hvad jeg have udtænkt,
어구주석	Yes certainly said the stork mother What I have planned
A	det er just det rigtige!'
어구주석	that is just the right.(thing)

("이제 우리가 복수하자". 그들이 말했다. "그래. 우리의 계획이 옳아." 엄마 황새가 말했다.)

H   'Now let's have revenge,' said they.
'Leave off talking of revenge,' said the mother. 'Listen to me, which is a great deal better' (126)

("이제 복수하자." 그들이 말했다. "복수는 그만 둬. 내 말 들어. 그만 두는 게 훨씬 좋아." 엄마 황새가 말했다.)

Howitt이 빅토리아시대의 어린이에게 적절한 이야기를 만들려고 이렇게 추가, 생략, 대체의 방법을 사용한 것 같다. 규칙적으로 추가, 삭제, 또는 교환된 어휘항목의 종류는 주제의 규칙성을 나타내고 이것들은 번역가 의도와 동기의 측면에서 설명될 수 있다.

이와 대조적으로 Howitt의 오류는 설명 불가능하거나 형식적 유형으로 설명할 수 있다. 설명 불가능한 예는 다음과 같다.

A	*Bajonetten*	*nede*	*imellem*	*Brostenene*
어구주석	The bayonet down between the cobble stones			
	(자갈 사이에 총검)			
H	'His bayonet down among the stones of a sink' (114)			
	(하수구 돌 사이에 그의 총검)			

다른 예에서의 형식적 유형은 '가짜 친구'라고 알려진 종류이다. Howitt 의 번역에서는 덴마크어의 영어 가짜 친구뿐만 아니라 스웨던어, 독일어 의 영어 가짜 친구가 나타난다.

A	*han*	*vil*	*bare*	*have*	*at*	*de*	*skulle*	*vare*	*rolige*
어구주석	he	will	only	have	that	they	shall	be	still
	(그는 그들이 조용하기만을 바란다)								
H	'he only wants to amuse them' (1)								
	(그는 그들을 즐겁게 하기만을 바란다)								

(스웨덴어로 *rolig*는 대략 '즐거운'의 의미이지만 덴마크어에서는 '잠잠한/ 조용한/평화로운'의 의미이다.)

A	*over*	*Isen*
어구주석	across the ice	
	(얼음을 넘어서)	
H	'over the iron' (70)	
	(철을 넘어서)	

(독일어로 *Eisen*은 '철'을 의미하는데 덴마크어 *isen*은 '얼음'을 의미한다.)

ST   *det   kan man saa rart*
어구주석 that can one so nicely
        (아주 기분 좋게 할 수 있다.)
TT   'people can do that so seldom' (93)
        (사람들은 거의 그걸 못한다.)

(덴마크어로 *rart*는 대략 'nicely(기분 좋게)'라는 의미이지만 Howitt는 영어 단어 'rarely(드물게)'와 연상시킨 것 같다.)

Howitt는 또한 다음과 같이 잘못된 번역차용을 시도하였다.

A   *'Sommetider, om Natten,'*
어구주석 sometimes at (the) night
        (때로는 밤에)
H   'In the summer season at night' (99)
        (여름 밤에)

Howiitt는 맥락이 제시하는 바와 다르게 잘못된 의미의 동음이의어를 통상적으로 선택하였다.

A   *'det skal være saadan en deilig Leilighed!'*
어구주석 it   shall be such a lovely flat
        (또한 기회를 의미할 수도 있다)
H   'it will be such a nice opportunity' (10)

이러한 예들에서 보듯이, 오류를 식별하는 한 측면으로 원본의 표현과 번역본에서 나타난 의외의 표현 간의 형식적인 관계를 조사하는 것을 들 수 있다. 두 번째의 오류 식별의 측면은 동기적 이유를 설명할 수 없다는 것이다(Malmkjær 2004의 예와 논의 참조). 조작이나 오류가 일어날 것 같지 않은 환경에서, 번역가가 원본의 용어가 사용된 맥락과, 번역 등가어가 나타나서 앞 절에서 제시된 목적으로 이러한 번역등가어가 안전하게 사용될 수 있는 맥락을 고려하여 가장 적절하다고 생각되는 번역 등가를 찾는다고 우리는 가정할 수 있다.

이제 이 장에서 다뤄야 할 것은 언어학을 이용하여 더 응용부분인 나머지 이 책 장들을 설명할 것인가 하는 점이다.

3.6.4 언어학을 통한 기술론적 번역학 알리기
전반적인 언어학 이론을 번역학에 적용시키는 것 외에도 텍스트를 구성하는 언어적인 현상의 유형에 대한 정보 원천으로 언어학을 사용하는 것이 아주 유용하다. 번역물을 포함한 텍스트가 언어학에 주는 의미는 회화 작품이 색깔과 원근법을 연구하는 데 주는 의미와 같으며 춤과 체육이 인간 해부에 주는 의미와 같다. 또한 이런 정태 지향적 학문은 좀 더 수행 지향적 예술을 쉽게 이해할 수 있도록 해 준다. 특히 번역학에서 번역의 언어에 주목하는 것은 번역학에 심미직인 태도를 취하는 한 방법이다. 여기서 심미적 태도란 번역에 대한 반응을 명확하게 하려고 번역을 기술하려는 접근이다(Scruton 1974: 145). 이것은 Catford가 언어학을 번역에 적용시킨 것과 확실히 다르다. Catford는 특정한 번역이론을 세우기 위해 언어학 이론에 주목했고 언어학의 범주를 적용시켰다. 이 책의 나머지 장들에서는 우리는 번역과 원천 텍스트 관계의 본질을 더욱 명확하게 하기 위해 언어학에서 유래한 통찰력을 적용할 것이다.

$$\mathcal{4.}$$

번역에서의 음과 리듬

4.1 서론

본인이 사용하지 않는 언어를 쓰는 나라의 사람과 규칙적으로 만나는 사
람들은 그 언어의 소리에 익숙해져서 그것을 인식하고 다른 외국어와 구
별할 수 있게 될 것이다. 이는 모든 언어들이 고유의 소리와 리듬의 형식
을 가지고 있기 때문에 가능할 수 있다. 이러한 점들이 음성학과 음운론
의 연구 대상이다. 조음 음성학은 모음과 자음이 발음 기관에 의해 얼마
나 다르게 생성되는지를 설명한다. 이러한 것들은 그에 맞게 기술되고(다
음 4.2 참조) 국제음성문자(IPA)로 상징적 표현을 부여받는다. 국제음성
문자는 단어에서 한 음이 다른 음으로 대체되면 그 의미가 달라진다는
점에서 언어에서 변별적 모든 언어음의 기호를 담고 있다. IPA 목록은
IPA 웹 사이트 http://www.langsci.ucl.ac.uk/ipa/에서 찾아 볼 수 있다. 번

역가들이 이 기호에 정통할 필요는 없지만, 표준 쓰기 체계상의 소리 표상과 발화에서 사용된 실제 소리를 구별할 수 있는 것은 번역가들에게 중요하다. IPA는 후자를 나타낸다.

　IPA에서 기호화 된 소리들은 음운론에 기술된 패턴에 따라 언어마다 음절, 단어, 구로 결합된다(다음 4.3절 참조). 이 패턴 속에서 각각의 언어 특유의 조합이 발생하면 각 언어들이 다른 언어들과 차별적으로 들리게 된다. 번역은 문자 매체를 통해 발생하는 반면 소리는 확실히 음성 발화의 주된 특징이다. 그러나 알파벳식 쓰기 체계는 표음식 철자이다. 즉 이는 소리표기를 염두에 두고 그 결과로 적어도 소리들의 일부 패턴은 소리를 나타내는 철자체(쓰기 체계의 단위)에 반영된다.14) 광고카피 작가들, 신문 헤드라인 기자들, 시인들은 알파벳식의 글쓰기 체계의 이러한 특징을 자주 활용한다. 특히 시는 그 레이아웃과 눈으로 볼 수 있는 패턴을 이용하여 명시적으로 가상의 소리에 주목을 요하고, 시는 낭독시에 얻어지는 소리 효과에 특별한 안목을 가지고 자주 쓰여 진다. 그러나 어떠한 텍스트의 묵독은 그 텍스트가 소리 내어 읽혀질 때의 음의 인상에 영향을 준다. 또한 모든 언어적 패턴처럼 음 패턴은 의미 구성의 과정에서 중요한 요소가 된다. 그러므로 번역가가 이러한 패턴의 유형, 특히 전자 미디어에 의해 제시된 구어 텍스트와 문어 텍스트 사이의 상호작용의 가능성의 관점에서 신경을 쓰는 것은 중요하며, 이는 번역된 텍스트가 더 이상 단지 묵독의 대상으로 남아있을 것이라고 가정할 수 없을 것이라는 것을 의미한다.

---

14) 알파벳 글자 단위와 발음사이에 완전히 안정적인 관계는 거의 없다. 같은 철자법을 사용하여 한 언어의 다른 액센트를 나타낼 수 있고, 소위 '표준' 발음은 시간에 걸쳐 계속 일어나지만 철자 개혁은 잘 일어나지 않는다. 본래의 철자를 유지하는 것은 단어 어원에 대한 정보를 저장하는 한 방법이다.

4.2 언어와 번역에서의 음

번역된 텍스트가 원본 텍스트와 다르게 소리 날 것이라는 것은 명확한 사실이다. 이것이 중요성을 갖는 이유는 음 표상이 텍스트의 의미 유발 잠재성과 의도된 수행 기능과 관련되어 있기 때문이다. 일반적으로 말해 텍스트 장르에 따라 그 의미 유발 잠재성과 기능이 달라진다. 예를 들어 음 표상은 시나 일부 산문에서 중요한 역할을 하고, 학문적이거나 과학적인 글쓰기에서는 훨씬 작은 역할을 하는 경향을 보인다. 그러나 이 양극단 사이에 음 표상의 중요성을 예상하기 힘든 텍스트 유형들이 많이 있는데, 그러한 텍스트 유형들은 번역에서도 마찬가지로 번역의 제시 목적에 따라 달라진다. 예를 들어 노래 번역을 생각해보자. 이 장르에 있어서는 텍스트가 어떻게 들리는가가 매우 중요하다고 생각할 수 있다. 그러나 Low(2003: 103-6)가 지적한 바처럼 노래는 수많은 다른 목적으로 번역되고, 각기 다른 목적에 맞는 번역이 필요하다. 공연자 대본에서 번역은 원본에 언급된 현상에 대해 모든 관련 정보를 제공해야하고, 그 결과 가수는 그 노래가 의미하는 바를 충분히 이해하고 적절하게 공연할 수 있다. 녹음 삽입문구를 위해서 Low는 일반적으로 Newmark(1988: 46-7)의 '의미적' 번역을 추천하는데, 이 번역은 원본과 나란히 나타나고 그로 인해 가능한 한 그것의 행 어순과 구조적 특징을 준수해야 한다. 그러나 이 녹음 삽입문구는 운율과 리듬을 유지할 필요는 없을 것이다. 프로그램 텍스트에 대해서 Low는 Newmark(1988: 46-7)의 '의사소통적' 번역유형을 제안하고 있는데, 이 번역유형은 원본이 말하는 바에 접근 가능하고, 독자 친화적인 방식으로 제시하는 방식이다. 가수가 노래를 하기 전 그 노래의 대략적 개요를 제공할 필요가 있는 경우에, Low는 노래 말의 핵심만 간단히 제공하는 '요점(gist)' 번역을 사용할 것을 제안했다. 마지막으로 노래로 부를 수 있는 텍스트에 대해서 요구되는 점은 명백히 노래로 부를 수 있는 번역이어야 한다는 점이고, 번역가들은 이를 만들어 내는데 실제로 텍스트가 어떻게 들릴 것인지에 대한 고려사항에 제약을 받는다. 또한 음악에 대한 사실이 추가적인 제약으로 작용한다(Low 2003: 105):

> 번역가들은 … 음악의 운율, 음가, 구절법 혹은 악센트를 무시할 수 없다. …영어로 하는 이러한 작업은 단모음의 수와 자음 축약을 줄이려고 노력 해야 한다.

Low(2003: 106-7)는 1884년에 Henri Duparc에 의해 음악으로 바뀐 Charles Baudelaire의 시「전생(La vie anterieure)(1857)」의 첫 4행에 적용된 다음과 같은 각기 다른 번역의 예들을 제공한다.

Baudelaire (보들레르)
J'ai longremps habité sous de vastes portiques
Que les soleils marins teignaient de mille feux,
Et que leur grands piliers, droits er majestueux
Rendaient pareils, le soir, aux grottes basltiques

Low: 공연자 대본
For a long time I lived under vast porticoes
which the suns of the sea coloured with a thousand fires;
and the great pillars [of these porticoes], straight and majestic,
made them look similar, at evening, to caves of basalt.

Low: 녹음 삽입문구

For a long time I lived under vast porticoes

which the ocean sunshine coloured with a thousand fires;

their great columns, which were straight and majestic,

made them look similar, in the evenings, to basalt caves.

Low: 프로그램 텍스트

For a long time I lived by the sea in a palace

which was lit up in fiery colours by the ocean sunshine.

Its vast porticoes had tall, majestic pillars,

which, in the evenings, made them look like basalt caves.

Low: 일상언어 텍스트

In a previous life I lived by the ocean in a tall palace from which I could

see tropical sunsets reflected in the surging waves.

Low: 노래가사

For a long time I dwelt under porticoed halls

which ocean sunshine tinged with light of many flames

and whose majestic pillars standing straight and tall

made them appear, at dusk, like vast palatial basalt caves.

Low는 Duparc의 가곡 멜로디에 맞추기 위해서 만든 자신의 번역과 아래의 James McGowan(그 시를 가곡이 아닌 예술적 문학작품으로만 이해) 번역을 서로 비교한다. McGowan은 Low 번역과는 달리 약강 5보격 음보의 제약을 선택한다.(각 연은 5개의 강세를 지니고, 음보는 아래와 같이 약강격이다.)

I once lived under vast and columned vaults
Tinged with a thousand fires by ocean suns,
So that their grand, straight pillars would become,
In the evening lights, like grottoes of basalt.

다음에서 우리는 언어 소리를 기술할 때 사용된 용어와 개념에 관해 살펴볼 것이다. 모든 언어에서 개개의 언어음들은 대개 모음과 자음(혹은 자음 유형과 모음 유형; Gimson 1980: 32)을 구분하고, 또한 많은 언어에서 의미 차이를 나타내기 위해 성조(tone)를 사용한다. 알파벳 표기법은 독자적으로 자음 혹은 모음을, 혹은 자음만을, 또는 전체 음절을 표시하기 위한 부호체계를 가지고 있다. 음보다는 의미의 단위(형태소나 단어들)를 나타내는 중국어 표의문자는 발음을 나타내는 발음기호를 포함할 수 있다. 일본어는 표음 철자와 표의 철자를 각각 부분적으로 갖는 혼합 유형이라 할 수 있다. 그러나 쓰기를 위해 어떤 유형의 철자를 사용하든 간에, 그 언어의 구어체 형식은 자음, 모음 또한 성조를 포함한다.

모음은 성대가 진동할 때 폐로부터 열린 입을 통해 공기가 방해받지 않고 나오면서 나는 소리이다. 만약 소리가 나올 때 어떤 발음 기관에 의해 장해가 이루어지면 자음소리가 만들어진다. 자음은 아래와 같이 나누어진다.

- 파열음은 공기의 흐름이 폐를 통해 나고 들 때 두 발음 기관의 접촉이 일어나면서 만들어진다.[p,b,t,d,k,g,ʔ]

- 마찰음은 공기의 흐름이 폐를 통해 나고 들 때 두 발음 기관 사이가 가까워 마찰을 일으키면서 만들어진다.[f,v,θ,ð,s,z,ʃ,ʒ,x,h]
- 파찰음은 발음 기관에 의한 폐쇄를 천천히 부분적으로 열 때 만들어진다. 파찰음은 'church'와 'judge'의 시작과 끝의 자음을 포함한다.[ʧ,ʤ]
- 비음[m,n,ŋ]은 입의 어딘가에서 완전한 폐쇄가 이루어지지만 구개가 낮추어지기 때문에 공기가 코를 통해서 나올 때 만들어 지는 음이다.

자세한 사항은 Gimson(1980)을 참조할 수 있다.

모음소리는 소리를 만들 때 입안의 혀의 위치와 입술 모양에 따라 달라진다. 주요한 구분은 원순(lip rounding)과 평순(lip spreading)의 차이, 그리고 마찰을 일으키지 않고 혀를 구개에 가장 가깝게 붙이는 경우와 혀 전체를 입의 가장 낮은 곳에 붙이는 경우의 차이가 있다.

평순 [i, e, ɛ, a, ɑ, ʌ, ɤ, ɯ, ɨ]
원순 [y, ∅, œ, ɐ, ɔ, o, u, ㅂ]

위의 모음은 단모음으로서, 입과 혀가 움직이면서 모음소리가 만들어지는 이중모음과는 대조된다. 그것들은 '저(low)' 모음과 '고' 모음을 포함한다(Gimson 1980: 93ff.).

각기 다른 모음 자음 결합을 만드는 입과 혀의 움직임과 모양은 더빙(더빙이란 본래 말을 영화나 다른 시각 매체에서 다른 언어 말로 바꾸는 것을 의미한다)을 할 때 고려될 필요가 있다. 그 이유는 대체되는 표현은 말하고 있는 연기자의 말하는 모습을 고려해 볼 때 믿을만한 발화

여야 하기 때문이다.

　IPA는 또한 성조언어의 성조를 열거한다. 이러한 성조언어에는 수 많은 아프리카어와 미국원주민 언어와 구어체 중국방언이 포함된다. 다 른 성조는 긴장감(tautness)에 영향을 주는 후두내의 진동하는 성대의 위 치 변화에 의해 형성된다. 그런 다음 그것이 성대의 진동 주파수에 영향 을 주고, 다양한 음조를 만들어낸다. 성조가 없는 언어의 경우 음조 변이 는 강조를 하기 위해 사용되거나 의문문을 만들기 위해 사용된다. 그러 나 성조가 있는 언어에서 특정한 패턴의 성조 변이는 같은 모음이나 자 음을 사용하는 단어들 사이에서 의미차이를 만들어낸다. 예를 들어 네 가지 성조(상성, 거성, 평성, 입성)를 가진 중국어의 경우 자음과 모음의 조합인 /ma/는 '야단치다', '대마', '어머니', '말'을 의미할 수 있다.

　음절들 내에서 소리 패턴의 주요한 구분은 두운 유형과 각운 유형 이다. 연쇄의 끝에서 그 연쇄의 마지막 완전 강세 모음까지 존재하는 모 든 소리가 같을 때, 둘 이상의 말 연쇄 사이에서 각운이 나타난다. Leech(1969: 92)는 'save'-'gave'와 'save you'-'gave you'를 예로 들었다. 'save you'-'gave you'에서 예시된 각운 유형에서는 각운 연쇄의 마지막 음절이 강세를 받지 않으며, 이 때 '여성 각운'이라 한다. 또한 'save-gave'처럼 음 절 마지막에 강세가 있을 때를 '남성 각운'이라 한다. 마지막 강세가 없는 음절만 동일할 경우 이것을 '유사문미(homoioteleuton)'라고 한다. Leech (1969: 83)는 Wordsworth의 시 「영혼불멸송(Intimations of Immortality)」을 인용했다.

> But for those obstinate question*ings*
> Of sense and outward things,

Fall*ings* from us, vanish*ings*,
Blank misgiv*ings* of a creature

각운은 발음과 상관이 있지만, 문어체 텍스트는 '시각운(eye-rhyme)'을 전달할 수 있다. 시각운은 동일한 글자가 다른 소리를 나타낼 때 발생한다. Leech(1969: 92-3)는 'great'와 'meat'을 예로 들었다. 발음이라고 하는 것은 변할 수 있기 때문에 지나간 시를 읽을 때에는 우리에게 '시각운'으로만 느껴지는 것이 시인에게는 "진정한 각운"이었을 수도 있다는 것을 계속 기억할 필요가 있음을 지적하고 있다. 물론 'red'와 'dead'에서처럼 같은 소리를 내면서 다른 글자 연쇄로 나타나는 경우도 있다. 종종 광고주에 의해 글로 볼 수 있는 직접적인 각운 외에 눈을 사로잡는 숨겨진 캠페인용 각운이 사용되기도 한다. 예를 들어 1980년대에 영국의 우유소비를 증진시키기 위해 만들어진 슬로건 'Drinka pinta milka day'에서 보면 말소리 각운은 'drink'와 'a' 그리고 'milk'와 'a' 사이에 띄어쓰기를 없애고 'of'를 'a'로 바꾼 후 'pint'에 띄어쓰기를 없앰으로써 만들어졌다.

두운법칙은 강조된 음절로 인해 나타난다. Leech는 Tennyson의 「In Memoriam(인메모리엄), vii」의 'Here in the *l*ong un*l*ovely street'을 예로 들었다. 모음의 반복은 모음유사(assonance)라고 불리는데 '*lo*ng'과 'un*lo*vely'에서 볼 수 있다. 알파벳 문자에서, 특히 자음과 모음 소리를 나타내는 문자에서 두운이 특히 잘 보이고, 저널리스트나 헤드라인 작가들이 선호한다. 그 이유는 'The Man, the Myth, the Millions-and Marty' (Martin Scorsese에 관한 것임)(*Time*, 2003년 9월 29일: 73)나 'The Roots Reinvent The Rock-Rap Sound'(한 음악 밴드 The Roots에 관한 것임) (*Time*, 2003년 9월 29일: 76)와 같이 독자의 관심을 끄는 문구를 만들어낼

수 있기 때문이다.

이러한 예들은 조화(chiming) 효과를 나타내는데, Empson(1947: 12; Leech 1969: 95에 의해 인용됨)이 그 현상을 '가능한 연결을 생각할 수 있는 소리 유사성으로 인한 두 단어 사이의 연결'로 기술하고 있다. 광고주들은 이러한 효과를 얻기 위해 각운, 시각운, 두운을 사용한다. 예를 들어 Heinz baked bean(삶은 콩을 베이컨과 함께 구운 요리)의 잘 알려진 광고 슬로건 'Beanz Meanz Heinz'는 글로 된 세 단어의 'z'라는 시각두운과 보통 말에서의 'beans'와 'means'의 각운을 결합시켜, 시각적으로 또한 말속에 있는 각운에 대한 암시를 통해 (요리된) 콩과 이것을 생산하는 회사 즉 Heinz 사이의 밀접한 연결에 대한 소비자의 믿음을 강화시켰다. 또한 조화의 원칙은 보통 브랜드 네임에 적용이 된다. Begley는 아래를 참고하여 Lexicon Branding Inc에 의한 '사내분석' 보고서를 작성했다.

이름 'Viagra'는 지구상에서 가장 유명한 폭포인 Niagara와 각운이 같다.15) ... 물은 심리적으로 성과 삶과 관련이 있다. 그리고 하트 모양 침대가 구비된 수천 개의 모텔이 있는 Niagara 폭포는 허니문을 암시한다. 'vi'는 'vie'의 동음이의어로 싸움이나 경쟁을 의미한다. 또한 정력을 나타내는 'vitality'와 'vigor'의 첫 부분을 반영한 것이고, 'agra'는 '공격성'을 의미한다. 의미론에서 보자면 'Viagra'는 승리자이다. 음성상징도 작용하는데, Leben 박사는 'V'는 언어상에서 가장 빠르고 가장 크고, 가장 열정적인 음 중의 하나라고 말한다.

물론 의미라는 부분은 개개의 소리자체나 소리의 연속과 같은 수준보다

---

15) 'Viagra'의 각운을 'Niagara'처럼 만들기 위해서는 'Niagara'의 두 번째 'a'를 없애서 'Niag'ra'로 만드는 것이 필요하다.

차원이 높은 언어 수준 영역으로 여겨진다. 'buzzing(bees)', 'cuckoo'와 'woof woof'와 같이 자연의 소리를 있는 그래도 반영하는 현상인 의성어를 제외하면, 언어적인 소리와 이것이 상징하는 것의 관계는 자의적인 것이다. 자의적이지 않다면, Locke(1977 [1690]: 3권 2장)가 지적한 대로 인류에 단하나의 언어만이 존재할 것이다. 그럼에도 불구하고, Robin은 어떤 음과 특정한 사물이나 사건 사이에 '일반적 연상'을 지각하는 것이 가능하다고 지적한다. 그 예로는 영어의 *thump, clump, stump, dump*와 같이 *-ump*로 끝나는 단어들로, 무거움, 두꺼움, 무딤의 연상 의미를 갖는 경향이 있다.

이러한 생각은 언어학과 심리학에 상당한 시간동안 존재했고, 현재까지 남아있다. 이러한 생각은 Jespersen, Firth, Köhler에 의해 주장되었으며, 가상의 인터넷 공간에서 아주 많이 찾아볼 수 있다. 이러한 생각을 나타내는 출판물로는 Hinton, Nichoes와 Ohala(1994)와 같은 책이 있다. Robin은 만들어진 단어를 화자들에게 제시하였을 때, 단어내에 포함된 소리의 유형에 따라 '둥근 소리'나 '날카로운 소리'와 같은 범주로 나누는 경향이 있다고 보고했다. 예를 들어 *muluma, oomboolu*는 둥근 소리이고, *takete, kikerike*는 날카로운 소리이다. 이러한 차이는 앞의 두 단어를 만들어 내는 것과 관련된 원순 모음과 혀낮춤(tongue lowering)과 상응하며, 끝의 두 단어를 만들어 내는 것과 관련된 평순 모음과 상응한다. Denofsky(http://www.conknet.com/-mmagnus/SSArticles/Denofcl.html; 2004년 5월 23일 방문)는 알파벳에서 소리를 나타내는 두개의 기호의 긴밀함과 /kl/과 같은 자음군을 만드는 방법은 연대의 의미와 관련이 있다고 한다. 그리고 그가 생각하는 것은 'clap', 'clip', 'clop', 'close'와 같은 단어에 의해 표현될 수 있다. 이와 같은 소리와 의미의 관련성은 음성 상징

(phonaesthesia)으로 알려져 있고, 의미를 전달하는 소리의 요소들은 음성상징요소(phonaesthemes)로 알려져 있다. 일반적으로 인용되는 음성상징 요소로는 '빛남(shining)'과 '빛(light)'을 암시하는 /gl/이 있다. 예로는 'glass', 'gleam', 'glisten', 'glow', 'glare', 'glint' 등의 단어가 있다. Abelin (http://www.ling.gu.se/~abelin/phonest.html)에 따르면 이러한 연상은 스웨덴어에서도 찾아볼 수 있다.

　　언어에 대한 음성 상징적 견해의 지지자들에 의해 제기된 주장들을 어떻게 생각하든지 간에, 그러한 음성상징 개념은 상품명 이름 짓기나 광고에 중요한 역할을 하기 때문에, 번역가들에게 분명히 중요할 수 있다. 광고는 거의 직역을 하지 않는 것이 사실이지만, 그럼에도 불구하고 번역가들은 원문에서처럼 시선을 끌고, 어필할 수 있는 광고문을 만들어 낼 사명을 갖고 있다. 음성상징 번역의 중요성을 강조하는 상품명 이름 번역과 관련된 연구서들이 많이 나오고 있는데, 특히 유럽어와 중국어에서 더욱 그러하다. 그 이유는 음성상징과 이름 짓기는 특히 중국어에서 중요한 역할을 하고 있기 때문이다. Ho(2003: 11-12)의 보고에 의하면 Coca-Cola는 1920년대에 처음 중국에 진출했는데, 원음에 가까운 'ke ke ken la'라는 발음 때문에 선택된 중국 문자는 'tadpole tadpole nibble candle'을 나타내는 표기문자였다. 10년 후 약간 다른 음역(한 언어에서 가장 가까운 소리를 나타내기 위해 서구 알파벳 문자를 사용함, 여기서는 영어와 중국어를 말함)에서 'delicious enjoyable'을 의미하는 'ke kou ke le'로 바뀌었다. 중국에서 코카콜라는 성공을 거뒀고, 중국 자국의 음료 회사들은 자신의 상품명에 두 번째 문자를 사용하여, 예를 들어 '쓰촨 enjoyable'을 의미하는 'tian fu ke le'를 만들어 낸다.

　　상품명과 광고 문구에 대해 이루어져야 할 조정 작업을 로컬리제이션(localization)이라 한다. 로컬리제이션은 상품명이나 광고 문구를 그 지역 문화에 맞추기 위한 필요에서 기인한 것이다. 예상 소비자들이 호감을 갖도록 만들 근원적 필요성은 한 회사의 본국에 있는 소비자 집단을 끌어 들이기 위해 의도된 광고에서도 뼈저리게 느낄 수 있다. Marks & Spencer라는 소매상이 영국에서 방영된 처참한 텔레비전 광고를 빠른 속도로 제거한 것을 고려해 보라. 그 광고에서 한 평범한 여성이 반갑게 '나는 정상이야(I'm normal)'이라고 외치는 모습을 볼 수 있다. 대중들 중의 평범한 한 명이 되는 것은 21세기 여성들이 원하는 것이 아니기 때문이다.

4.2.1 연습과 토론

■■■ 연습 ■■■

Vladimir Nabokov의 소설 『로리타(Lolita)』의 서두를 보자.

> Lolita, light of my life, fire of my loins. My sin, my soul. Lo-lee-ta: the tip of the tongue taking a trip of three steps down the palate to tap, at three, on the teeth, Lo. Lee. Ta.
> (롤리타, 내 삶의 빛이요, 내 생명의 불꽃, 나의 죄, 나의 영혼, 롤·리·타. 세 번 입 천창에서 이빨을 톡톡 치며 세 단계의 여행을 하는 혀 끝. 롤. 리. 타.)

위에서 혀가 취하는 여행의 마지막 단계에 대한 나레이터의 묘사가 정확하다면 IPA를 보고 'Ta'에 의해 대표되는 소리를 나타내는 상징과 동일한 것을 찾을 수 있는지 알아보시오.16)

그 구절을 베껴 써서 그 구절 속의 두운의 패턴을 표시하기 위한 색채 부호화를 고안해 내어 보시오.

이제 Maurice Couturier(2001)의 불어 번역과 비교해 보시오.

Lolita, lumiére de ma vie, feu de mes reins. Mon péché, mon âme. Lo-lii-ta : le bout de la langue fait trois petits pas le long du palais pour taper, à trois, contre les dents. Lo. Lii. Ta.

영어에서 한 것처럼 두운에 색체로 표시하고 얻어진 패턴들을 비교해 보시오.

■■■ 논의 ■■■

두 구절에서 두운의 패턴은 현저히 다르지만 그 패턴들은 모두 현저하다는 것은 놀랄만한 일이다. 영어 구절에서 'l' 소리로 시작하는 명사 'Lolita'와 두운이 맞는 'l'은 번역에서는 일부가 재생되지 않는다. 그러나 불어의 관사 le/la/les가 같은 음으로 시작된다는 사실로 인해 불어구절 속에는 이와 같은 두운이 포함되는 경우들이 많이 생기게 된다. 원천 텍스트의 여러 단어에서 't'로 나타내어진 음은 두운으로 나타나든지 아니면 만약 나레이터가 묘사한 데로 발음된다면, 't'자체로는 이름 'Lolita'의 마과 시각 두운을 형성한다. 그러나 이것이 번역에서는 잘 나타나지 않는다. 그러나 *pas*(단계(steps))를 수식하기 위해 형용사 *pepits*(작은(small))를 사용함으로써 불어번역가는 이 단어들과 *palais pour taper*('palate to tap') 사이에서 주

---

16) Tony Blair가 선호하는 치경음 't'보다 더 스페인어 음 같이 들리게 만들려면 그것은 θ나 ð가 되어야 한다.

목할 만한 두운을 만들어 냈다. 이것은 둘 사이에 존재하는 공백을 메우고, *trois*의 't'와, *taper*의 't'를 연결한다. 이 구절은 원문 텍스트에 적용된 것과 비슷한 수단을 사용해서 원문과 비슷한 시적 주목이나 해석이 번역에서도 가능함을 보여주는 짧지만 좋은 예시이다.

Lolita의 서두를 다른 언어로 번역한 것과 Courturier의 번역을 비교해보거나 혹은 Courturier의 번역과 이전의 불어로의 번역본을 비교해 보고, 번역과 원문 사이의 유사점과 차이점에 대해서 토론해보자.

4.3 언어와 번역에서의 운율

각각의 언어는 고유의 운율이나 규칙적인 박자를 가지고 있다. Leech (1969: 103)가 말했듯, 모든 언어에서는 발화를 어떤 의미에서 동일한 지속 시간을 가진 분절음들로 쪼개는 것이 가능하다. 음절 운율 언어인 불어에서 이것은 대개 동일한 지속 시간을 갖는 단위는 음절이다. 강세 운율 언어인 영어에서 언어의 박자의 단위는 하나의 강세 음절과 네 개까지의 강세 없는 음절로 이루어진다. 강세란 주위의 음절을 발화할 때 사용되는 숨의 세기에 비교하여 한 음절을 발화할 때 사용되는 숨의 세기가 가장 강한 음절을 의미한다. 강세는 주로 내용어(명사, 동사, 형용사)에 찍히며, 뉴스 보도를 할 때 강세가 찍히는 경향이 있는 전치사를 제외하고는 문법어에는 강세가 잘 찍히지 않는다.

4.3.1 음보(Metre)

강세 음절과 비강세 음절 패턴이 규칙적일 때, 우리는 그것을 운보 (metrical feet)를 가지고 있다고 말할 수 있다. 운보는 '음보 패턴을 형성하기 위해 반복되는 강세와 비강세 음절의 단위나 길이'이다.

영시를 기술하는데, 다음의 네 가지 형태 즉 약강격, 약약강격, 강약격, 강약약격의 운보가 일반적으로 선택된다. 아래의 예시를 참조하시오 (x=비강세 음절, /=강세 음절)

약강격   x/:   a boat beneath a sunny sky(Lewis Carroll, 1862)

x / x / x / x /

약약강격 xx/: Though I sang in my chains like the sea(Dylan Thomas, 1946)

x   x   /   x x   /   x   x   /

강약격   /x: Tyger! Tyger! burning bright(Willian Blake, 1789-94)

/ x / x / x /

강약약격 /xx: Woman much missed, how you call to me, call to me (Thomas Hardy, 1915)

/   x   x   /   x x / x x /   x x

4.3.2 산문 리듬과 음보의 상호작용

강약약격의 음보를 설명하기 위해 사용된 Hardy 시 전체의 음보 분석은 어떻게 시적 음보와 자연적인 말 리듬사이의 상호작용을 시인들이 활용하는지 보여준다. 이러한 상호작용은 작시법(versification)이라 일컬어진다. 첫 번째 스탠자(시구)를 보자.

Tomas Hardy의 1915년 출판된 『Satires of Circumstance, Lyrics and Reveries with Miscellaneous Pieces』이다. 여기에서 괄호는 강세 타이밍을 유지하기 위해 필요한 휴지(pause)를 나타낸다.

Woman much missed, how you call to me, call to me,

/ x   x   /   x x / x x / x   x

Saying that now you are not as you were

/ x   x   /   x   x / x x /   (x x)

When you had changed from the one who was all to me,

/   x   x   /   x   x / x   x / x x

But as at first, when our day was fair.

/ x x /   x   x /   x (x)/(x x)

만약 당신이 이 시를 큰소리로 읽는다면, 첫 두 줄에서는 강세 음절과 비강세 음절의 음보적 패턴을 따르는 것이 매우 자연스러운 읽기가 되는 반면에 셋째줄 첫음 'when'의 강세는 왠지 불필요한 것처럼 느껴질 것이다. 일반적인 말하기에서 'when you had changed'의 제 일 강세는 'changed'가 되는 것이 자연스럽기 때문이다. 네 번째 줄에서 'But'에 강세를 유지하는 것은 일반적인 말하기와 비교했을 때 더욱더 부자연스러운 읽기이다. 왜냐하면 'But as at first'에서 'first'에 제 일 강세가 오는 것이 자연스럽기 때문일 것이다.

더 읽다보면 음보를 유지하는 것은 점점 어려워진다. 왜냐하면 자연스러운 말의 리듬이 점점 강하게 드러남에 따라 마지막 스탠자에서는 음보 패턴은 완전히 깨진다.

Can it be you that I hear? Let me view you, then,

Standing as when I drew near to the town

Where you would wait for me: yes, as I knew you then,

Even to the original air-blue gown!

(혹시 내가 들리는 것이 그대인가요? 그럼 그대를 바라보게 해주세요.
내가 돌아와 마을에 가까워질 때, 그대가 서서
나를 기다리곤 하던 곳에서: 맞아요, 내가 그대를 알던 그때
심지어 그 하늘색 가운 까지도!)

Or is it only the breeze, in its listlessness
Travelling across the wet mead to me here,
You being ever dissolved to wan wistlessness;
Heard no more again far or near?
(아니면 그냥 산들바람인가요, 무심하게
촉촉한 초원을 가로질러 내게 오늘 바람인가요,
그대는 희미하게 알아보지도 못할 것으로 흩어져
다시는 어디에서도 들을 수 없는 건가요?)

Thus I; faltering forward,
Leaves around me falling,
Wind oozing thin through the thorn from norward,
And the woman calling,
(그래서 나는 비틀거리며 걸어갑니다,
나뭇잎들이 내 주위로 떨어지고,
바람은 북쪽에서부터 가시덤불 사이로 스미고,
그리고 여인의 목소리,)

음보가 자연스러운 말의 리듬과 일치하는 정도와 대략적으로 비례하는
것은, 말하는 목소리가 그 여자의 존재와 과거 그 여자의 이미지를 믿을
수 있는 것처럼 보이는 정도라는 주장이 여기서 이루어질 수 있다. 강약

약격 음보는 과거의 여인의 이미지에서 멀어져 사고 과정에 대한 자기성찰과 의식으로 가까워 올 때('Thus I'에서) 그 말하는 목소리는 완전히 약화된다. 앞의 스탠자에서 그 여인은 2인칭 청자이지만 마지막엔 부르는 목소리를 듣는 '그 여인(the woman)'이 된다. 첫 번째 스탠자에서 연상되는 음보의 힘과 닮은 무엇인가를 나타내는 것은 북으로부터 온 바람의 이미지이다. 음보의 규칙성과 음보와 자연스러운 말의 리듬의 상호작용을 사용하는 목적은 이 시 속의 어휘를 통해 표현하고자 하는 것을 강화하기 위함이다.

4.3.3 연습과 토론

■■■ 연습 ■■■

Carl Malmberg의 번역서 『Havoc(황폐)』(1968)(Madison, Milwaukee and London: The University of Wisconsin Press)에서의 다음의 번역된 시를 보세요. 이 번역서는 Tom Kristensen's의 소설 『Harvark(황폐)』(1930)(Copenhagen: Gyldendalske Boghandel; 페이지 표시는 1968년도 판을 따름)의 번역서이다. 원문과 번역본을 같이 제시하고 있으며 원문은 오른쪽에 있다.

pp. 53-4	p. 58
Like a ruffian whose hands are bloodied	Som en bisse med blodige hænder
x x / x x / x / x	x x /x x /x x / x
After a brawl and a binge,	efter slagsmaal og spiritusbrand
/ x x / x x /	x x / x x / x x /
I forsake my soft bed of indifference	har jeg rejst mig fra tilfældets leje
x x / x x / x x/ x x	x x / x x / x x / x

```
For a couch at terror's raw edge.        paa en divan ved rædslernes rand.
 x   x    /    x  / x   x   /          x   x   /   x  x /  x   x  /
```

'ruffian'을 두 음절의 단어로 발음된다는 것을 보장하는 공감적 해석을 고려하면, 번역문은 원문의 음보 패턴을 재생한다고 말할 수 있다. 그러나 'both'와 'bed' 두 곳에 강세가 오는 3연에서 자연스러운 말 리듬과 충돌이 있다. 음보의 규칙성은 의미의 큰 손실이나 변화 없이 획득될 수 있고, 덴마크어 원문은 다음과 같이 영어로 주석을 붙일 수 있다.

> Like a bandit with bloody hands/after fighting and alcohol-fire/ have I risen from the coincidence's bed/ on a divan at the horror's edge

위의 시는 영어 번역본에서는 다음과 같은 뜻의 나레이션이 뒤에 나온다.

> Then farther down the page, almost in a corner of the sheet, and bearing no relationship other than the rhyme scheme to the stanza above, three more verses had been jotted down hurriedly in small script ...
> (페이지 아래에서 거의 모든 장의 끝에 각운 도식 이상의 관계를 나타내지 않는다. 세 개 이상의 시를 간단히 적어보았다.)

그 뒤에 나오는 시는 다음과 같다. 아래의 시는 덴마크어의 원문과 함께 강세 음절과 비강세 음절의 패턴을 나타냈다. 그리고 그 뒤에는 영어 주석이 나온다.

Fear is as strong as Mongol horde.	Asiatisk I vælde er angsten.
	x x / x x / x x / x
It is ripened with immature years.	Den er modnet med umodne aar,
	x x / x x / x x /
And each day my heart grows heavy,	Og jeg føler det dagligt I hjertet
	x x / x x / x x / x
Foreseeing the continents flooded with tears.	Som om fastlande dagligt forgaat.
	x x / x x / x x /
But my fear must be vented in longing,	Men min angst maa forløses i længsel
	x x / x x / x x / x
In visions of horror and stress,	og I synet af rædsel og nød.
	x x / x x / x x /
I have longed for the final disaster,	Jeg har længtes mod skibskatastrofer
	x x / x x / x x / x
For havoc and violent death.	og mod hærværk og pludselig død.
	x x / x x / x x /
I have longed to see cities burning	Jeg har længtes mod brændende byer
	x x / x x / x x / x
And the races of mankind in flight—	og mod menneskeracer paa flugt,
	x x / x x / x x /
a world rushing headlong in panic	mod opbrud, som ramte alverden,
	x / x x / x x / x
From God's retribution and might.	og et jordskælv, som kaldes Guds tugt.
	x x / x x / x / /

Asiatic in might is the fear/ it is ripened with immature years/ and I feel it daily in the heart/ as if continents daily perish

But my fear must be released in yearning/ and in visions of horror and need/ I have yearned towards shipping disasters/ and towards ravage and sudden death.

I have yearned towards burning cities/ and towards human races fleeing/ towards break-ups that struck the whole world/and an earthquake that was called God's punishment.

아시아는 공포다. 미성숙한 해와 함께 농익어간다. 나는 마치 대륙이 매일 매일 사라지는 듯한 느낌을 받는다.
그러나 나의 공포는 호러와 필요에 대한 비전과 동경으로 인해 줄어들지도 모른다. 나는 재난과 복수 갑작스러운 죽음에 대한 동경을 가지고 있다.
나는 불타는 도시와 도망치는 인간, 신의 벌이라 불리는 지진과 전 세계의 분열에 대한 동경을 지니고 있다.

덴마크어 원문은 마지막 시에서 음보의 불규칙성을 약간 나타낸다. 여기서 *Guds tugt*의 자연스러운 말 형식은 성서적 색체로 가득 차 있어 각 음절이 강세를 받는 식으로 그 시의 음보를 어기고 있다. 끝에서 두 번째 연은 하나의 비강세 음절로만 시작되는데, 'towards break-up'을 의미하는 단어에서 흥미롭게 일어나는 매우 안정적인 음보를 어기고 있다.

영어로 된 번역본에 대한 유사한 분석을 제시해 보아라. 영어에서 음보가 얼마나 규칙적인가? 어디에서 자연스러운 말 리듬과 충돌하는가? 어느 수준까지 번역가가 이전 스탠자의 음보를 따를 수 있는가?

영어 버전에서 각운 패턴을 만들어내라.

영어 번역문은 각 스탠자 운율의 두 번째 네 번째 연에서 원문의 운율 패턴을 그대로 재생한다. 그러나 단지 원문만이 하나의 스탠자로 된 시에서 운율을 가지고 있다.

그러나 하나의 스탠자와 보다 긴 시가 음보를 통해서만 관련을 맺고 있다는 것은 사실이 아니다(영어 버전에서도 마찬가지이다). 둘 다 폭력의 이미지를 나타내는 표현을 제공한다. 하나의 시는 침대에서 일어나는 이미지로부터 얻어진 성적인 것을 암시하는 것과 관련이 있고, 긴 시는 실존주의적이고 허무주의적인 목적 없는 공포에서 기인하는 폭력에 대한 갈망과 연관이 있다.

같은 인물에 의해 씌여진 것처럼 보이는 또 다른 시는 그 소설에 포함되어 있다. 주제적으로 하나의 스탠자 시는 사랑과 관련이 있고, 그 스탠자와 더 긴 시는 반대되는 운율을 적용함으로써 두려움과 관련이 있다. 첫 번째 두 시는 약약강격(xx/)을 적용했고, 세 번째 시는 강약약격(/xx)을 적용하였다.

이러한 세 개의 시를 책임지고 있는 소설 속 등장인물 개성의 복합성을 제대로 다루기는 불가능하며, 주인공과의 관계를 제대로 다루는 것도 어렵다. 문학적인 창조와 비판, 그것들과 관련된 정치학이 소설에서 중요한 주제의 역할을 한다고 밀하는 것으로 충분하다. 따라서 두 개의 거울상 음보들이 우연히 사용을 위해 선택되었을 것 같지는 않다. 두드러지게, 그 작가가 집 앞 현관에 나타날 때 주인공이 아래의 시를 막 발견했다. 그는 들어오라고 초대되었고, 주인공은 그의 방문자를 다음과 같이 생각한다(필자의 영어번역임).

a form whose face appeared to be divided in two, a dark half turned toward the centre of the room and a light half turned towards the diminishing daylight coming through the windows.

(얼굴이 둘로 나누어진 형태, 얼굴의 어두운 반은 방의 중앙을 향해있고, 밝은 반은 창을 통해 들어오는 빛을 향해 있음.)

아래에 원문(p. 140)과 그것의 번역문(pp. 136-7)이 있고 또한 그 이후에 주석이 나와 있다.

Diminuendo	Diminuendo
Tired of your embrace. Feeling spent and happy,	Træt af dit favntag og udløst og lykkelig
	/ x x / x x / x x / x x
I live but for a kiss against your mouth,	lever jeg kun I et kys mod din mund,
	/ x x / x x / x x /
Feel your lips grow slack and your breath	føler din læbe fortabe sig aandende,
	/ x x / x x / x x / x x
Subside as you drift away into sleep.	Kyssene formløse flyde I blund.
	/ x x / x x / x x /
Tired of your kiss, I caress your soft curves,	Træt af dit kys maa jeg kærtegne formerne,
	/ x x / x x / x x / x x
Breasts, hips, firmly with my hand,	brysterne, lænderne, fast med min haand,
	/ x x / x x / x x /
Shape out of darkness a vase as fragile	skabe af mørket en vase saa dæmrende
	/ x x / x x / x x / x x
As your body, as light as your soul.	lys som dit legem og let som din aand.
	/ x x / x x / x x /
Tired of a caress that reveals how clearly	Træt af et kærtegn, som mærker, hvor
	/ x x / x x / x x

	føleligt
	/ x x
Love's calm aftermath has softened your form,	elskovens havblik har mildnet din form
	/ x x / x x / x x /
I see your face lost the pillow,	ser jeg, dit ansigt er væltet blandt
	/ x x / x x / x x
	puderne,
	/ x x
Borne by hair crossed like seaweed after a storm.	baaret af haaret som tang efter strom.
	/ x x / x x / x x /
Tired of seeing and feeling and loving you	Træt af at se og at sanse og elske dig
	/ x x / x x / x x / x x
I forsake your bed and your tranquil slumber,	maa jeg forlade din seng og din ro,
	/ x x / x x / x x /
Roam through the room and finger its objects,	vandre I kamret og famle blandt tingene
	/ x x / x x / x x / x x
Feel you here in your peaceful abode.	Føle dig her I dit rolige bo.
	/ x x / x x / x x /
Anna Marie, you live in these objects,	Anna Marie, du lever I tingenc,
	/ x x /x x / x x / x x
Anna Marie so warm and so still,	Anna Marie, saa hvilende varm.
	/ x x /x x / x x /
Anna Marie, now I seek coolness	Anna Marie, nu søger jeg kølighed,
	/ x x /x x / x x / x x
In the crisp fresh air near your windowsill	Anna Marie, ved vinduets karm.
	/ x x /x x / x x /

영어 주석

tired of your embrace and released and happy/ live I only in a kiss against your mouth/ feel your lip lose itself breathingly/ the kisses shapeless floating into sleep.

tired of your kiss must I caress the shapes/ the breasts, the loins firmly with my hand/ create of the darkness a vase so spectrally/ bright as your body and light as your mind

tired of an embrace that feels how perceptibly/ love's your bed and your peace/ wander in the room and fumble among the things/ feel you here in your quiet abode

Anna Marie you live in the things/ Anna Marie so restingly warm/ Anna Marie now seek I coolness/ Anna Marie by the window's sill

■■■ 연습 ■■■

영어 번역문의 음보를 분석하고 각운은 분리하시오. 원문과 비교해 보시오

■■■ 토론 ■■■

원문에서 음보는 완벽하게 규칙적이다. 두 곳에서 자연스러운 말 리듬과 충돌한다. 네 번째 스탠자의 두 번째 연에서 'maa'는 일반적인 발화시 강세가 있다. 그리고 마지막 스탠자에서 뒤에서 두 번째 연의 강세 패턴은 다음과 같다.

Anna Marie, nu søger jeg kølighed

/ x x/x / x x x / x x

이러한 충돌은 시적 목소리가 Anna Marie의 침대를 떠난 것을 말할 때 일어난다.

이 시를 번역할 때 번역가가 처음의 두 개의 시에서 했던 것보다 원문의 운율이나 각운 체계를 덜 따른 것은 분명해 보인다. 주변의 담화가 그렇게 하도록 하는 암묵적 요구를 담고 있는 것으로 보인다. 결과적으로 시는 적나라하게 대비되지 않고, 그러므로 원문에서처럼 번역문에서도 그 둘 사이의 연결 고리가 분명하지 못하다. 그러므로 등장인물의 시적 생산은 번역문에서는 원문에서 대비를 이루는 것만큼 확실하게 개성에서의 대조와 연결되지 않는다.

$5.$

번역에서의 단어와 의미

5.1 서론

이 장에서는 단어와 그 의미에 대한 개념에 대해 알아본다. 전통적인 번역 이론에서 단어를 어떻게 다루었는지 살펴보기 전에 단어란 무엇인가라는 질문을 던져본다. 그런 다음 5.2에서는 단어의 분류에 대해 살펴본다. 품사에 따라 단어를 분류하는 전형적인 언어학의 분류부터 시작하여, 서로 다른 품사의 특징들이 의미 형성에 도움이 된 Lewis Carroll의 시를 살펴보고자 한다. 그리고 이 시의 번역을 분석한다. 5.3에서는 어휘의미론에 대해 알아보자. 어휘의미론은 단어 간, 술부 간에서 인식될 수 있는 의미 관계에서 출발하여 단어와 술부에 속한 것일 수 있는 특징을 설명하고 어휘의 유연성과 같은 흥미로운 현상에 대해서 살펴보는 것이다.

특정한 텍스트 효과를 창출해 내고 은유를 사용하여 텍스트적 화제를 특정한 방식으로 구성하기 위해 유연성이 어떻게 사용되는지를 경제학 텍스트를 기반으로 분석한다.

5.1.1 단어란 무엇인가?

'단어'의 개념을 정의하기가 매우 어렵다는 것은 이미 주지의 사실이다. 우리는 모두 단어가 무엇인지 알고 있다는 생각을 하지만 그 개념은 사전편찬학에서 표준적으로 사용하는 정의에 지나지 않는다. 즉, '어떤 개념에 상응한다고 일반적으로 인식되는 철자들의 연속' 정도로 이해할 수 있다(Béjoint [1994] 2000: 17-8과 주석 22를 보라). 한 언어의 문법적 체계에 따른 형식의 변이가(예를 들어 영어의 'man'과 'men', 또는 독일어의 'alt'와 'alter'처럼) 그 변이된 형식들과 개념 사이의 관계에 전혀 영향을 주지 않는 것처럼 느껴질 때는 그 변이 형식들을 하나의 '기본형태' 또는 '레마(lemma)' 또는 '어휘소(lexeme)'에 속하는 것으로 생각하는 것이 일반적이다(Lyons 1968: 197). 이것은 단어 이론 내에서 하나의 용어로서 그 지위를 강조하기 위해서 (소형)대문자로 종종 쓰여 진다. 예를 들어 상품을 구입하는 행위(의 개념)를 의미하는 동사 형태 'shop', 'shops', 'shopped', 'shopping'은 모두 기본형태 또는 레마 또는 어휘소 SHOP과 연관되지만 산 물건이라는 의미에서 명사 'shopping'은 다른 기본형태, 또는 레마, 또는 주격인 SHOPPING과 연관이 된다. 분명 이러한 정의는 개념(concept)이라는 관념에 의존하며 이것은 그 자체로도 항상 문제가 되기 마련이다(5.1.2 하단의 어의(sense)의 개념에 대한 논의와 비교하라). Hunston(2002: 18)이 지적했듯이 '레마의 개념은 편리를 위한 것이다. 그럼에도 불구하고 심리적 어휘부(mental lexicon)에 관심이 있는 Aichison

은 사전적 관행에서 도출된 단어의 개념을 가지고 설명한다. Aichison은 교육받은 성인 영어화자의 경우, 적어도 5만 단어를 이해하고 사용할 수 있으며 또한 그렇게 정의된다고 예측한다(Aichison [1987] 1994: 7).

　　단어의 사전편찬학적 정의와 연관된 잠재적인 어려움 중 하나는 그것이 문자소(grapheme)의 개념에 의존하여 쓰여진 단어를 가정한다는 것이다. 글자를 모르는 사람에게 있어 단어의 개념은 다소 다를 수도 있고, 어쩌면 개념이라는 것이 전혀 존재하지 않을 수도 있다. 유창한 말하기는 쓰여진 단어 사이에서 멈추지 않으며, 말하기는 쓰기보다 인간언어에서 기본적이고 자연스러운 형태이다. Robin([1964] 1989: 185)은 Malinowski(출처 알려지지 않음)가 '단어란 "언어학의 허구에 불과하며, 발전된 언어학 분석의 산물"이라고 한 것이 너무 멀리 갔다'고 주장한다. 핀란드어나 이누크티투트어(Inuktitut)와 같은 언어를 고려하면 이 주장도 타당성이 있는 듯하다. 이들 언어에서는 문자소의 연속인 것이 영어에서 단어로 여기는 단위들 몇 개로 규칙적으로 번역되기 때문이다. 다음의 이누크티투트어가 영어로 번역된 예가 그러하다(Ireland 1989: 126): Iggaaniluguuq qummakkamigiik('Without his glasses, his eyes were a pair of lice'). 그러나 Robin([1964] 1989: 185)은 '다양한 경험으로 미루어보건대, 원어민 화자들은 쓰여진 것이든 아니든 그들의 언어에서 단어와 같은 실재를 직관적으로 인식할 수 있다'고 주장한다. 이것은 언어학 이론에서 매우 중요하다. 왜냐하면 단어는 '전통적인 문법적 이론에서 가장 전형적인 단위'로 여겨져 왔기 때문이다(Lyons 1968: 194).

　　이와 대조적으로 번역에서 단어는 때때로 그리고 부수적으로 효과적인 단위이다. 텍스트에서 단어들은 조합을 통해 작용하는 경향이 있으며 번역 단위에 대해서 논의할 때 (다양한 길이와 구성의)텍스트의 연속을 말하는 것이 일반적으로 더 유용하다. 이것이 바로 번역에 대한 글에서 전통적으로 논의되어 왔던 단어 대 단어 번역과 의미 대 의미 번역을 구별할 때 그 바탕이 되는 단어의 개념에 대한 문제점이다.

5.1.2 고전 번역 이론에서 단어와 의미

『Libellus de optimo genere oratum(화술의 법칙)』(46 BC)에서 Marcus Tullius Cicero(106-43 BC)는 단어 대 단어의 번역보다는 의미 대 의미의 번역을 옹호한다. 잘 알려진 것처럼 Horace(65-68 BC)도 『Ars Poetica(시학)』(268; Dorsch 1965: 83)에서 '맹목적인 번역가처럼 원전의 단어 대 단어 번역'을 하지 말라고 충고한 바 있다. 대신에 Cicero와 Horace는 번역가에게 의미를 전달하는 텍스트 연속을 분리시킨 다음, 목표 언어에서 가장 적합할 것 같은 텍스트 연속에서 같은 의미를 찾으라고 충고한다.

　1장에서 살펴본 것처럼 단어 대 단어 번역은 축어성 및 정확성과 관련이 있고, 의미 대 의미 번역은 자유와 창의력과 관련이 있다. 이것이 바로 의미 대 의미의 번역을 선호하는 Jerome이 성경의 번역만큼은 단어 대 단어의 번역을 주장하는 이유이기도 하다. 그러나 이 두 가지 방법 모두 따라하기가 쉬운 것은 아니다. 만약 단어 대 단어 번역을 하고자 할 경우, 어려움은 따른다. 왜냐하면 (a) 서로 다른 언어에서 단어들은 일반적으로 일대일 대응을 하지 않고 (b) 언어가 각기 구별되는 단어의 형식으로 명시적으로 나타내기 위해 선택하는 개념적 구분은 서로 다르며 (c) 하나의 의미 단위를 나타내는 것은 단어가 아니라 형태소인 경향이 있기 때문이다. 다음 a-c에서 마야 언어인 트젤탈어(Tzeltal)와 영어 번역은 이러한 어려움을 잘 보여준다.

(a)

jipil   *ta laso*   *lo'bal*

hanging   AT rope   banana

'the banana(-fruits) are hanging from the rope'

(b)

k'atal   *ta*   *s-ba*   *s-k'iyojbil*   *kajpei*   *te*   *lo'bale*

lying-across   AT   its-top   it's drying   coffee   the   banana

'the banana(-trunks) are situated across the top of the coffee-drying patio'

(c)

palal   *lo'bal*   *ta*   *xujk*   *na*

attached-in bunches   banana   AT   its-side   house

'the banana(-bunches) are against the inside side-wall of the house'

Steiner([1975] 1992: 292)가 말한 것처럼 텍스트에서의 단어가 의미와 분리될 수 있다고 가정하는 것은 어떠한 경우에서라도 '순진하고 허구적인' 것이다. 그리고 단어 대 단어 '번역하기'의 결과물은 위에서 봤듯이 줄 단위의 어구주석(line-by-line glossary)이며 진정한 번역이 아니다. 게다가 단어가 나타난 문맥은 종종 단어의 의미에도 영향을 주고, 목표언어에서 단어의 해석을 결정하는 데 결정적일 수 있기 때문에 매 줄의 용어해석은 Steiner([1975] 1992: 324)가 주장하듯이 '부수적(contingent)'이다. 용어해석은 문맥에서 결정된 '의미'에 달려있다.

만약 의미 대 의미 번역을 하고자 할 경우, 어려움은 번역가가 자신의 주의초점으로 선택하는 단위로서 '의미'가 정확히 무엇을 의미하는 가를 설정하는 데 있다. 통역학에서 École Superieure d'Interprètes et de Traducteurs(ESIT)와 관련된 소위 파리학파에 속하는 학자들은 Danica Seleskovitch(1975; Pöchhacker & Shlesinger 2002: 121-9에서 재인쇄된 발췌문, Jacolyn Harmer번역)가 수행한 순차통역에 대한 글에서 유래한 '의미이론(théorie du sens)'(García-Landa 1981)을 개발했다. Seleskovitch는 (잘 된, 성공적인)통역을 할 때 언어적 단위들은 비언어적 의미 단위로 변환되어 이 의미단위들은 다시 목표언어에서 언어화된다고 주장했다. 이러한 견해는 이후에 Seleskovitch & Lederer(1989)가 발전시켰고, Lederer(1994)는 문어 번역학에서도 사용하였다(Pöchhacker & Shlesinger 2002: 97을 보라). Bell(1991)도 이와 비슷한 개념을 사용하였는데 이는 텍스트 처리과정을 심리언어학적으로 본 연구로 알려져 있다. 그에 따르면 (1991: 44) 번역 과정은 절(clause)에서 가동되고 원천 언어는 처음에 의미표상(semantic representation)으로 전환된다고 한다. 의미표상은 절에서 표현된 생각 전체를 나타내고 통사적, 의미적, 화용적 정보를 포함하는 추상집합, 보편적 개념과 보편적 관계이다. 이것은 '다른 언어(즉, 번역)나 같은 언어(즉, 바꿔쓰기)에서 대안절(alternative clause)을 구성하는 데 기초로 사용된다(Bell 1991: 56).

3장에서 봤듯이, 개념과 관계를 보편적이라고 여길 수 있는 추상성 또는 구체성의 수준은 미결의 문제이지만 번역과정에서 그러한 개념과 관계가 직접적으로 유용하다고 생각하기 전에 꽤 높은 수준의 구체성이 필요할 것이다. 그러나 텍스트 처리과정에 대한 심리언어학적 문헌에서 개념적 표상이 텍스트와 담화의 이해와 생산에서 중점적으로 연관된다는 개념에 대한 증거를 찾아볼 수 있다. 이러한 패러다임 내의 연구들은 사람들이 구어나 문어 텍스트의 정확한 단어사용을 기억하는 것은 오래

가지 못하며(Jarvella 1971), 기억을 할 때는 들은 것이나 읽은 것을 단순하게 기억하는 것 보다 주로 개념적 표상을 다시 표현하는 방식이다(Lombardi & Potter 1992, Potter & Lombardi 1990). William(2002: 443-6)은 이러한 표상의 본질에 대해 모범적으로 이론을 개괄한다. 그러나 의미적 표상으로 이해되는 의미(sense)의 단위는 번역가들이 자신의 언어적 표현보다 우선적으로 관심을 두도록 선택할 수 있는 종류의 단위가 아닌 듯하다. 왜냐하면 의미적 표상은 일반적으로 무의식의 수준에서 존재하기 때문이다. 예를 들어 텍스트 이해와 생산의 관련성 이론(Sperber & Wilson 1986, Gutt [1991] 2000)에서는 정신에서 표면화되는 것이 바로 완전하고 어휘적으로 실현된 개념이라고 본다. 따라서 이러한 설명은 잠재의식적으로 자동적으로 발생하는 번역 과정에서만 적용되며, 이렇게 본다면 번역가에게는 선택의 여지가 없게 된다.

따라서 우리가 식별하는 의미의 단위가 보편적이라고 하기에는 너무 구체적인 경우, 번역에서 의미의 단위에 집중하는 것은 단지 번역의 문제를 언어화(verbalisation) 단계에서 전언어화(pre-verbalisation) 단계로 한 단계 끌어내리는 것 밖에 되지 않는다. 또는 전의식(pre-conscious) 언어 처리과정에서 너무 깊이 잠재된 경우, 번역가가 번역과정에서 집중할 수 없게 될 수도 있다. 그러므로 번역 과정에서 의미와 표현을 엄격하게 구별 짓는 것은 헛된 수고인 듯하다. 분명한 것은 번역가의 머릿속에서 일어난 의미 표상이 무엇이든 간에 그것은 분명 번역가가 텍스트를 읽어낸 독해에 기초한다는 것이며, 언어적 자료를 매개로 표현을 갖게 된다는 것이다. 다음에서 우리는 텍스트를 구성하는 단어들과 정신적 표상이 형성되는 근간에 대해서 살펴보기로 한다.

5.1.3 연습과 논의

이 활동은 동일한 텍스트 또는 상이한 텍스트를 사용하거나 동일한 언어 쌍 또는 상이한 언어 쌍을 사용하는 그룹 내에서 할 수 있다.

■■■ **연습** ■■■

약 50개의 단어로 이루어진 텍스트나 텍스트 발췌를 고른 다음 (a) 단어 대 단어의 번역과 (b) 의미 대 의미의 번역을 시도해 보시오.

■■■ **논의** ■■■

- 단어 대 단어로 번역할 때 어떤 어려움이 있었나?
- 의미 대 의미로 번역할 때는 어떠했는가?
- 만약 문제가 있었다면, 두 언어 체계의 차이로 인한 것인가 아니면 문화 체계의 차이로 인한 것인가?
- 의미를 단어와 구별할 수 있었나?
- 의미 대 의미로 번역할 때, 특정 언어학적 단위(단어, 구나 군, 절, 문장)에 의미가 영향을 받는 것을 느꼈는가?
- 여러분의 결과와 (a) 같은 언어 쌍과 같은 텍스트, (b) 다른 언어 쌍과 같은 텍스트, (c) 같은 언어 쌍과 다른 텍스트, (d) 다른 언어 쌍과 다른 텍스트를 사용한 동료의 결과를 비교해 보시오.
- 위에서 언급한 다른 조합들에서 결과가 다양하게 나왔는가?

5.2 언어학과 번역에서 단어와 의미

단어들은 단순하거나 반복적 또는 일정한 방식은 아니지만 텍스트의 의미에 항상 중대하게 기여를 하기 때문에 번역가는 언어 전문가로서 어휘부의 구성과 단어가 텍스트 내에서 표현된 명제를 구성하는 데 기여하는 관계를 체계적으로 다루는 방식을 알고 있어야 한다. 이러한 관계들은 원본이든 번역본이든 간에 텍스트의 생산에서 활용된다.

5.2.1 단어 분류

문법적인 시각에서 단어를 분류하는 방식은 크게 두 가지이다. 첫 번째로, 폐쇄체계에 속한 단어들(기능어나 문법적 어휘라고 부르기도 함)과 개방체계에 속한 단어들(내용어라고 부르기도 함)을 구별하는 것이다. 폐쇄체계에서는 새로운 단어를 받아들이지 않지만, 반면에 개방체계에서는 필요시에 추가로 새로운 단어를 받아들이는 것이 가능하다. 예를 들어 영어에서는 the와 a(n) 같은 두 개의 관사와 this, those, that, these와 같은 한정된 지시사가 존재한다. 만약 이러한 체계가 바뀐다면, 언어 변화가 일어난 것으로 간주된다. 이와 대조적으로 영어에는 수 천 개의 동사와 명사가 있는데 새로운 발명품이 만들어졌거나 새로운 발견을 한 경우에 '나일론'과 같은 새로운 단어가 이들 분류에 추가될 수 있다. 또한 대안적으로 이러한 개방범주들은 새로운 발명품이나 발견들을 나타내기 위하여 다른 방식으로 조합되기도 하는데 그 예가 'software', 'term bank', 'sperm bank'이다. 또는 언어표현이 나타내는 영역이 넓어지기도 하는데 그 예로 'hardware'가 컴퓨터 장비를 나타내는 데 사용된 것을 들 수 있다.

개방체계의 용어들은 기술적이거나 일반적으로도 사용된다. 예를 들어 'inspiration'은 숨을 들이쉬는 의학적 용어로 사용될 수도 있고, 어떤 사람이 아이디어를 갖게 하는 과정을 나타내는 '영감을 불어넣다'는 의미로 더 일반적으로 사용될 수 있으며, 또는 그러한 과정을 발생시킨 물체나 사람을 나타내는 의미로 사용할 수 있다. 일반적인 용어 사용을 특별한 용례로 사용하는 것은 주로 특별한 관심을 가진 그룹들에 의해서다. 예를 들어 그래피티 작가들은 'signature(서명, 별명)'이란 용어 대신에 'tag(별명, 상징)'란 단어를 사용한다. 마찬가지로 십대들은 개방범주의 단어들을 새로운 방식으로 사용하기도 하는 데 그 예로 'fat'을 승인의 용어로 사용하는 것이다. 이러한 새로운 용례는 그 언어에서 영구적으로 남아있을 수도 있고 그렇지 않을 수도 있지만 언어가 맥락과 사용자에 빠른 속도로 적응하는 현상은 번역가에게 대상언어가 사용되는 나라에서 정기적으로 시간을 보내야 하는 것이 요구되는 이유 중 하나다. 새로운 언어사용법이 현재 통용되고 있고 번역가가 작업하는 텍스트에 등장하는 한 번역가는 그 용어가 무엇을 의미하는지 그리고 그 언어에서 어떻게 사용되는지를 당연히 알아야 한다. 즉, 번역가는 언어의 발전에 뒤쳐져서는 안 된다.

번역되는 텍스트의 언어에서 언어적 혁신이 있는 경우, 번역가는 다음의 유명한 네 가지 전략중 하나를 선택할 수 있다. (a)완곡어법(circumlocution) (b)존재하는 용어 사용 (c)발명(invention) (d)차용(importation) 등이다. 번역해야 할 단어 다음에 괄호 처리하는 텍스트 내부적 방법이거나 용어적 부록 또는 각주의 방법으로, 설명을 추가하거나 추가하지 않을 수 있다. 번역가들은 새로운 발명품과 새로운 활동 영역과 관련된 언어적 혁신의 선두에 종종 있게 된다. 왜냐하면 번역가들은 이러한 새로운 분야와 연관된 텍스트와 기록을 만들어 내야하는 즉각적인 요구에 직면하기 때문이다. 프랑스와 스페인과 같은 많은 나라에서는 번역을 통한 언어혁신이나 차용에 대해 언어학계나 위원회의 철저한 감독과 규제를 받도록 한다. 이들의 업무는 그들 언어의 고유성과 안정성을 유지하는 것이다. 그러나 이들의 작업 속도는 번역 산업보다 더 느린 경향이 있다.

언어를 분류하는 두 번째 방법은 앞에서 언급한 관사나 지시사와 같이 단어를 부류에 따라 분류하는 것이다. 이것은 품사라 불린다. 품사는 16세기에 라틴어에 따라 그리스 문법의 기초를 확립한 Priscian이 처음으로 정의한 것이다. 『Cambridge International Dictionary of English (CIDE)(캠브리지 국제 영어 사전)』(1995: xiii-xviii)에서는 다음 10개의 품사를 제시한다.

1. **명사**: 다양한 종류의 현상을 나타내는 것
2. **형용사**: 현상을 묘사하고 정보를 제공하는 것
3. **대명사**: 명사(구)나 고유명사를 대체할 수 있는 것
4. **한정사**: 명사 앞에서 한정성이나 양을 나타내는 것
5. **동사**: 행동이나 어떤 것의 상태를 설명하는 것
6. **부사**: 시간, 장소, 행동이나 상태의 방법에 관한 정보 제공
7. **전치사**: 방향성이나 장소, 현상들 간의 관계를 나타냄
8. **접속사**: 언어단위(단어, 구, 절)를 연결
9. **감탄사/간투사**: 감정을 나타내거나 인사('hi')나 정형화된 어구('please')에서 관습적으로 사용되는 것
10. **결합형식**: 단어나 단어의 부분에 붙어 의미를 바꾸거나 첨가하는 것 (접두사나 접미사(흔하지는 않으나 접요사도 가능함))

5.2.2 연습과 논의

■■■ **연습** ■■■

위에 언급된 범주에 대한 CIDE의 정보를 검색하거나, 다른 사전 혹은
문법을 선택해 단어 부류에 대한 정보를 살펴보시오.

■■■ **논의** ■■■

여러분의 언어에서도 영어와 같은 범주들이 있는가? 여러분 언어범주의
구성요소들이 영어와 같은 방식으로 기능하는가? 만약 다른 방식으로 기
능한다면 주요한 차이점은 무엇인가?

■■■ **연습** ■■■

사전들은 전형적으로 여러분이 찾은 단어들에 대해 이러한 종류의 문법
적 정보를 제공한다. 세 개의 사전에서 정보가 어떻게 나타나고 있는지
확인하시오.

■■■ **논의** ■■■

왜 사전이 문법적 정보를 제공한다고 생각하는가? 여러분이 찾아본 세
종류의 사전에서 정보는 명확하고 접근가능하게 나타나 있는가?

■■■ **예시** ■■■

우리가 품사를 인식하는 이유는 일부는 그것의 형식 때문이고 또 일부는
그것들이 구나 절로 결합되는 방식 때문이다. 이러한 인식과 이해 덕분
에 Lewis Carroll의『Through the Looking-Glass(거울나라의 앨리스)』의 1

장 'Looking-Glass House'[17]에서 유명한 시 *Jabberwocky*(재버워키)와 같은 넌센스한 시도를 이해할 수 있게 된다.

JABBERWOCKY
'Twas brillig, and the slithy toves
  Did gyre and gimble in the wabe:
All mimsy were the borogoves,
  And the mome raths outgrabe.

'Beware the Jabberwock, my son!
  The jaws that bite, the claws that catch!
Beware the Jubjub bird, and shun
  The frumious Bandersnatch!'

He took his vorpal sword in hand:
  Long time the manxome foe he sought-
So rested he by the Tumtum tree,
  And stood a while in thought.

And, as in uffish thought he stood,
  The Jabberwock, with eyes of flame,
Came whiffling through the tulgey wood,
  And burbled as it came!

---

17) 이 시는 언어학적 논의에서 자주 사용된다. 그 예로 Traugott & Pratt(1980: 88-9)를 참조하시오.

One, two! One, two! And through and through
    The vorpal blade went snicker-snack!
He left it dead, and with its head
    He went galumphing back.

'And hast thou slain the Jabberwock?
    Come to my arms my beamish boy!
O frabjous day! Callooh! Callay!'
    He chortled in his joy.

'Twas brillig, and the slithy toves
    Did gyre and gimble in the wabe:
All mimsy were the borogoves,
    And the mome raths outgrabe.

■■■ 논의 ■■■

이 시에서 우리는 단어들이 속해 있는 품사를 단어들의 형식 혹은 더 큰 구조에서 단어의 위치 때문에 알아낼 수 있다. 그러나 개별단어들이 지칭하는 현상의 종류에 대해 항상 정확할 수는 없다. 우리는 첫 번째 연에서 ''Twas'는 필요할 때 'It was'를 축약하는 전통적인 시적 장치로 인식한다. ''Twas' 다음의 'Brillig'은 형용사(예를 들면 'dark', 'light', 'early', 'late') 혹은 명사(예를 들면 'morning', 'evening', 'noon', 'dawn'), 아니면 날씨 동사(예를 들어 'snowing', 'raining')일 것이다. Carroll(Gardner [1960]1970: 191참고)에 따르면 그 명사는 늦은 오후와 같은 찌는 듯한 저녁시간을 가리킨다.

우리는 그 다음 따라 나오는 'the'가 명사구(NP) 앞에 나타나야 한다는 것을 알고 있다. NP가 'toves'를 현재시제 동사로 가지며 단수 명사인 'slithy'로 끝나는지는 즉각적으로는 확실치 않다. 그러나 앞의 "Twas'가 과거시제인 것을 고려하면 이러한 해석은 맞지 않을 것 같다. 이 부분의 더 나은 구조해석은 'the slithy toves' 전체를 하나의 NP로 보는 것이다. 이 경우 'toves'를 복수 어미 '-s'를 가진 명사로 보고, 'slithy'를 어미 '-y'로 끝나는 형용사로 이해한다. 이러한 해석은 명확한 동사구인 'Did gyre'로 확인된다. 'Did', 'gyre', 'gimble'은 형식적으로 고어체이나 쉽게 인식가능한 동사구(VP)임에 틀림없다. 이후, 'the wabe'(정관사 the 때문에 NP로 명확히 인식되는) 앞의 'in'은 장소나 시간을 나타내는데 'brillig'이 이미 우리에게 시간을 알려줬기 때문에 장소로 보는 것이 선호된다.

■■■ **연습** ■■■

위에 처음 두 행에 제시된 패턴을 따라 시의 나머지부분을 분석하시오. 넌센스한 단어들이 여러분에게 어떤 종류의 의미를 제안하는가?

■■■ **논의** ■■■

시에 나타난 단어들의 완전한 품사 분석을 제공하는 것이 가능해야만 한다. 비록 모르는 단어가 많이 포함되어 있지 않거나, 특별히 통사적으로 복잡하지 않은 텍스트의 경우에도, 우리는 잘 인식하지 못하지만 이러한 품사분석을 실시하는 것은 이해 과정의 한 부분이다.

　　Carroll의 시에서 넌센스한 단어들은 이해 가능한 단어들의 소리를 모방하는 경향이 있고 이로 인해 독자들은 그 단어들의 의미에 힌트를 얻는다(4장의 음미소(phonaesthesia)에 대한 논의 참고). 이러한 용어들을 다른 언어로 번역할 때 단순히 소리만 비슷하게 번역하는 것 보다 유사한 음미소적인 공명을 나타낼 수 있도록 하는 것이 더욱 중요할 것이다. Carroll 자신도 그 단어들의 의도된 파생, 공명, 의미에 대해 설명한다 (Gardner[1960] 1970: 191-7 참고).

■■■ 활동 ■■■

위 시의 첫 번째 연을 번역하시오.

■■■ 논의 ■■■

Carroll의『Alice(앨리스)』의 Gardner 편집본에서는 '재버워키(Jabberwocky)'의 불어 버전과 독어버전을 찾아볼 수 있다([1960] 1970: 193-4). 또한 Keith Lim의 웹사이트(http://www76.pair.com/keithlim/jabberwocky/index. html)에서는 Gardner의 불어, 독어 번역을 포함하여 29개의 언어로 번역된 58가지 번역을 볼 수 있다. 다음은 세 종류의 불어번역, 세 종류의 독어번역, 두 종류의 스페인어 번역이다. 불어 번역 두 개는 같은 번역가가 번역한 것이고 한 번역에 대해서만 세부적인 출판 정보를 알 수 있다. 스페인어 번역은 세부적인 출판 정보를 모두 알 수 있다.

프랑스어 번역판

Frank L. Warrin, 『The New Yoker(뉴욕사람)』, 1931년 1월 10일(Gardner 1960/1970:193참고), 다음의 두 개 추가번역은 위에서 언급한 웹사이트에서 찾아볼 수 있다.

LE JASEROQUE

Il brilgue: les tôves lubricilleux
Se gyrent en vrillant dans le guave,
Enmîmés sont les gougebosqueux,
Et le mômerade horsgrave.

Garde-toi du Jaseroque, mon fils!
Le gueule qui mord; la griffe qui prend!
Garde-toi de l'oiseau Jube, évite
Le frumieux Band-à-prend.

Son glaive vorpal en main il va-
T-à la recherche du fauve manscant;
Puis arrivé à l'arbre Tè-Tè,
Il y reste, réfléchissant.

Pendant qu'il pense, tout uffusé
Le Jaseroque, à l'oeil flambant,
Vient siblant par le bois tullegeais,
Et burbule en venant.

Un deux, un deux, par le milieu,
Le glaive vorpal fait pat-à-pan!
La bête défaite, avec sa tête,
Il rentre gallomphant.

As-tu tué le Jaseroque?

Viens à mon cœur, fils rayonnais!

O jour frabbejeais! Calleau! Callai!

Il cortule dans sa joie.

Il brilgue...

Henri Parisot 번역본

JABBERWOCKY

Il était grilheure; les slictueux toves

Gyraient sur l'alloinde et vriblaient:

Tout flivoreux allaient les borogoves;

Les verchons fourgus bourniflaient.

≪Prends garde au Jabberwock, mon fils!

A sa gueule qui mord, à ses griffes qui happent!

Gare à l'oiseau Jubjube, et laisse

En paix le frumieux Bandersnatch!≫

Le jeune homme, ayant pris sa vorpaline épée,

Cherchait longtemps l'ennemi manziquais...

Puis, arrivé près de l'Arbre Tépé,

Pour réfléchir un instant s'arrêtait.

Or, comme il ruminait de suffèches pensées,

Le Jabberwock, l'oeil flamboyant,

Ruginiflant par le bois touffeté,
Arrivait en barigoulant.

Une, deux! Une, deux! D'outre en outre!
Le glaive vorpalin virevolte, flac-vlan!
Il terrasse le monstre, et, brandissant sa tête,
Il s'en retourne galomphant.

≪Tu as donc tué le Jabberwock!
Dans mes bras, mon fils rayonnois!
Ô jour frabieux! Callouh! Callock!≫
Le vieux glouffait de joie.

Il était grilheure;...

Henri Parisot, *De l'autre côté du miroir*, Traduction par Henri Parisot. Aubier
Flammarion, 1971.

JABBERWOCHEUX

Il était reveneure; les slictueux toves
Sur l'allouinde gyraient et vriblaient;
Tout flivoreux vaguaient les borogoves;
Les verchons fourgus bourniflaient.

≪Au Jabberwoc prends bien garde, mon fils!
A sa griffe qui mord, à sa gueule qui happe!

Gare l'oiseau JeubJeub, et laisse
En paix le frumieux, le fatal Bandersnatch!≫

Le jeune homme, ayant ceint sa vorpaline épée,
Longtemps cherchait le monstre manxiquais,
Puis, arrivé près de l'arbre Tépé,
Por réfléchir un instant s'arrêtait.

Or, tandis qu'il lourmait de suffèches pensées,
Le Jabberwoc, l'oeil flamboyant,
Ruginiflant par le bois touffeté,
Arrivait en barigoulant!

Une, deux! une, dex! Fulgurant, d'outre en outre,
Le glaive vorpalin perce et tranche : flac-vlan!
Il terrasse la bête et, brandissant sa tête,
Il s'en retourne, galomphant.

≪Tu as tué le Jabberwoc!
Dans mes bras, mon fils rayonnois!
O jour frableux! callouh! calloc!≫
Le vieux glouffait de joie.

Il était reveneure; ...

Robert Scott의 독일어 버전, 『Macmillan's Magazine(맥밀란 잡지)』 1872

년 2월(Gardner 1960/1970: 193-4를 보라)과 두 가지 다른 번역은 위에 언급한 웹사이트에서 찾아볼 수 있다.

DER JAMMERWOCH

Es brillig war. Die schlickte Toven
    Wirrten und wimmelten in Waben;
Und aller-mümsige Burggoven
    Die mohmen Räth' ausgraben

Bewahre doch vor Jammerwoch!
    Die Zähne knirschen, Krallen kratzen!
Bewahr' von Jubjub-Vogel, vor
    Frumiösen Banderschnätzchen!

Er griff sein vorpals Schwertchen zu,
    Er suchte lang das manchsam' Ding;
Dann, stehend unten Tumtum Baum,
    Er an-zu-denken-fing.

Als stand er tief in Andacht auf,
    Des Jammerwochen's Augen-feuer
Durch tulgen Wald mit wiffek kam
    Ein burbelnd ungeheuer!

Eins, Zwei! Eins, Zwei! Und durch und durch
    Sein vorpals Schwert zerschnifer-schnück,

Da blieb es todt! Er, Kopf in Hand,
 Geläumfig zog zurück.

Und schlugst Du ja den Jammerwoch?
 Umarme mich, mein Böhm'sches Kind!
O Freuden-Tag! O Halloo-Schlag!
 Er chortelt froh-gesinnt.

Es brillig war, etc

Lieselotte & Martin Remane의 번역, Reclam(Kinderbuchverlag 베를린 1976)
이 출판한 『Through the Looking Glass(거울나라의 앨리스)』에 수록됨.

BRABBELBACK
Es sunnte Gold, und Molch und Lurch
krawallten 'rum im grünen Kreis,
den Flattrings ging es durch und durch,
sie quiepsten wie die Quiekedeis.

≫Nimm dich in acht vorm Brabbelback,
mein Sohn! Er beißt, wenn er dich packt.
Reiß aus, reiß aus vorm Sabbelschnack,
vorm Jubjub, der dich zwickt und zwackt!≪

Er aber schwuchtelt mit dem Schwert,
trabaust dem Unhold hinterdrein.

Doch beim Tumtumbaum macht er kehrt
und grübelt: Wo, wo mag er sein?

Und während er so duselnd stand,
kam feuerfauchend Brabbelback
quer durch den Dusterwald gerannt,
der Brabbelback, der Sabbelschnack!

Komm 'ran, komm 'ran! Und schwipp und schwapp
haut er das Schwert ihm ins Genick,
der Unhold fiel, sein Kopf war ab,
der Held kam mit dem Kopf zurück.

≫Ermurkst hast du den Brabbelback!
Umarmen wird man dich zu Haus!
Callu, callei! Mit Sabbelschnack
und seinem Tratschen ist es aus!≪

Es sunnte Gold, ...

Christian Enzensberger; 출처 미상

DER ZIPFERLAKE
Verdaustig war's, und glaße Wieben
rotterten gorkicht im Gemank,
Gar elump war der Pluckerwank,
und die gabben Schweisel frieben.

≫Hab acht vorm Zipferlak, mein Kind!
Sein Maul ist beiß, sein Griff ist bohr.
Vorm Fliegelflagel sieh dich vor,
dem mampfen Schnatterrind.≪

Er zückt' sein scharfgebifftes Schwert,
den Feind zu futzen ohne Saum,
und lehnt' sich an den Dudelbaum
und stand da lang in sich gekehrt.

In sich gekeimt, so stand er hier,
da kam verschnoff der Zipferlak
mit Flammenlefze angewackt
und gurgt' in seiner Gier.

Mit Eins! und Zwei! und bis auf's Bein!
Die biffe Klinge ritscheropf!
Trennt' er vom Hals den toten Kopf,
und wichernd sprengt' er heim.

≫Vom Zipferlak hast uns befreit?
Komm an mein Herz, aromer Sohn!
Oh, blumer Tag! Oh, schlusse Fron!≪
so kröpfte er vor Freud'.

Verdaustig war's, …

Francisco Torres Oliver의 스페인어 버전, 출처 『Alicia anotada, edición de Martin Gardner de Alicia en el País de las Maravillas & A través del espejo』. Akal Editor, 마드리드, 1984.

JERIGÓNDOR
Cocillaba el día y las tovas agilimosas
giroscopaban y barrenaban en el larde.
Todos debirables estaban los burgovos,
y silbramaban las alecas rastas.

"Cuídate, hijo mío, del Jerigóndor,
que sus dientes muerden y sus garras agarran!
!Cuídate del pájaro Jubjub, y huye
del frumioso zumbabadanas!"

Echó mano a su espada vorpal;
buscó largo tiempo al manxomo enemigo,
descansó junto al árbol Tumtum,
y permaneció tiempo y tiempo meditando.

Y, estando sumido en irribumdos pensamientos,
surgió, con ojos de fuego,
bafeando, el Jerigóndor del túlgido bosque,
y burbulló al llegar!

!Zis, zas! !Zis, zas! !Una y otra vez

tajó y hendió la hoja vorpal!
Cayó sin vida, y con su cabeza,
emprendió galofante su regreso.

"!Has matado al Jerigóndor?
Ven a mis brazos, sonrillante chiquillo,
!Ah, frazoso día! !Calós! !Calay!"
mientras él resorreía de gozo.

Cocillaba el día y las tovas agilimosas
giroscopaban y barrenaban en el larde.
Todos debirables estaban los burgovos,
y silbramaban las alecas rastas.

Mirta Rosenberg와 Daniel Samoilovich의 스페인어 버전. 출처 1997년 9월
『Diario de Poesia(디아리오 드 포에시아)』 43. 『Diario de Poesia』는 아르
헨티나의 부에노스 아이리스에서 분기별 출판되는 삽화시집이다.

JABBERWOCKY
Asardecía y las pegájiles tovas
Giraban y scopaban en las humeturas;
Misébiles estaban las lorogólobas,
Superrugían las memes cerduras.

!Con el Jabberwock, hijo mío, ten cuidado!
!Sus fauces que destrozan, sus garras que apresan!

!Cuidado con el ave Jubjub, házte a un lado
Si vienen las frumiantes Roburlezas!

Empuñó decidido su espada vorpal,
Buscó largo tiempo al monxio enemigo —
Bajo el árbol Tamtam paró a descansar
Y allí permanecía pensativo

Y estaba hundido en sus ufosos pensamientos
Cuando el Jabberwock con los ojos en llamas
Resofló a través del bosque tulguiento:
!Burbrujereando mientras se acercaba!

!Uno, dos! !Uno, dos! !A diestra y siniestra
La hoja vorpalina silbicortipartió!
El monxio fue muerto, con su cabeza en ristre
El joven galofante regresó.

"!Muchacho bradiante, mataste al Jabberwock!
!Ven que te abrace! !Que día más fragoso
!Me regalas, hijo! !Kalay, kalay, kaló!"
Reiqueaba el viejo en su alborozo.

Asardecía y las pegájiles tovas
Giraban y scopaban en las humeturas;
Misébiles estaban las lorogólobas,
Superrugían las memes cerduras.

여러분이 선택한 언어로 번역된 이 시의 번역본을 찾을 수 있는 한 많이 찾으시오. 아래와 같은 목록에 원문 단어에 상응하는 단어들을 채워 넣으시오.

English	French	Spanish
brillig		
slithy		
toves		
gyre		
gimble		
wabe		
all mimsy		
borogoves		
mome		
raths		
outgrabe		

위의 단어들이 여러분의 언어에서도 특징이 잘 살려져 번역되었는가? 번역가들이 원본의 음을 모방하는 것 보다 의미를 모방하는 데 우선 순위를 둔 것 같은가?
(i) 품사 사용 (ii) 음미소(phonaesthesia) (iii) 원본과의 관계의 관점에서 번역본들을 비교해보아라.

■■■ 논의 ■■■

Gardner(1960/1970: 193-4)에서 재 인쇄된 불어와 독어 번역은 모두 원본의 넌센스한 단어들에 아주 근접하게 번역되었으며, 일반적으로 불어와 독어 철자와 문법 관습만 고려하여 모사되었다는 것이 인상적이다.

English	French	German
brillig	brilgue	brillig
slithy	lubricilleux	schlichte
toves	tôves	Toven
gyre	gyrent	wirrten
gimble	vrillant	wimmelten
wabe	guave	Waben
all mimsy	enmîmés	aller-mümsige
borogoves	gougebosqueux	Burggoven
mome	*môme*rade	mohmen
raths	môme*rade*	Räth'
outgrabe	horsgrave	ausgraben

선택이 필요하다고 생각될 때, 음미소적이든 형태론적이든 형식적/음성학적 유사성보다 의미모방에 우선순위를 뒀다는 점에 주목하라. 그래서 'slimy(끈적끈적한)'와 'lithe(나긋나긋한)'를 모방하는 'slithy'는 불어에서 'lubricilleux'로 번역되고, 'gyrate(선회하다)'를 연상시키는 'gyre'는 'wirrten'으로 번역된다(Carroll은 'gyre'가 개처럼 긁는 것을 말한다고 설명하지만 말이다 Gardner [1960] 1970: 191).

5.3 어휘 의미론에서 단어

위에서는 단어들의 문법에 대해서 살펴보았다. 이제부터 단어 의미의 개념에 대해 연구를 시작해 보자.

5.3.1 단어와 분류

인간이 분류를 통해 환경을 정돈하고 통제하는 데 단어는 중요한 역할을 담당한다. 1985년 6월 14일의 『Times Higher Education Supplement(타임즈 고등교육 증보판)』에서 발췌한 다음을 살펴보자.

The voluntary licensing authority set up to oversee *in vitro* fertilization research has proposed a new term — the 'pre-embro' — to clarify the debate about work on early stages of human development ...

The guidelines suggest that the group of cells growing from a fertilized human egg be called the pre-embryo until the first signs of individual development appear. The term has no currency among biologists ...

However, the definition is consistent with the Warnock report's argument for a 14-day limit on research on human embryos ...

시험관 수정 연구를 감독하기 위해 설립된 자원검열국(The voluntary licensing authority)은 인간 발달의 초기단계에 관한 논쟁을 명백히 하기 위해 새로운 용어, '전배아(pre-embryo)'를 제안했다...

지침에 따르면 수정란에서 자란 세포들이 개별적 발달을 보이기 이전까지 전배아라고 불러야 한다는 것이다. 이 용어는 생물학자들 사이에서는 통용되지 않는다...

그러나 이 정의는 워녹위원회(the Warnock)가 인간 배아에 대한 연구를 14일로 제한한 주장과 일맥상통한다...

위의 텍스트는 새로운 용어 '전배야'의 사용에 대한 예시이다. 이 용어는 수정란에서 자란 세포들에서 첫 번째 개별적 발달의 징후가 보이기 전까지의 상태를 더욱 더 예리하게 정의한 것이다. 이는 우리가 이전부터 존재하는 범주들에 대해서만 이름을 붙이는 것이 아니라 인간의 의도에 적합하게 보이는 대로 범주들을 인식한다는 것을 의미한다.

범주의 유형

우리가 다루는 범주의 일부는 포유류, 레몬, 금 등과 같이 소위 자연종들인데, 우리는 이러한 범주들에 대해서 특정한 유전적, 화학적 또는 다른 구조적인 측면에서, 혹은 자연적이고 객관적으로 부여받은 물리적 특징에 따라 식별 가능한 것으로 생각하는 경향이 있다. 다른 범주들은 성직자, 철학적 이론, 문학 '학파', 정치적 운동과 같이 자연적으로 결정되었다고 하기 보다는 문화적이다. 어떤 범주들은 감정이나 정신적 상태와 같이 인간의 행동과 생리-화학적(physio-chemical) 변화와 같은 개념을 심리학적 용어로 이해하기 위해서 만들어지기도 하고, 컴퓨터, 날붙이류, 도자기류, 자동차, 건물 등과 같이 인간이 제조한 물건들을 나타내기 위해서 만들어지기도 한다(아래 표 5.1 참고).

자연종: 포유류, 레몬, 금...
문화종: 성직자, 철학적 이론, 문학 학파, 정치적 운동...
심리종: 감정, 정신적 상태...
제조종: 컴퓨터, 날붙이류, 도자기류, 자동차, 빌딩...

표 5.1 종의 종류

자연종 〉 제조종 〉 문화종 〉 심리종의 순서대로 언어와 문화 사이에서 상당히 중첩되는 양상을 띨 것 같다(그러나 자연종에 대해서는 Putnam [1970]1975, 문화종은 Gallie 1955-6을 보시오).

의미장과 어휘 집합

우리는 위와 같은 형상 범주들을 다른 의미장이나 활동/흥미의 영역을 구성시키기 위해 고려할 지도 모른다. 그리고 우리는 어휘집합을 구성하기 위해서 한 장(field)내의 현상을 대표하는 어휘 집합을 살펴볼 것이다.

> 의미장(semantic fields): 특정한 종류의 현상그룹, 예: 포유류, 생선, 색깔, 요일, 월, 감정, 정치적 운동...
> 어휘 집합(lexical sets): 한 의미장 내에서 현상을 나타내는 단어 집합

표 5.2 의미장과 어휘 집합

상호 양립불가능성

어휘 집합 내의 다양한 용어들은 같은 것이 동시에 두 개를 지칭할 수 없다. 예를 들어 만약 우리(cage)에 있는 동물이 사자라면, 이것은 동시에 말이 될 수 없다. 만약 수족관에 있는 생선이 대구라면 이것은 가자미가 될 수 없다. 만약 물체가 붉은 색이라면 동시에 푸른색이 될 수 없다. 오늘이 화요일인 동시에 수요일이 될 수 없고, 4월인 동시에 5월이 될 수 없다. 어휘집합내의 용어들이 이러한 특성을 띠기 때문에 상호 양립불가능한 용어로 알려져 있다. 같은 상황을 나타내는 두 발화가 전반적으로 동일한데, 서로 양립 불가능한 용어를 각각 하나씩 사용한 점만 다르다면 두 문장은 상호 모순이다. 즉, '우리에 있는 동물은 사자다'는 '우리에 있는 동물은 호랑이다'와 모순이다.

등급성

지금까지 살펴본 용어들은 원칙적으로 등급을 매길 수 없다. 더 사자이 거나 덜 사자일 수 없고 더 화요일이거나 덜 화요일일 수 없으며 더 4월 이거나 덜 4월일 수 없다.

이와 대조적으로 기온을 나타내는 용어 집합과 같은 어떤 어휘 집 합들은 '춥다', '서늘하다', '따뜻하다', '덥다'처럼 등급을 나눌 수 있다. 이 러한 점이 번역가에게 문제가 되는데, 모든 언어에서 어휘화할 수 있는 등급이 항상 동일하지는 않기 때문이다. 그러나 이러한 용어들은 의견에 따라 달라질 수도 있다. '이 액체는 차갑다'와 '이 액체는 따뜻하다'는 서 로 모순적이지만 주변 상황을 나타내는 여러 어휘집합 중에서 가장 적합 한 표현이 무엇인지에 대해 발화자들이 서로 타협할 수 있는 여지를 허 용하기도 한다.

■■■■ 연습 ■■■■

여러분이 아는 다른 언어들을 살펴보시오. 그리고 영어처럼 등급을 나눌 수 있는 어휘집합이 있는지도 살펴보시오. 그 용어에서 유래된 뉘앙스도 언어 간 서로 일치하는가?

5.3.2 단어와 전형성

사람들은 의미장을 구성하는 요소들의 전형성에 등급을 매길 수 있다고 제안하는 근거가 있다(원형이론으로 알려진 이 주제를 검토하기 위해 Rosch 1973, 1977, 1978과 Aichison[1987] 1994의 5장과 6장을 보시오). 미 국식 영어화자들은 전형적인 과일로 사과, 복숭아를 꼽고, 전형적인 새는

울새, 참새, 카나리아, 찌르라기, 비둘기, 종다리이며, 전형적인 야채는 완두콩, 당근, 콜리플라워이며, 전형적인 가구는 의자이고, 전형적인 옷은 셔츠, 원피스, 치마이며, 전형적인 무기는 총과 단검이고, 전형적인 목수 연장은 망치와 스크루드라이버이다. 다른 문화권에서 원형적인 것에 대한 판단은 각각 다르며, 이를 주지하면 번역가에게 유용하다. 예를 들어 앵무새가 원형적인 새라고 생각하는 사람에게 새를 언급한다면, 그 사람은 아주 다채로운 색의 새를 연상할 것이지만 북반구 문화권에 있는 사람은 더 수수한 색깔의 새를 연상할 것이다.

5.3.3 단어와 관계
단어가 연관되는 현상을 분류하기 위해 단어를 어휘집합으로 구성하는 것 외에도 어휘 의미론은 의미관계로 알려진 단어 간의 관계에 대한 설명을 제공하기도 한다.

하의어
'포유류', '생선', '자동차'와 같은 부류를 나타내기 위해 사용되는 용어들은 그 부류의 하위유형을 나타내는 용어들과 전형적으로 하의어 (hyponymy) 관계에 있게 된다. 예를 들어 '포유류'는 '하의어'인 '호랑이', '늑대', '고래' 등의 '상의어'이다. 그리고 '호랑이', '늑대', '고래'는 서로 '동하의어(cohyponym)'의 관계이다. 이것은 하의어의 계층들이고 상위계층과 하위계층의 관계는 항상 하위계층의 요소가 상의어로 명명된 종류의 한 예가 된다. 반면에 그 역은 성립하지 않는다. 모든 샴 고양이는 고양이의 일종이다. 그러나 모든 고양이는 샴 고양이가 아니다. 모든 고양이는 고양이과이지만 모든 고양이과는 고양이가 아니고, 모든 고양이과는 포유류지만 모든 포유류가 고양이과는 아니다. 표 5.3는 수형도로 하의어 관계를 묘사하고 있다.

하의어의 관계는 여러 언어들에서 다르게 구조화된다. 예를 들어 대부분의 영국 사람들은 감자를 (뿌리)야채이라고 여기는 반면, 대부분의 프랑스 사람들은 감자가 콩류로 분류된다고 생각하지 않는다.[18]

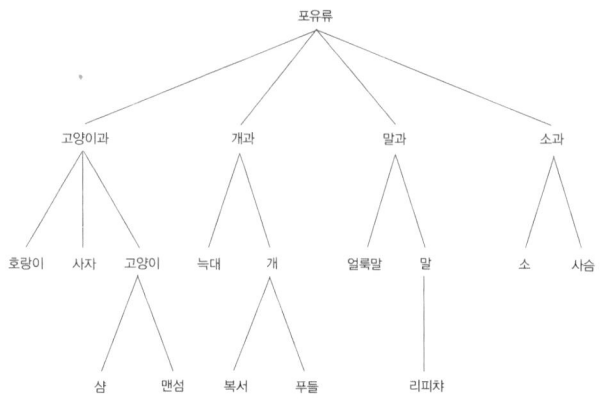

그림 5.3 포유류에 대한 하의어 관계 표상(일부)

동의어 혹은 의미의 동일성

같은 언어 내에서 완전히 의미가 동일한 동의어를 찾기는 아주 어렵다. 언어는 이러한 의미 중복을 거부하는 경향이 있기 때문이다. 따라서 다른 언어에서 용어가 들어와 잠시 동안 같은 현상을 나타내는 두 개의 용어가 존재하게 되면 곧 이들은 서로 다른 의미로 변화하게 된다. 예를 들어 '유아(infant)'는 '어린이(child)'를 나타내는 **enfant**라는 불어에서 들어왔지만 현재 영어에서는 아주 어린 아이들을 나타내는 의미로만 사용된다.

18) 이 예시에 대해서는 Keith Mitchell에 고마움을 표한다.

그럼에도 불구하고 한 현상에 대해 동일한 속성을 부여하는 몇 개의 술어 쌍(즉, 보어를 동반하는 동사)에서는 동의어가 존재하는 것 같다. 예를 들어 죽은 것은 살아있지 않다와 같기 때문에 'is dead'는 'is not alive'와 같은 것을 의미한다. 결혼하지 않은 남자를 '총각'이라 부르기 때문에 'is a bachelor'는 '결혼하지 않은 남자'와 같은 의미이다. 우리는 암여우(vixen)을 '암컷 여우(a female fox)'라 부르기 때문에 '암여우'는 '암컷여우'와 같은 것을 의미한다. 그래서 우리는 '총각'과 '결혼하지 않는 남자'/'암여우'와 '암컷여우'를 동의어 쌍이라 부를 수 있다.

반의어

동의어가 의미의 동일성을 나타내는 것과 마찬가지로 반의어는 종종 비유적으로 '의미의 반대(oppositeness of meaning)'를 나타낸다('비유적으로'라는 이유는 의미들이 물질적인 실체가 아니기 때문에, 엄밀히 말해 '반대쪽'이라는 용어로 함축할 수 있는 물질적인 공간에서 배열할 수 있는 실체가 아니기 때문이다). 현상이 특성을 나타내든 나타내지 않는 경우든, 특성을 서술하는 용어의 쌍 사이에 반의성이 존재한다. 예를 들어 생물은 살아있거나, 죽었거나 둘 중 하나이어야만 한다. 그래서 'is dead(죽었다)'와 'is alive(살아있다)'는 서로 반의적 술어이다(그러나 돌(stone)에 대해서는 이 술어를 적용하는 것이 무의미하다). 'is true(사실이다)'는 'is false(거짓이다)'와 'is untrue(사실이 아니다)'의 반의어이다. 그러나 'is false(거짓이다)'와 'is untrue(사실이 아니다)'는 동의어이기 때문에 반의어 관계의 이분법적 성격에 위배되지는 않는다. 이러한 관계에서 문제점은 현실에서는 인간사를 명확하게 구분하기란 거의 불가능하다는 것이다. 우리는 종종 절대적으로 진실 혹은 거짓으로 나눌 수 없는 반은 진실인 사건들을 본다. 뇌사와 같은 경우가 있지 않은가?

하의어, 동의어, 반의어와 같이 매우 규칙적으로 관계를 형성하는 술어도 있지만(나는 이런 술어들을 이 부분의 예로 사용하였다) 텍스트 상에서 여러 관계를 보여주는 훨씬 다양한 용어들을 인식하는 것도 또한 중요하다. 의미 관계는 문법관계와 유사하게 제한된 수의 관계를 구성하는 고정된 틀을 제공하지만 그 관계를 나타내는 데에는 무한한 용어가 사용될 수 있고, 또한 무한한 수의 서로 다른 텍스트를 만드는데 그 관계가 사용될 수 있다. 이 장의 마지막에 나오는 금융 텍스트의 첫 번째 단락에서 소위 말하는 텍스트 내(text-local) 하의어 관계가 성립된다. 상의어인 'source of wealth(부의 원천)(문장 3)'와 텍스트 내 동의어인 'factor(요소)(문장 2)' 이 두 표현과 다음의 표현 사이에 하위 관계가 성립된다. 그 표현이란 'trickle down effect of large government budgets(큰 정부 예산의 통화침투 효과)'와 'boom in value(가치의 급등)'로 위 상위어의 하의어로 기능하며, 'boom in value(가치의 급등)'는 다시 'share market value(주식시장 가치)', 'local property value(지역 부동산 가치)', 'local land value(지역 토지 가치)'(문장 2)라는 세 가지의 하위어를 갖게 된다(그림 5.4를 참조하시오).

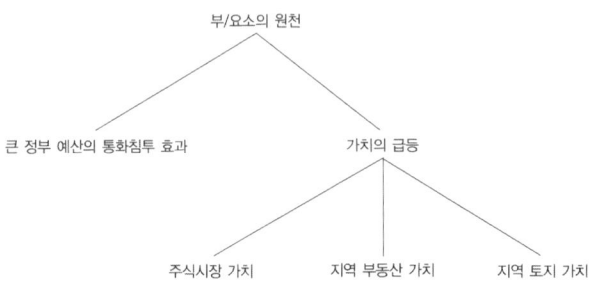

그림 5.4 텍스트−지역적 하의어 관계

대칭성, 이행성, 역의성

술어 특성이나 술어 사이의 관계로 대칭성, 이행성(transitivity), 역의성의 유형이 있다. 'is married to(결혼하다)', 'is near (to)', 'is next to'와 같은 대칭술어는 (P가 서술부를 대표하고, x,y가 각각을 나타낼 때) 만약 xPy이면 yPx가 된다. 예를 들어 만약 a가 b와 결혼한다이면 b가 a와 결혼하다도 가능하다. 'is in front of', 'is taller than'과 같이 이행적 술어는 만약 xPy 그리고 yPz라면 xPz가 된다. 예를 들어 a가 b앞에 있고, b가 c앞에 있다면, a는 c앞에 있는 것을 의미한다. 'is a parent of'나 'is child of'처럼 역 또는 관계상 반대되는 술어의 경우 (P와 R이 서로 반대의 술어를 나타낼 경우) xPy는 yRx, 즉 a가 b의 아이라면, b는 a의 부모이다가 된다.

5.3.4 단어와 유연성

우리가 위에서 살펴본 것처럼 의미관계는 고정된 용어 집합으로 실현되는 것이 아니기 때문에 어떤 언어에서도 용어가 한 가지의 의미만 나타내거나, 한 가지로만 사용되지 않는다. 유연성(flexibility)은 언어에 있어서 예외가 아니라 규범이며 어휘 유연성을 나타내는 여러 가지 유형을 설명하고 지칭하는 데에는 다양한 방식이 있다.

중의성(어휘적 중의성, 통사적 중의성, 과정/결과적 중의성)

중의성이란 술어가 사용된 문장들이 두 가지의 완전히 다른 해석을 나타낼 수 있는 술어의 특징을 말한다. 예를 들어 'James was looking carefully at the coach'라는 문장은 두 가지 해석이 가능한데, 첫째는 제임스가 버스(많은 승객을 실을 수 있는)를 유심히 관찰하고 있었다로 해석이 가능하고 두 번째는 스포츠 활동에서 선수들을 훈련시키는 사람을 유심히 관찰하고 있었다라고 해석할 수 있다. 다시 말해서 'coach'는 '보통 스포츠에서 선수들을 훈련시키는 사람'과 '승객을 태우는 큰 차 즉, 버스'를 동시에 나타내는 중의적인 단어다.

중의적인 단어나 구들은 하나 이상의 외연(extension, 그것들이 의미하는 사물들의 집합)을 나타내는데 이 외연들은 매우 다른 사물이나 현상들을 구성한다. 이것은 중의적인 문장이 발화 시점에서 하나 이상의 전혀 다른 의미, 전혀 관계가 없는 진리 조건을 나타낸다는 것을 의미한다(Quine 1960: 131). 보통, 적합한 중의적인 단어나 구들은 사전에서 각 외연을 나타내는 표제어를 갖게 된다. 예를 들어 '코치', '트렁크', '리프트'가 나타내는 여러 가지 의미에 대해서 전형적으로 각각의 표제어가 존재할 것이다.

만약 중의성이 구어와 문어의 두 가지 형식을 나타낼 수 있다면 'bank'의 경우는 동음이의어이다. 만약 중의성이 구어만을 나타낸다면, 다르게 쓰인 두 가지 문어 형식은 동음이철어(homophones)이다. 예를 들면 'site'-'sight', 'rite'-'right', 'there'-'their'가 그러하다. 반대로 문어로 쓰였을 때만 중의적이라면 이들은 동형이의어(homographs)이다. 예를 들어 'lead'의 경우 개를 끄는 줄이나 납을 나타낼 수 있다.

'is light'와 같은 중의적인 술어는 하나의 물체에 대해서 서술하는 경우, 분명히 참이면서 동시에 분명히 거짓인 문장을 만들어 낼 수도 있다. 예를 들어 만약 짙은 색의 깃털에 대해 'is light'이라는 술어가 사용되면 'this feather is light'이라는 문장은 'light'의 무게로서의 의미로는 분명히 참이지만, 색을 나타내는 의미에서는 분명히 거짓이다. 때때로 단어의 중의성은 그것을 포함한 문장의 나머지를 해석함으로 해결되기도 한다. 즉, 'light' 다음에 'as a feather'가 올 경우 '무겁지 않다'로 해석이 되는 것이다. 'our mothers bore us'처럼 단어의 중의성이 그 단어가 포함된 문장 전체에 영향을 미칠 때, 주변 담화를 해석하면 해결될 수도 있다.

체계상으로 중의성을 띠는 단어들도 있다. 예를 들어 몇몇의 동사적 명사(verbal noun)의 경우 과정(process)과 결과물(product)사이에서 체계 상의 중의성을 나타낸다. 'utterance'는 언어학에서 논란이 되어 왔는데 이 는 말을 하는 행위와 그럼으로써 생산된 발화 결과물 사이의 중의성이 있기 때문이다(Lyons 1996: 12참고). 'assignment'는 할당하는 행위나 할당 된 것 둘 다를 나타내는 데에 사용될 수 있고, 'arrangement'는 배열하는 행위나 배열된 것을 나타내는 데 사용될 수 있으며, 'shopping'은 쇼핑하 는 행위와 쇼핑한 물건 둘 다를 나타낼 수 있다. 다른 동사적 명사는 행 위와 습관사이의 중의성을 지닌다. 예를 들어 'skater'는 지금 스케이트를 타고 있는 사람을 나타낼 수도 있고(따라서 깨어있어야 한다), 자주 스케 이트를 타는 사람을 나타낼 수도 있다(지금은 자고 있을 수도 있다) (Quine 1960: 130).

지금까지 살펴본 예들은 어휘적 중의성의 예들이다. 어휘적 중의성 이라 함은 각 단어가 두 개 이상의 외연을 나타내기 때문에 문장의 중의 성이 발생하기 때문이다. 그러나 우리는 'the chicken is ready to eat', 'visiting relatives can be a nuisance', 'flying planes can be dangerous' (Chomsky의 예), 'the police were ordered to stop drinking after midnight' (아마도 Halliday가 처음 사용한 듯함)와 같은 문장들처럼 '구조적 중의성' 이라고 알려진 것들을 종종 보게 된다. 이러한 문장들에서 중의성이 나 타나는 이유는 하나의 철자적인 형식이 다른 통사적 구조를 실현하기 때 문이다. 예를 들어 'visiting relatives'는 'visiting'이 명사를 수식하는 형용사 로 인식되어 명사구로 볼 수도 있고, 곧바로 절의 주제로 볼 수도 있다.

혹은 이것을 주제 위치에서 발생하는 분사 또는 명사 '-ing 절'로 볼 수도 있는데 이 경우, 'visiting'은 동사가 되고 'relatives'는 그 목적어가 된다.

다의어

중의성이 완전히 다른 두 가지 의미를 가지면서 단어와 문장에 영향을 미치는 반면, 다의어는 다소 명확하게 분리되는 여러 가지 의미를 지니면서 근본적으로는 서로 유사한 것을 나타낸다. 예를 들어 (침대나, 산의) 'foot', (시계의) 'hand'와 'face', (탁자의) 'leg'는 인간의 신체라는 부분에서 닮아 있다.

중의성과 다의성을 구별하는 하나의 방법은 라고 알려진 '등위접속 테스트(co-ordination test)'(Palmer 1981: 106) 'to do so too 테스트' (Kempson 1977)이다. 'John has a bright face and so has the clock on the wall(존은 얼굴이 밝고 벽에 걸린 시계도 그렇다)'는 가능한 반면, 'Jane went to the bank and so did Samantha'에서 한 명은 돈을 찾으러 가고 다른 한명은 낚시를 하러 간 경우는 이 문장이 성립하지 않는다.

모호성

중의적인 것처럼 보이는 문장들을 실제 상황을 배제하고 따로 만들어내는 것은 어렵지 않지만 실제 발화가 중의적이기는 힘들다. 우리는 때로 서로가 나타내는 의미를 확인하기도 하지만 대부분의 경우는 여러 가지 잠재적인 의미 중에서 특정 상황에서 사용하는 의도된 의미를 이해한다. 우리가 대부분 경우, 화자의 의도를 이해하는 데 있어 발화와 쓰여진 문장들을 그들의 공기 텍스트와 문맥에 따라 연관시킬 수 있는 능력이 있다는 것이 실로 행운이다. 왜냐하면 거의 모든 언어적인 항목이 여러 가지 방식으로 사용될 수 있고 여러 가지 기능을 할 수 있다는 것이 사실이기 때문이다. 이런 이유로, 우리가 모호성이라고 부르는 용어와 중의성의 개념을 분리하는 것은 유용하다. 중의성은 각각의 발화상황에서 술어화되는 것이 명확히 사실인 경우 또는 거짓인 경우 모두가 잠재적으로 가능하지만, 모호성이라는 것은 '주변적인 물체에 애매하게 적용될 수 있는' 것을 의미할 지도 모른다(Quine 1960: 129).

예를 들어 스펙트럼에서 어떤 것이 정확히 얼마큼 노란색을 향해 내려가고 정확히 얼마큼 파란색을 향해 올라가야 초록색으로 볼 수 있는지 명확하지 않다. 또 어떤 것이 나무인지, 숲인지 항상 명확한 것은 아니다. 또한 물이 얼마나 넓고, 길고, 깊어야 도랑보다는 시내로, 시내보다는 강으로 구분되는지 기준이 명확하지 않다. 진흙탕 물이 언제 젖은 진흙이 되는지 명확하지 않은 것도 마찬가지이다. 그래서 'green(초록색)' 'wood(나무)' 'forest(숲)' 'water(물)' 'mud(진흙)' 'river(강)' 'stream(시내)' 'ditch(도랑)' 또는 수없이 많은 용어들이 모호하다고 할 수 있다. 게다가 개인의 인식이 여기서 역할을 할 수 있다. 강의 규모가 거대해서 한 강둑에서 다른 강둑이 보이지 않는 중국과 같은 나라에서 온 사람들에게 영국의 유명한 강인 캠브리지 강은 강이라기보다는 큰 도랑처럼 느껴질 것이다(이 생각에 대해서는 Huang Ai-Feng에게 감사를 표한다). 다른 언어에서 의미장을 나누는 방식이 다양한 것은 특히 여기서 제시한 모호한 의미 집합의 경우에 특히 뚜렷하게 나타난다. 3장에서 제시한 색깔 용어 집합을 참고하시오.

모호성은 화자가 특정한 발화를 함으로써 사용한 용어가 어떤 의도였는지 수많은 가능한 관계나 특성 속에서 찾아내기가 힘들 때 발생하기도 한다. 예를 들어 'John's book'이 그렇다. 여기서 소유격은 책이 존의 것, 존이 쓴 책, 존이 읽은 책, 또는 존이 언급한 책을 나타낼 수도 있다.
'she has good legs'와 같은 문장에서 'good'은 다리가 아름답다거나 또는
다리가 튼튼하다거나 혹은 세계에서 용인하는 특정한 관점에서 다리가
평범하다는 의미를 나타낼 수도 있다. 'John hit Bill'에서 'hit'이라는 것은
여러 가지 다른 방식의 때리는 것을 나타낸다. 예를 들어 맨손으로 때리
기, 주먹으로 때리기, 곤봉으로 때리기 등이다(Kempson 1977: 8장).

은유

언어의 유연성은 은유에서 최고에 달한다. 은유는 전통적으로 반어법과
대유법과 함께 비유법으로 여겨진다. 비유법은 '한 표현의 일반적인 의미
를 변경'하는 언어적 장치로 대략 정의될 수 있다(Leech 1969: 74). 이것
을 은유의 정의로 사용하면서, 아래의 금융 텍스트를 살펴보자.

5.3.5 연습과 토론

■■■ 연습 ■■■

금융 텍스트의 모든 표현들 중 여러분이 생각하기에 일반적인 의미나 표
현과 달리 사용되는 경우가 있는지 생각해 보고 그 목록을 만들어 보시
오

■■■ 토론 ■■■

아마도 여러분이 적은 표현의 목록은 이렇게 시작될 것이다.

(1) Suq al Manakh crash (Suq al Mankh 붕괴)['crash'는 차나 기차와 같은

운송수단이 사고로 충돌하는 것을 의미하지만, 여기서는 차나 물리적 실체가 아닌 경제의 붕괴라는 의미로 사용되었다.

(1) Kuwait's economy is now at a crossroads(쿠웨이트의 경제는 현재 교차로(crossroad)에 있다)[crossroad는 두 개의 길이 만나 서로 교차하는 곳을 나타낸다. 보통 교차로에 존재하는 것은 자동차이다. 그러나 여기서는 경제가 교차로에 있는 것이기 때문에 방향을 은유적으로 사용해서 어느 쪽으로 가야할지 선택의 기로에 놓여있다는 의미로 사용되었다. 경제를 운용하는 사람들이 취할 수 있는 조치가 많고, 일이 진척이 되어야 한다면 선택을 해야만 하는 상황에 놓여있다는 것을 의미할 것이다.

(2) the state's economy has been largely based on three factors(나라의 경제는 대개 세 가지 요인에 기초를 두고 있다.)['be based on'은 기초(바탕)를 가진 물리적 구조를 의미한다. 그러나 물리적 구조는 예를 들자면 구체적인 바탕에 기초를 두지만 여기서 기초를 형성하는 것은 비물리적 요소들이며 그 위에 근간을 두는 것으로 개념화된 것이 바로 비물리적인 경제인 것이다.

(2) the trickle down effect of large government budgets(큰 정부 예산의 통화 침투(trickle down) 효과)[문자 그대로 흐르는 것은(trickle down) 물리적인 물질이다. 그러나 큰 정부 예산의 효과가 무엇이든지 간에 실체가 있는 물질을 흐르게 만드는 것은(어디로 그리고 무엇을 따라 가게 한단 말인가?) 그 효과에 의한 것이 아니다.]

(2) the boom in values in the share market and in local property and land(주식시장, 지역 부동산, 토지에서 가치의 상승(boom))[여기서 'boom'은 무엇을 의미하는가?]

(4) the decline in world oil demand(오일 수요의 하락(decline))['decline'이란 오일에 대한 수요가 적다는 물리적인 해석을 제공한다.]

(5) maintain production at the levels set by OPEC(OPEC에서 정한 수준(level)에 맞도록 생산품을 유지한다.)[여기서 'level'도 물리적인 오일의 양

으로 예를 들어 측정도구의 특정한 눈금에 달하는 것을 의미한다.]

(6) Oil revenues were expected to be in the region of Kd2.9 billion(오일수 입은 Kd2.9 십억 부근(region)에 달할 것으로 기대되었다.)['region'은 실질 적인 공간을 의미한다. 그러나 여기서는 금전적 가치를 의미한다.]

이 간단하고 부분적인 분석으로 우리가 알 수 있는 것은 이 텍스트에서 몰락하는 경제를 이해시키기 위해 구체적이고 물리적인 현상을 이용한 은유적인 용어를 많이 사용하는 경향이 있다는 것이다.

여러분의 해석도 이 제안을 지지하는가?

■■■ **연습** ■■■

『The Banker』와 비슷한 잡지에 출판을 하기 위해 다음의 논의에 나오는 텍스트(또는 그 일부)를 다른 언어로 번역해보시오. 여러분은 원천 텍스트와 같은 은유를 사용했는가 아니면 다른 은유를 사용했는가? 아니면 은유를 전혀 사용하지 않았는가? 특정한 표현을 선택한 이유는 무엇인가?

■■■ **토론** ■■■

위의 토론에서 본 것과 같은 문장수준의 은유는 직유와의 차이점 관점에서 종종 설명된다. 직유란 'like, similar, resemble'과 같은 용어를 포함하는 유사성에 대한 표현법이다. 반면 은유는 유사성을 나타내지만, 위와 같은 용어를 직접적으로 사용하지 않는다. 예를 들어 'You are like sunshine to me'는 직유법이고 'You are my sunshine'은 은유법이다. 둘 다 유사성에 근거를 둔 것 같지만, 이 두 대상이 어떤 측면에서 유사한지에 대해 명시적으로 말하는 표현은 없다. 그러나 이러한 불확실성은 은유의 이점으로 여겨진다. 은유는 문자그대로의 의미로 정확히 나타낼 수 없는 것을 표현할 수 있고, (위의 활동 부분에서 설명한 바와 같은) 바꿔쓰기(paraphrase)는 시의 바꿔쓰기 경우에서 볼 수 있는 완전성과 만족감보다는 훨씬 덜 완전하다.

　　은유의 본질에 관한 많은 견해들이 있지만 대부분 두 가지 중의 하나에 해당된다. 그것이 바로 구성주의와 비구성구의의 관점이다. 간략하게 설명하면 비구성주의자들은 은유를 기껏해야 장식적인 요소로 취급하고, 최악의 경우 오해를 부르는 거짓에 가까운 것으로 생각하는 경향이 있다. 그리고 이들은 은유의 반대라고 여기는 문자 그대로의 언어가 갖는 정확성을 선호하는 경향이 있다. 구성주의자들은 은유를 어떤 현상에 대한 특정한 이해를 구성하는데 있어 중요한 언어학적인 수단으로 여기며 은유를 직유와 같은 다른 수사법과 구분하지 않으려고 하는 경향이 있다. 그러나 그들은 우리가 가시적 은유(visible metaphor)라고 생각하는 문장이나 발화에서 나타나는 은유와 내재적 은유(underlying metaphor)라고 생각하는 다양한 문장 수준의 은유를 발생시키는 은유를 구분한다. 이러한 견해는 George Lakoff & Mark Johnson의 『Methphors We Live By(삶으로서의 은유)』(1980)에서 찾아볼 수 있다. 이 제목은 책이 천명하고자 하는 견해를 잘 암시한다. Lakoff & Johnson에 따르면 사람들의 삶의 방식은(그 가치와 세계를 이해하는 방식) 은유에 반영된다고 한다. 앞서 살펴본 금융 텍스트에서는 문장수준의 은유와 내재적 은유를 잘 구별할 수 있다. 문장 수준의 은유인 'crash', 'at a crossroads'(문장 1)과 'heading for a tailspin'(불경기로 향하는)(문장 17와 20)을 발생시키는 내재적 은유는 경제를 정상적인 관리와 기술로 조정될 수 있고 유지될 수 있는 일종의 운송수단으로 보지만 만약 그렇지 않으면 큰 슬픔이 된다는 것이다.

Richards(1936)가 개발한 용어에 따르면, 쿠웨이트의 경제현상과 같이 은유의 주요 지시물의 현상을 은유의 화제(Topic)나 경향(Tenor)이라고 부른다. 위의 텍스트에서 운송수단으로 여겨지는 것은 매체(Vehicle)라고 한다. Richards의 모형에서 세 번째 용어는 바탕(Ground)인데 바탕은 매체의 관점에서 화제를 볼 수 있는 바탕이 되는 것을 의미한다.

은유 이론에서 중요한 이슈는 바탕의 개념과 관련 된다. 매체의 관점에서 화제가 이해되는 근거는 은유가 형성되기 이전에 이미 존재한 것인가? 아니면 은유가 형성될 때 만들어지는가? 만약 내가 'you are my sunshine(당신은 나의 햇빛입니다)'라고 말한다면 그것이 당신과 햇빛이 서로 유사하기 때문인가, 아니면 내가 그런 발화를 함으로써 유사성을 '구성하기(construct)' 때문인가? 그리고 만약 후자라면 당신의 성격이 햇빛에 투영되는가? 아니면 햇빛의 성격이 당신에게 투영되는가? Lakoff와 Johnson에 따르면 대부분의 내재적 은유들은 주로 인간 상태에 근거한다고 한다. 예를 들어 우리가 좋은 상태일 때 직립보행을 하고 아프거나 약해져있을 때 엎드려 걷기 때문에 UP은 좋은 것을 의미하고, DOWN은 안 좋은 것을 의미하는 것이다.

Black(1979)이 서술한 은유의 상호작용 견해에 따르면 화제의 특징은 은유를 듣거나 읽은 사람들이 주목할 수 있는 매체의 특징을 선택하는 데 영향을 미친다. 그러나 이러한 화제의 특징들은 다시 매체의 특징으로 재해석 된다. 은유를 만든 사람이 처음에 어떻게 화제와 매체의 관계를 정립하게 되었는지는 명확하지 않고, 어떤 것이 언어의 창조성을 야기시키는지 말하는 것도 결코 쉽지 않다.

은유에 대한 논문들을 잘 정리해 놓은 Ortony 1979를 참조하시오.

『The Banker(은행가)』의 Kathy Evans 텍스트(1985년 3월호 (문장번호는 추가하였음)

KUWAIT ECONOMY

At the crossroads

(1) Three years after the shock of the Suq al Manakh crash, Kuwait's economy is now at a crossroads. (2) For years the state's economy has been largely based on three factors-the trickle down effect of large government budgets, and the boom in values in the share market and in local property and land. (3) Now, all three of these principal sources of wealth in Kuwait are in jeopardy.

(4) The government has itself been hit by the decline in world oil demand, and production in the last four years has been halved. (5) Yet, as a producer of medium light crudes and, unlike other states in the Gulf, Kuwait has at least managed to maintain production at the levels set by OPEC. (6) Oil revenues were expected to be in the region of Kd2.9billion (US$9.4 billion) in the current fiscal year, though with the quota cut, these expectations are likely to slip.

(7) In view of the declining revenues from oil, Kuwait's finance ministry likes to maintain the pretence that there is deficit in the budget. (8) However, only oil revenues can be counted as income into the budget — investment returns are excluded. (9) (They are currently about Kd1.2billion a year). (10) Even excluding this factor, the budget deficits are still theoretical, for in the last fiscal year of 1983-84, the projected deficit of

Kd704 million turned out to be a surplus of Kd100 million, due to under-spending and postponements.

(11) The government did not emerge unscathed from the Manakh disaster. (12) Some $7.3 billion of investment assets have had to be liquidated and brought home to pay for the various schemes arranged by the government to help the private sector get out of the Manakh morass. (13) Not surprisingly, investment revenues fell by 20% in the year ending June 1984. (14) Nevertheless, foreign assets still stand at $71 billion.

(15) This cushion will make it harder for the government to tackle the fundamental questions now being raised about the future direction of Kuwait's private sector economy. (16) Local merchant circles are now urging the government to reactivate the economy so that share values and land prices can return to their former levels of fantasy.

쿠웨이트의 경제
선택의 기로

(1) Suq al Manakh 붕괴 쇼크 3년 후, 쿠웨이트의 경제는 현재 선택의 기로에 놓여있다. (2) 지난 몇 년간 쿠웨이트의 경제는 크게 세 가지 요인에 기반을 두어왔다. 즉 큰 정부 예산의 통화 침투 효과, 부동산과 주식 시장 가치의 급격한 상승이다. (3) 현재, 이 세 가지 쿠웨이트의 부의 원천은 위기에 처해있다.

(4) 정부는 전 세계의 오일 수요 감소로 큰 타격을 입어왔고, 지난 4년 간의 생산량이 반으로 줄었다. (5) 그러나 중간 중질원유의 생산자인 쿠웨이트의 원유 생산량은 경질 원유를 생산하는 다른 나라들보다는 덜 악화되었다. 걸프의 다른 나라들과 달리 쿠웨이트는 OPEC에서 제시한 수준에 맞는 생산량을 그럭저럭 유지하고 있다. (6) 오일 수입은 현 회계연도에 쿠웨이트화 2십9억 디나르(미화 9십4억 달러)가까이 될 것으로 기대되

었다. 그러나 할당량이 줄어들면서 이러한 기대는 달성되지 않을 것 같다.

(7) 오일수입의 감소라는 관점에서 쿠웨이트 재무부는 재정 적자가 발생했다고 주장하길 원한다. (8) 그러나 오일 수입만 예산으로 들어가는 수입으로 간주될 수 있다. 여기에 투자수익은 배제된다. (9) (이는 연간 1.2 십억 디나르에 달한다.) (10) 심지어 이 요인을 배제하더라도, 재정 적자는 여전히 이론에 불과하고, 지난 1983-84 회계 연도를 살펴보면, 7억 4백만 디나르로 추정된 예상 재정 적자는 예상보다 적은 집행이나 사업 연기로 인해 1억 디나르나 흑자로 밝혀졌다.

(11) 정부도 Manakh 붕괴로 인해 피해를 입은 것이 드러났다. (12) 투자 자산 중 7십 3억 달러도 매각되어야 하고 민간 부문이 Manakh 난국에서 벗어날 수 있도록 정부가 계획한 제도를 이행하기 위해 국내에 자금을 들여와야 했다. (13) 당연히 1984년 6월말에 투자 수입은 20% 감소하였다. (14) 그럼에도 불구하고, 외국자산은 7십1억 달러에 이르고 있다.

(15) 이 대비책 때문에 정부가 쿠웨이트 민간 부문 경제의 향후 방향에 대해 제기되고 있는 근본적인 문제들을 해결하는 것이 더욱 어렵게 될 것이다. (16) 지역 상인들은 정부가 경제를 부흥시켜 부동산 가격과 주식 가치가 예전의 수준으로 돌아갈 수 있도록 촉구하고 있다.

Domino effect

(17) Some experts believe that if the government does nothing to provide the necessary spark to share prices, then the economy could be heading for a tailspin. (18) Share and land provide the two principal forms of bank collateral in Kuwait, and if the values of those continue to fall, then further foreclosures by the banks are threatened. (19) With the onset of further bankruptcies, the domino effect comes into play.

(20) The signs of this tailspin can already be seen. (21) Share prices have dropped 50% in the last 12 months, and some have fallen a further 30%

since the beginning of this year. (22) Rents and land prices have declined by 30% and 50% respectively. (23) Money supply has fallen, bank credit is barely rising, and the outflow of capital continues.

(24) Most local financial executives believe that the return of confidence in Kuwait is going to be a long slow process, and probably will only start with the ending of the Gulf war, or something equally dramatic and energising. (25) Various palliatives have been suggested by local commercial circles-such as further purchases of equity by the government, or greater tariffs to protect local industry, or the establishment of free zones. (26) But most concede that these schemes are not going to transform conditions.

(27) Stockbrokers point out that while share prices are falling, they still have a long way to go before they hit any semblance of their real value. (28) Any further purchases of stock by the government to boost prices would be difficult in view of the fact that the state already owns more than 50% of the market anyway.

(29) Real estate agents say that the land values will continue to experience erosion in the next year, for there is already enough empty accommodation to soak up two years of demand. (30) Land values, too, have a long way to go down before they reach the pre-Manakh levels, for during the boom days, buildings and land were being bought and sold with post-dated cheques.

(31) In the months ahead, the government will be coping with the potential fall-out of the recession and the post-Manakh problems, and it will be doing this with a new Parliament and new cabinet of ministers. (32) Innocent people have been affected by the Stock Exchange collapse, and the government may feel some moral obligation to those families who bought stock as a long-term family investment. (33) After all, it was the

lack of state control that allowed the bonanza in forward deals to occur in the first place.

(34) The government is likely to concentrate on healing the social and commercial wounds that the disaster has caused, and it therefore may be tempted to look at ways to boost share and property prices. (35) The experts may say that by doing this, they will miss the chance of achieving an economy with a really solid basis. (36) But certainly that way will be less painful. (37) After 30 years of growing prosperity, anything else would be very difficult for the Kuwaitis to accept.

도미노 효과

(17) 일부 전문가들은 만약 정부가 주가를 올리기 위해 필요한 조치를 하지 않으면, 경제는 불경기로 치달을 수밖에 없다고 믿는다. (18) 주식과 토지는 쿠웨이트의 은행 담보물의 두 가지 대표적인 형태인데, 만약 가치가 계속해서 하락한다면 압류가 불가피하게 된다. (19) 추가적으로 파산이 계속되면서 도미노 효과가 나타나게 된다.

(20) 이러한 불경기의 징조들은 이미 볼 수 있다. (21) 주가는 지난 12개월 동안 50% 하락했고, 올해 초부터 일부의 주가는 추가로 30% 더 하락하였다. (22) 임대료와 토지 가격은 각각 30%, 50%씩 하락하였다. (23) 통화 공급은 하락했고, 은행 신용은 거의 상승하지 않았으며 자본 유출은 계속되고 있다.

(24) 대부분의 지역 재정 실무 책임자들은 쿠웨이트가 자신감을 회복하는 것은 느리고 긴 과정이 될 것으로 내다보고 있으며, 아마도 걸프전이 끝날 즈음이나 혹은 그와 유사한 극적이고 활기찬 무언가와 함께 시작될 것으로 생각한다. (25) 지역 상업계에서는 정부가 더 많이 보통주를 구매하거나 지역 산업을 보호하기 위한 관세 강화, 자유지역의 설립과 같은 다양한 임시방안들을 제시하였다. (26) 그러나 대부분 이러한 조치들이

상황을 바꾸지는 못할 것이라고 전망한다.

(27) 주가가 떨어지고 있는 반면 주식의 실제 가치에 타격을 입히기까지는 아직 많은 시간이 걸릴 것이라고 주식중개인들은 강조한다. (28) 현재 정부가 주식 시장의 50%이상을 보유하고 있다는 것을 고려하면 가격 상승을 위해 정부가 더 많은 주식을 사들이는 것도 어려움이 있을 것이다.

(29) 부동산 중개업자들은 2년간의 수요를 흡수할 수 있는 빈 숙박시설이 충분하기 때문에 내년에도 토지 가치가 계속해서 하락하게 될 것이라고 말한다. (30) 호황기에 건물과 토지는 사후일부 어음수표(post-dated cheque)로 사고 팔렸기 때문에 토지 가치 역시 Manakh 이전 수준까지 낮아지려면 아직 멀었다.

(31) 향후 몇 달 동안 정부는 경기침체의 잠재적인 낙진과 Manakh 이후 문제점들을 처리할 것이며, 이는 새 의회와 내각 각료들과 함께 진행될 것이다. (32) 무고한 일반시민들은 주식 거래 붕괴에 영향을 받을 것이고, 정부는 장기 투자 목적으로 주식을 산 가족들에 대한 도덕적인 책임감을 느끼게 될 지도 모른다. (33) 결국, 이것은 선물환 거래의 호황을 가능하게 했던 국가의 통제 능력 부족 때문이다.

(34) 정부는 이 재앙이 야기한 사회적, 상업적 상처를 치유하는데 집중할 것이고, 주식과 부동산 가격을 상승시키는 방법을 찾으려고 할 것이다. (35) 전문가들은 이렇게 함으로써 탄탄한 기초를 다진 경제를 이룩할 기회를 놓칠 수도 있다고 말할지도 모른다. (36) 그러나 확실히 이 방법이 덜 고통스러울 것이다. (37) 쿠웨이트는 30년 간 성장 번영을 누렸기 때문에 어떤 것도 받아들이기 쉽지 않을 것이다.

6.

단어의 결합

6.1 서론

5장에서 우리는 어휘항목과 표현의 특징, 그리고 그것들의 관계에 대해 살펴보았다. 본질적으로 이러한 특징과 관계는 언어 항목과 말하고자 하는 세계의 측면 간의 연결이라는 관점에서 정의되었다. 그리고 그 관계는 전통적으로 의미론, 즉 의미 연구의 기초로 여겨져 왔다. 사전은 특정 용어가 어떠한 종류의 현상을 설명하는데 사용되는지를 정의하는 방식으로 용어와 표현의 의미를 제공한다. 사전에는 그 용어를 사용한 예뿐만 아니라 해당되는 현상의 그림까지도 수록될 수 있다. 그러나 최근 몇 년간 많은 언어학자들의 관심은 단어들 간의 공기 관계와 이러한 공기 현상과 의미 현상간의 관계에 집중되고 있다.

이 장에서 우리는 먼저 6.2.1에서 사전을 살펴보고, 6.2.2에서 코퍼스의 개념을 살펴볼 것이다. 6.3에서 우리는 연어의 개념을 살펴볼 것이고, 6.4에서 재미있는 의미 운율이라는 연상 현상 또는 '연상에 의한 내포 (connotation)'를 살펴볼 것이다. 마지막으로 6.5에서는 코퍼스로 작업할 때 기억하면 유용한 주의사항에 대해서 소개할 것이다.

6.2 사전과 코퍼스 단어들

6.2.1 사전

사전은 우리가 5.2에서 살펴본 것처럼 단어의 문법에 관한 여러 가지 정보를 제공하기도 하지만, 사전의 주요한 기능은 단어의 의미를 제공하는 것이다. 단어에 관련된 개념 또는 의미와 단어가 어떻게 사용되는지에 대한 예를 제공하는 것이다.

사전은 종류도 다양하고, 크기도 다양하지만(이에 대해서는 Béjoint [1994]2000, 1장을 참고하라) 다음과 같은 사전의 광범위한 구분은(Béjoint [1994]2000: 37-8) 특히 번역가에게 중요하다.

- 일반 사전 대 전문가용 사전: 일반 사전은 현재 표준적으로 또는 비표준적으로 사용되는 어휘와 고어, 폐어 등 모든 어휘변이를 포함한 언어 어휘부의 대표적인 부분을 나타낸다. 일반 사전은 모든 품사의 단어들을 목록화한다. 영어의 경우, Béjoint는 일반 사전의 예로 『옥스포드 영어 사전』을 언급한다. 반면 전문가용 사전은 한 가지 용례 또는 방언, 단어 품사에 한정된다. 전문 텍스트를 번역하는 번역가들은 비즈니스, 화학, 상업, 재정, 건설, 토목공학, 전기공학, 전자공학, 환경 공학, 정보 기술, 텔레커뮤니케이션, 법, 의약품 등과 같은 용어를 망라하는 방대한 양의 전문가용 사전을 사용할 수 있다.

- 단일어 사전 대 이중언어 사전: 단일어 사전은 기술하는 데도 사용되는 언어와 동일한 언어를 묘사한다. 반면 이중언어 사전은 기술하는데 사용되는 언어와 묘사하는 언어가 다르다. 단일어 사전과 이중언어 사전은 일반 사전이 되거나 전문가용 사전이 될 수 있다.

사전편찬자는 어떤 단어가 이 사전에 포함되어야 할지 결정하고, 단어가 정의되는 항목을 만드는 데 자기성찰과 실험, 관찰에 의존한다(Ilson 1991 참조). 1980년대 이후로 사전 편찬자들은 점차 실제 텍스트에서 사용되는 언어를 컴퓨터화한 코퍼스를 분석한 것도 사전에 포함하기 시작했다. 처음에는 문어 텍스트만 포함하였으나 최근에는 구어 텍스트도 포함하기 시작했다. 컴퓨터화된 텍스트 코퍼스에 기초를 두고 만든 최초의 사전은 1987년 Collins에서 만든 COBUILD 사전이다. 이 분야의 발전은 지금까지 매우 빨랐다. 1990이후로 편찬된 사전은 적어도 영어의 경우, 전자 코퍼스와 연관시키지 않은 것이 거의 없다. 일부 코퍼스는 웹상에서도 사용가능하여 번역가들이나 이에 관심 있는 다른 사람들이 스스로 언어용례를 찾아볼 수 있게 되었다. 또한 온라인상에서 사용가능한 사전도 많다.

6.2.2 코퍼스

코퍼스는 언어 관련 연구나 사전 편찬의 목적으로 사용되는 텍스트의 집합이다. 1960년대 이후로 컴퓨터화된 저장공간이나, 검색 장치, 파서 (parser), 콘코던스 프로그램들을 이용하여 전자적으로 코퍼스를 저장하고 탐색하는 것은 점차적으로 일반화되고 있다.

    Hunston(2002: 14-16)은 코퍼스의 종류를 다음과 같이 제시한다.

- 특정 텍스트 유형의 전문화된 코퍼스: 신문사설, 교재나 특정한 주제에 관한 연구기사, 학생들의 에세이, 일상대화
- 다양한 종류의 텍스트들을 포함하는 일반 코퍼스(general corpora): 이러한 코퍼스는 대표성을 갖기 위해 대용량이어야 한다. 예를 들어 2001년 1월 현재 영국국립코퍼스(British National Corpus)(http:// info.ox.ac.uk/bnc.htm)에 100백만의 단어가 수록되어 있고 영어은행(Bank of English)(http://titania.cobuild.collins.co.uk.htm)에는 400백만의 단어가 수록되어 있다고 Hunston은 보고한다.
- 비교 코퍼스: 비슷한 텍스트 유형의 유사한 비율로 두 가지 또는 세 가지 이상의 다른 언어나 언어 변이를 수록하는 코퍼스. 코퍼스는 번역가 훈련에서 자주 사용되고(Zanettin, Bernardini & Stewart 2003 참조) 실제 현장의 번역가에게도 유용한 자료가 될 수 있다.
- 원천 텍스트와 번역본의 병렬 코퍼스: 이 코퍼스 또한 번역가 훈련과 번역 연습에 유용한데 이는 과거의 번역가들의 행동을 알 수 있기 때문이다. 이에 대한 예로 영어와 독일어 텍스트와 그 번역이 포함된 쳄니츠 코퍼스(Chemnitz corpus)(http://www.tu-chemnitz.de/phil/english/real/transcorpus/index.htm)와 영어와 노르웨이어 텍스트와 그 번역이 포함된 영어-노르웨이어 병렬 코퍼스(http://www.hf.uio.no/ilos/english/services/omc/enpc/)가 있다. 대부분의 번역가(그리고 번역을 공부하는 학생들)들이 전자형식으로 번역하고 원천 텍스트 또한 전자형식으로 종종 받는 것을 고려하면, 그들 스스로 자신만의 병렬 코퍼스를 만드는 것이 상대적으로 쉬워지고 이렇게 만들어진 병렬 코퍼스는 미래에 참조할 수 있는 귀중한 자료원천이 될 수 있을 것이다.
- 학생들의 에세이와 같은 학습자 코퍼스
- 다른 시대의 텍스트를 모은 역사적 코퍼스
- 언어의 변화가 발생할 때 그것을 탐지하기 위해 고안된 모니터 코퍼스(monitor corpora)

그리고 원래부터 영어로 된 텍스트와 영어로 번역된 텍스트의 코퍼스가 맨체스터 대학에 있다. 이 코퍼스는 번역과정에서 번역된 텍스트가 번역되지 않은 텍스트와 체계적으로 달라진다는 가능성을 탐색하는 데 사용되어 왔다(Baker 1993, 1995, 1999와 Laviosa 1997를 보시오). 그 예로 Laviosa(1998: 557)에서는 번역된 신문 기사와 번역되지 않은 신문 기사와의 차이점을 아래의 그림 6.1과 같이 밝혔다.

	번역된 텍스트	번역되지 않은 텍스트
타입-토큰 비율	높음	낮음
어휘밀도	낮음	높음
자주 사용되는 어휘 빈도	높음	낮음
수렴도(convergence)	높음	낮음

그림 6.1 번역된 신문기사와 번역되지 않은 신문 기사의 특징

위의 그림에서 신문의 번역된 텍스트가 번역되지 않은 텍스트보다 접근하기 더 쉽다는 것을 알 수 있다. 즉 타입-토큰 비율이 높은 것은 동일한 용어를 자주 사용하다는 것을 말하고, 어휘 밀도(기능어의 비율에 비해 내용어의 비율이 낮은 것)가 낮다는 것은 아이디어 간의 관계가 명시적으로 드러난다는 의미이다. 동일한 단어를 자주 사용한다는 것은 독자가 텍스트에 나오는 내부분의 용이에 친숙할 수 있다는 것이고 마지막으로 수렴도는 각 장르의 '정상적인' 특성을 지향한다는 것인데, 이는 독자가 번역에서 뜻하지 않은 어휘나 통사를 보지 않을 것이라는 것을 말한다.

코퍼스 자료의 방대한 목록을 열거한 예시는 Meyer(2002: 부록1)에서 찾아볼 수 있으며 Meyer(2002), Hunston(2002)에서는 코퍼스 구축과

활용에 대한 바람직한 지침을 제공한다.

6.2.3 연습과 논의
아래의 연습에서 우리는 사전과 코퍼스를 활용하여 번역가들이 5장의 마지막에 나온 경제학 텍스트를 번역하는 동안 겪었을 법한 몇몇 잠재적 어려움들을 어떻게 해결했는지를 조사해본다.

■■■ **연습** ■■■

5장의 마지막에 실린 Kathy Evans의 경제학 텍스트를 읽으시오. 읽으면서 여러분이 만약 『The Banker(은행가)』와 같은 전문 저널의 출판용 텍스트를 번역한다면 단일 언어 또는 이중 언어 사전에서 찾아보고 싶은 단어나 표현들을 목록으로 만들어 보시오.

각각의 자료들에서 여러분이 찾은 단어나 표현을 어떻게 다루고 있는가? 각각의 자료가 여러분이 하는 번역을 어떠한 방식으로 돕는가?

■■■ **논의** ■■■

여러분의 목록에서 다음의 용어들을 포함하는지 말해보시오.

    crude

    tailspin

    foreclosures

물론 하나의 용어는 주제 특수적이고('crude'), 또 다른 용어는 다른 주제 영역에서 전이되어 이 텍스트에서 은유적으로 사용되었고('tailspin'), 마지막 용어는 경제와 재정관련 담화에서 온 기술적 용어('foreclosures')이다. 이러한 용어들은 『Longman Dictionary of the English Language(롱맨영어사전)』(1984)(Longman), 『Collins Cobuild English Language Dictionary(콜린스코빌드영어사전)』(1987)(Cobuild), 『Cambridge International Dictionary of English(캠브리지영어국제사전)』(1995)(CIDE)에서 다음과 같이 설명되고 있다(발음과 어원적인 정보는 표시하지 않음).

롱맨	코빌드	캠브리지
crude *n* a substance in its natural unprocessed state; *esp* unrefined petroleum.	**crude oil** is oil that is in a natural state and has not yet been processed or refined. EG *The Soviet union was the world's leading crude oil producer.*	**Crude** or **crude oil** is oil in a natural state that has not yet been treated: *70 000 tonnes of crude oil has poured out of the damaged tanker into the sea.*

각 표제어는 금융텍스트에서 사용된 것처럼 독자들이 그 용어를 이해할 수 있도록 만들어주는 정보를 제공한다. 『롱맨』이 비록 정제되지 않은 휘발유를 'crude'로 지시될 수 있는 가장 그럴듯한 물질로 선택하고 있지만, 어떠한 예문도 제공하지 않는다는 것은 주목할 만하다.

롱맨	코빌드	캠브리지
tailspin *n* 1 SPIN 2a (aerial manoeuvre) 2 a mental or emotional collapse; loss of capacity to cope or react 3 a sharp financial depression <*may tip the economy into a ~ -Newsweek*>	If a plane goes into a **spin**, it falls very rapidly towards the ground in a spiral movenent.	*(fig.) The country's economy seems to be spinning out of control* (= experiencing fast change in an uncontrolled way).

이 경우에 검색용어를 포함한 유일한 사전이 『롱맨』이고, 또한 여기서 금융텍스트에서 특별히 적절한 예를 제공하고 있다. 『코빌드』와 『캠브리지』의 경우 spin이라는 용어를 검색했을 때 금융 텍스트에서 사용되는 용어의 의미를 이해하는데 도움이 될 만한 정보를 제공하고 있지 않다. 그러나 『롱맨』에서 제공하는 정보가 핵심에 더욱 가깝고 실제 텍스트에서 나타나는 의미를 제공하고 있다.

롱맨	코빌드	캠브리지
foreclosure *n* an act or instance of foreclosing; *specif* a legal proceeding that bars or extinguishes a mortgagor's right of redeeming a mortgaged estate.		foreclosure

| foreclose *vt* 1 to deprive (a mortgagor) of the right to redeem property, usu because of nonpayment 2 to take away the right to redeem (a mortgage or other debt) ~ *vi* to foreclose a mortgage or other debt. | **foreclose, forecloses, foreclosing, foreclosed.** If the person or organization that lent someone money **forecloses**, they take possession of the property that was bought with the borrowed money, for example because regular repayments have not been made; a technical term. EG *My bank foreclosed on me.* | foreclose *v specialised* (esp. of banks) to take back property that was bought with borrowed money because the money was not being paid back as formally agreed. *In a recession banks tend to foreclose on businesses that are in financial difficulty.*[I] *Their building society has foreclosed their mortgage.* [T] |

위와 같은 경우, 『롱맨』과 『캠브리지』 모두 'foreclosure'을 검색용어로 수록하고 있으나 『롱맨』만 표제어로 정보를 제공하고 있다. 이 정보는 우리의 목적에는 충분할지 모르나 만약 충분하지 않다면 'foreclose'을 검색해보면 된다. 『캠브리지』의 경우에는 'foreclose'로 넘어가서 검색하는 것이 반드시 필요한데 『코빌드』의 경우, 독자는 검색용어와 'foreclose'라는 표제어 간의 연결고리를 만들어야 한다. 논란의 여지가 있으나 『캠브리지』의 예가 가장 유용하다.

이렇게 사전을 서로 비교해 보는 것은 어떤 사전이 다른 사전에 비해서 더 우월하다거나 열등하다는 것을 판단하려는 목적이 아니다(사실상 이 세 가지 용어를 근거로 판단한다는 것 자체가 어리석은 일일 것이다). 오히려 각 사전들이 각기 다른 종류의 정보와 사용자를 우선시한다는 것을 밝히고 또한 이 점이 명백히 내용에 영향을 준다는 것을 알아보기 위함이다. 『롱맨』은 주로 영어 원어민 화자를 염두에 두고 만들어진 것이다. 영어 원어민 화자들은 거의 기술적이고, 거의 전문적인 텍스트를 다양하게 읽을 것이고, 다양한 종류의 단어에 관한 정보를 얻으려고 할 것이기 때문이다. 그러나 원어민 화자들은 텍스트에서 표현을 어떻게 사용하는지에 대해 꽤 정확한 감각을 지니도록 요구되기 때문에 용례들도 사용법을 아는 데 도움을 주기 보다는 그 정의를 아는 데 도움을 주도록 되어 있다.

이와 대조적으로 『코빌드』와 『캠브리지』는 학습자들의 사전용으로 만들어졌기 때문에 『롱맨』보다는 기술적이거나 거의 기술적인 용어 그리고 고어체 용어들을 적게 포함하고 있고 사용법을 예시하기 위해 예문에 크게 의존하고 있다. 『코빌드』와 『캠브리지』둘 다 전자코퍼스를 근간으로 삼고 있는 반면, 『롱맨』은 자료를 활용하는 기존의 전통적인 방식으로 구축되었다고 볼 수 있다.

이들과 비슷한 유형의 사전은 인터넷 사이트 http://www.yourdictionary.com/에서 찾아볼 수 있다. 또한 여러 코퍼스에 직접 접속하는 것도 가능하다. 대부분은 구독료를 지불해야 하지만 영국국립코퍼스(BNC)는 샘플을 무료로 제공한다. BNC 샘플 중에서 일정 기간동안 최대 40개의 목록을 BNC 홈페이지를 통해 볼 수 있다. 이와 유사한 서비스가 콜린스코빌드 홈페이지를 통해서도 이용가능하다. 콜린스코빌드 코퍼스의 예들은 흔히 문맥 속 중심어 혹은 KWIC콘코던스로 제시된다. 2003년 4월 19일 코빌드 콘코던스 샘플에서 우리가 제시한 세 가지 용어들은 다음과 같이 검색된다.

Crude

The market price of North Sea Brent	crude	has moved above thirty-four-dollars
in New York and for North Sea Brent	crude	in London, and West Texas
spilling at least 4,000 barrels of	crude	in Colombia's central middle
of energy futures, including Brent	crude	oil, Dubai sour crude oil, gas oil,
President Bush ordered the sale of	crude	oil from the United States
release of five million barrels of	crude	oil from United states reserves in
average. The price that you pay for	crude	oil is greater at the moment than
announced that it has increased its	crude	oil production to six-hundred-and-
if all of her 147,000 tonnes of light	crude	oil are washed ashore. [p] If the
impact on oil prices. The price of	crude	oil closed near record levels today
report showing a large drop in US	crude	oil supplies and comments by a
[p] Now that the crisis has made	crude	oil a hot commodity, the New York
In London, Britain's North Sea Brent	Crude	oil fell to $ 23.50 a
decline. Carl Kasell, newscaster: [p]	Crude	oil prices fell to a seven-month
s main indicators—North Sea Brent	crude	—rose by one and a half dollars

(사전과 같이) 코퍼스는 석유 생산과 관련된 것(우리는 이 의미가 우리가 원하는 의미라는 것을 안다. 왜냐하면 5번째 문장에서 'as a producer of medium heavy crude oil'이라는 표현이 있었기 때문이다) 외에 crude의 다양한 의미 목록을 제공한다. 여기서 다른 의미는 삭제되었다. 콘코던스 배열에서 'crude'가 5번째 문장에서 'producing light crudes'처럼 명사로 쓰이거나 명사 'oil'을 수식하는 형용사로 쓰였음을 알 수 있다. 위의 콘코던스에서 왼쪽에서 가장 많이 나타난 용어(검색어 바로 앞에 오는 단어)는 'North Sea'와 함께 쓰이거나 쓰이지 않은 'Brent'이다. 그럴 법도 한 것이 위의 콘코던스가 주로 국내 문제에 관심을 두는 영국 텍스트에서 나온 것이기 때문이다. 왼쪽에서 연어로 'US'가 나타난다는 것은 적어도

North Sea Brent와 다른 원유가 있다는 것이다. 또한 'crude oil from the United States'와 흥미로운 표현인 'Dubai sour crude oil'가 언급되었다. 오른쪽에서 crude와 가장 많이 공기하는 표현(검색어 바로 다음에 나타나는 단어)은 분명 'oil'이다.

Tailspin

	tailspin	
efforts. Throw your skin into a	tailspin	all over again. [h] That's where
yesterday. [p] Shares went into a	tailspin	and sentiment was battered even
Soviet Union out of its economic	tailspin.	Justin Burke has details from
like his car, is not in a permanent	tailspin,	particularly as Coulthard's
the European bond market into a	tailspin.	Quantum is to be commended for
effect, the economy could go into a	tailspin.	The president has wooed Federal
knocked world stock markets into a	tailspin.	This Good Friday the US
suicide sent the shares into a	tailspin,	undermining bank loans. The

앞서 살펴본 금융 텍스트에 'tailspin'이 나타난 절은 'the economy could be heading for a tailspin'(17번째 문장)과 'The signs of this tailspin can already be seen'(20번째 문장)이다. 21번째 문장은 다양한 경제적 요소들을 언급함으로써 20번째 문장을 자세히 설명하고 있기 때문에 20번째 문장에서 문제의 tailspin은 당연히 'tailspin'을 직접적으로 경제적 사건과 연관시킨 17번째 문장에서 언급된 것과 같다는 것이 확실하다. 콘코던스 목록을 보면 검색어 왼쪽으로 경제와 관련된 다양한 용어들('shares', 'economic', 'bond market', 'economy', 'stock markets')이 나타나고 있는데, 이는 이 단어가 이러한 맥락에서 흔하게 사용된다는 것을 확인시켜주는 결과이다(사실상 이 맥락이 가장 흔한 맥락이기도 하다). 게다가 이 목록

은 tailspin이 피부, 자동차와 함께 나타난 예도 제공하고 있다.

Foreclosure

no calling in of loans, no	foreclosure.	[p] The notion of the air as a
that if left unpaid can result in	foreclosure.	[p] [f] Back ratios [f] include
a situation that can result in	foreclosure.	[p] Not all second trusts are
can regain possession without a	foreclosure.	[p] Why no foreclosure? Because
no commitment has yet been made.	Foreclosure:	A commitment has been made
property would have fallen into	foreclosure.	As a practical matter, Sinclair
report indicates a bankruptcy,	foreclosure,	attachment, garnishment,
report indicates a bankruptcy,	foreclosure,	attachment, garnishment,
without a foreclosure. [p] Why no	foreclosure?	Because a land contract
no home and therefore faced no	foreclosure.	Being on the road was in many
it will lose money on the deal.	Foreclosure	expenses, coupled with lost
s traditional enforcement tool,	foreclosure,	may be unworkable. [p] Imagine
offer to a homeseller who faces	foreclosure	maybe regarded as '
Harshburger wants a four-month	foreclosure	moratorium and is investigating
troubles. [p] I was looking at	foreclosure	on my house in January and now I'
and I'm concerned about	foreclosure	proceedings on The Antibes that
Mrs. Sklar had recently promoted,	foreclosure	proceedings had been avoided in
and unpaid liens can lead to	foreclosure.	Since condo associations
people at every age were in the	foreclosure	status, which may indicate that
Marcia's formulation is that the	foreclosure	status is less developmentally
than are those in the diffusion or	foreclosure	statuses (Leadbeater & Dionne,
missed mortgage payments and face	foreclosure	will often sell at discount, but
culture. Key Terms androgyny (xx)	foreclosure	(xx) gender concept (xx) gender

흥미로운 사실은 'crude'와 'tailspin'에 대한 콘코던스 목록이 실제 사용에

대한 뛰어난 예를 제시하지만 의미에 대해서는 실제로 큰 도움이 안 된다는 것이다. 'crude'에 대한 콘코던스 목록에서 crude oil이 가공되지 않은 기름이라는 것을 나타내는 예가 없으며, 'tailspin'에 대한 콘코던스 목록에서도 그것이 무슨 의미인지는 알 수 없다. 이와 대조적으로 'foreclosure'에 대한 목록은 대출, 체납, 자산, 파산, 토지계약, 주택판매업자, 주택, 그리고 모기지 지불을 상기시키는 용어들과 연결시킨다. 이 모든 것은 종합적으로 foreclosure가 무엇과 연관되는지에 대해 꽤 훌륭한 지침을 제공하지만, 명확한 정의를 알아보기 위해서는 역시 사전을 찾아보아야 한다.

이것이 제시하는 바는 모르는 단어의 의미를 찾을 때에는 적당한 크기의 사전이 가장 빠르고 좋은 방법이 된다는 것이고, 이에 반해 코퍼스는 실제 사용에 대한 필요한 정보(사전에서 제시하는 여러 가지 의미 중에서 특정 텍스트에 맞는 의미가 무엇인지를 결정할 때 도움을 줄 수 있는 정보)를 제공한다는 것이다. 또한 번역가가 목표언어로 어떤 용어를 사용할지 결정하면 코퍼스는 그 용어가 적절하게 맞아떨어지는 구조에 대한 바람직한 정보를 제공할 수 있다. 이러한 정보는 특히 L2 언어(번역가의 모국어나 습관적으로 사용하는 언어가 아닌 언어)로 번역할 때 중요하지만 원천 텍스트의 언어에서 잘못 전이시키는 것을 막기 위해 L1으로 번역하는 번역가에게도 유용하게 사용될 수 있다.

6.3 연어

우리가 앞서 살펴본 것과 같이 함께 나타나는 단어의 경향에 초점을 두는 검색은 사실상 '연어(collocation)'에 대한 검색이다. 이 용어는 J. R. Firth(1957)가 연구의 목적으로 만든 용어로, 상당히 근접한 거리에서 단어가 규칙적으로 나타나는 특정 집합에 대한 경향을 조사하기 위한 것이다.

코퍼스는 그 안에 저장된 단어, 구, 구조와 또한 술어의 세부사항에 대해 발생 빈도를 측정하는 데 사용될 수 있다. Hunston(2002: 21)이 지적했듯이 모국어 화자조차도 이러한 현상들에 대해 신뢰할만한 생각을 못하는 경우가 종종 있다. 번역가들이 모국어가 아닌 언어로 번역한다거나 모국어가 아닌 원천 텍스트가 번역가의 판단을 흐려지게 할 때에나, 혹은 번역가에게 생소한 장르로 번역해야 할 때에는 이러한 경향이 더욱 심해질 것이다. 이런 경우에는 코퍼스를 활용하는 것이 매우 큰 도움이 될 수 있다. 다음의 이탈리아 베르티노로의 대학생활원(University Residential Centre)에 대한 발췌문을 살펴보자.

Il simbolo dell'ospitalità di Bertinoro è la colonna degli anelli, posta di fronte al Palazzo Comunale ed eretta dai signori del luogo, nel 1300 circa, per porre fine alle continue dispute che sorgevano fra le famiglie nobili del tempo per dare ospitalità ai forestieri che raggiungevano il paese. Alla colonna furono affissi tanti anelli quantre erano le famiglie del posto: il forestiero che arrivava in paese legave il suo cavallo ad un anello e diventava automaticamente ospite della famiglia cui l'anello apparteneva.

이 지문은 다음과 같이 영어로 번역되었다.

The symbol of Bertinoro hospitality is the Column of the rings, sited in front of the Town Hall and raised, in about 1300, by the Princes of the town to put an end to the continuous controversies which arose among the noble families of that time because of their wish of giving hospitality to the foreigners which reached their little town. Some rings, the same number of the families living in Bertinoro, were hung to the column: when the foreigner arrived he fastened his horse to a ring and he automatically became the guest of the family which that ring belonged to.

번역에서 문제가 되는 표현은 다음과 같다.

their wish of giving

rings ... were hung to the column

비 모국어 화자들에게 동사에 적절한 전치사를 붙이는 것은 어렵기로 널리 알려져 있고, 또한 사전도 모든 경우를 다 설명할 수 있도록 명확하게 맥락화시킨 정보를 항상 제공하는 것은 아니다. 이러한 경우, 코퍼스가 굉장히 도움이 될 것이다. 영국국립코퍼스의 무료 샘플 검색 (2004년 5월 28일)은 다음 53개의 'wish'에 대한 예를 제공한다. 이 예들은 검색 엔진에 의해 검색된 11,448개의 예들 중에서 무작위로 선택되었다(일부 공기 텍스트는 삭제되었고 검색 용어는 띄어쓰기로 나머지 텍스트에서 분리시켰다). 이 검색 엔진은 각 검색 용어에 대해 50개의 예를 제공하나, 그 중에 'wish'가 2번씩 나타난 것이 3개 있다.

Few readers will	wish	to make wood blades
what their ablest teachers	wish	to give them.
I	wish	I could say the same for ours
if you	wish	your child or partner to desist

(or a simple mains unit if	wish)	are fixed to the base
We would not	wish	to underestimate the difficulties
I ... am beginning to	wish	that I did
I have no	wish	to be seen like this
I	wish	it would happen more often.';
motorists who	wish	to halt and admire the superb view across to Skye
Do you ever	wish	you were someone else?
unless you	wish	to make a serious request.
the charity you	wish	to help direct.
in view of my	wish	to make some sort of contribution
one party may	wish	to inspect documents
initiating from the	wish	of people to have greater
free to indulge, if they so	wish,	in areas outside of productive work, such as
education, but also those who	wish	to use the money from their labour
The photographs ... seem to	wish	to express some more personal aesthetic statement.
The applicants	wish	to know the nature and extent of their receivership
I really	wish	I'd been told that I looked disgusting!
Oh god, I	wish	the shops were open,
you can go on home if you	wish.	
We	wish	to focus on two issues
artists who	wish	to combine images
fees for ... only apply if they	wish	to take part in the main competitions.
She didn't	wish	Roman's company any harm at all
representatives might	wish	to see a general extension of legal services they
would not	wish	the value of their own legal services to members to
I	wish	you a profitable day.
With every good	wish	from us all here
we	wish,	following Cauchy, to set up a molecular theory
things he would surely	wish	to know.
If you	wish,	we can let the matter drop

You	wish	to see me
those who	wish	to direct their care and attention to the living.
you surely	wish	to please the Master
I	wish	to refute Alan Davidson's comment
I	wish	to rest now.'
people who	wish	to claim backdated benefits.
they	wish	to take early retirement,
The .. countries stressed their	wish	to join the EC
If you	wish	me to give evidence
If you	wish	to base the current SPR on an existing SPR
government appears to	wish	to introduce a benefit-reated tax
whether they	wish	to include the words in square brackets.
The teacher may	wish	to introduce pupils to evidence from archaeology
I	wish	to differentiate between
the tenant will	wish	to deal with the premises
the landlord will	wish	to exercise fairly strict control over alienation
groups which ... did not	wish	to be involved in these narrow manoeuvres.
I don't	wish	to hear this
	Wish	I could afford a new car

우리의 관심인 문제가 된 표현은 'their wish of giving'이다. 코퍼스 예에 대해서 주목해야 할 첫 번째 사항은 'of' 앞에 나타나는 'wish'의 예는 'wish of people to have greater'에서 처럼 오직 한 번이었다는 점이다. 즉 'wish' 뒤에 전치사처럼 보이는 요소가 나오는 한 경우를 제외하고 모든 경우에, 전치사는 'to'이며 이 전치사는 부정사로 기능한다. 이상한 예는 'free to indulge, if they so wish, in area...'이고 여기서 'in'은 'indulge'에 속하는 것이지 'wish'에 속하는 것이 아니다. 문제가 된 표현과 마찬가지로

소유 한정사 다음에 'wish'가 나오는 예는 두 가지 'in view of my wish to make some sort of contribution', 'the...countries stressed their wish to join' 예가 있다. 이 두 경우에서 'wish'는 각각 'make'와 'join'의 동사 원형을 이끄는 'to' 앞에 나온다. 'wish' + 'of'의 예는 동사가 아닌 명사 'people'을 선행하고 'wish of people'은 실제로 'of'와 함께 나타난 소유격의 예이다. 'wish' 다음에 'of + 동사 - ing'가 나오는 경우는 없다. 이러한 증거로 볼 때, 확실한 판단이 서지 않는 번역가들은 'their wish to give'를 쓰는 것이 합당하다고 느낄 수 있을 것이다.

6.3.1 연습과 논의

■■■ **연습** ■■■

베르티노로 번역에서 'their wish of giving' 다음에 'hospitality'가 나타난다. 'wish'를 검색한 콘코던스 배열을 감안하면 영어에서 더욱 자연스러운 표현은 'their wish to give'일 것이다. 그러나 그 다음에 'give'의 목적어로 'hospitality'가 나타났다. 여러분은 'give'가 'hospitality' 앞에 쓰일 수 있는 적절한 동사라고 생각하는가?

　　여러분의 직관을 확인하기 위해 'hospitality'에 대해 BNC나 유사한 자료를 검색해보아라. 만약 검색이 잘 안되거나 납득되지 않는 결과가 나온다면 문제가 되는 공기 텍스트에서 가장 적절한 구조를 만들어 낼 수 있는 다른 방법을 생각해보라.

■■■ **논의** ■■■

2004년 5월 30일 BNC의 무료 샘플을 검색하자 동사 + 'hospitality' 구조에 대하여 세 가지 동사가 검색된다. 바로 'show hospitality', 'provide hospitality', 'return hospitality'이다. 세 번째는 베르티노로 텍스트의 문맥에 적합하지 않은데, 이는 그 마을의 귀족 가문이 호의를 받기를 바라는 사람들을 이미 방문했다는 단서가 없기 때문이다. SHOW + HOSPITALITY (작은 대문자는 레마를 나타냄을 기억하라—5장 참고, 코퍼스는 'show/shows/showed/showing/hospitality'로 검색하였다)는 오직 한 번만 나타났기 때문에 납득시키기에 충분하지 않다. PROVIDE + HOSPITALITY의 경우, 'hospitality'를 동사의 직접 목적어로 가진 것은 전체 코퍼스 중에서 다음의 예들이 전부이다.

Some details of this tenure are reminiscent of a former age, not least the obligation to provide hospitality (gîte) and domestic service to the king-duke when he visited Aquitaine.

Rotary committee chairman Tony Dennett said: ';The lunch is an ideal opportunity for us to provide hospitality to these students

They provided hospitality to travellers

Under the same management as the Villa San Paolo down the road, it shows the same ability albeit in a different category, to combine taste and comfort in providing hospitality.

The town has also ar [sic] institution called the Spittel, built from an endowment of 1225 which laid an obligation upon the Teutonic Order to maintain a hospice for tending the poor and providing hospitality to pilgrims.

생각해보거나 서전을 검색해보면 EXTEND + HOSPITALITY와 OFFER + HOSPITALITY가 다른 가능한 조합이라는 것을 알 수 있을 것이다. 다음의 예는 BNC에서 찾은 것들이다.

EXTEND + HOSPITALITY

The prioress ... and asked one of the sisters to extend hospitality to the pedlar.

There must therefore have been a certain piquancy for him in now extending hospitality to the fallen monarch.

Richmond Town Council is to send a town crest shield to the council in the city of Marong, Australia, after its mayor extended hospitality to Coun John Blenkiron, mayor elect of Richmond, during his visit to the area.

OFFER + HOSPITALITY

We ... would also like to be able to offer hospitality in local members' homes.

It was one thing to offer hospitality, quite another to extend the boundaries of tolerant understanding to dark moods and sudden rages.

Instead she told herself that it was only fair to offer hospitality.

You may be kind of blackmailing people to perhaps indiscriminately offer hospitality.

Explain situation to Elaine, who though clearly suffering from flu, offers hospitality, tea, TV for kids, etc.

A woman who offers hospitality to guests is more honourable than one who has to take in lodgers for a fee.

Others in the local community joined in with this socialising process, offering hospitality and a chance to mix with adults and children on a day-to-day basis.

The rites of entertaining and offering hospitality.

In previous years the banks have been lined with marquees offering hospitality as riverside farmers cash in on the regatta ... even though they have virtually nothing to do with it.

Nevertheless, the O'Rourke of the day offered hospitality and refuge to Captain Francisco de Cuellar and his crew.

Borrows was not apparently disconcerted to find the coach meeting the train at Plymouth was full but set out accordingly on foot to St. Cleer, where he was offered hospitality by the Taylor family at Penquite Farm.

The patrons of the first and second kinds offered hospitality, reward and (in some cases of the second kind) direct monetary exchange,

Tweeddale District Council has kindly offered hospitality in the form of a
Cocktail Party prior to dinner.　　　　　-

이와 대조적으로 GIVE + HOSPITALITY의 경우는 전체 BNC에서 단 세 개
의 예만 나타나는데 모두 과거 시제이고 역사적 설명에서 나온 것처럼
보인다.

In the time of Henry VII he had stripped the whole of Fife of oak and
fir trees in order to build a huge man-of-war, the Great St Michael, and
had given hospitality to the impostor Perkin Warbeck as son of Edward IV
and therefore rightful king of England.

Tudor England was no cultured and sophisticated Italian state, but the
country did feel the influence of the humanists and gave hospitality to
Erasmus.

In 1853 Mrs Reid gave hospitality to Harriet Beecher Stowe, who had
come to England to speak about slavery at private gatherings of women,
and in 1860 she shared her home with Sarah Redmond, the first black
woman to undertake a public lecture tour in Britain on the slavery
question, who later studied at Bedford College.

다음으로 'rings... were hung to the column'라는 명제에 BNC가 도움이
될 수 있는지 함께 살펴보자. 이 경우에 검색 용어는 'were hung'이고, 코

퍼스에서 66개의 예들 중 50개를 무작위로 선택했다.

The walls	were hung	with competent oils.
a space in which the pockets	were hung	and for stoking the fires in the kilns.
on which ... paintings ...	were hung,	
rails where wet clothes	were hung	to dry
the walls	were hung	with dead rabbits
The walls	were hung	with posters
the walls ...	were hung	with a miners' banner and posters
the ... ringleaders	were hung,	and the Indians' lands opened
The bodies ...	were hung	upside down from a girder
their bodies	were hung	in chains at various crossroads on the moor.
the tall windows	were hung	with red velvet draperies
Finished cloth and yarn	were hung	out for the approval of the merchants
Three of them	were hung.	
garden implements	were hung	on hooks outside, below the fascia.
doors ...	were hung,	the locks and handles fitted and ...
the walls	were hung	with some of Hugo's collection
The walls	were hung	with furs
her underclothes	were hung	over a chair.
The walls	were hung	with abstracts.
Around the frames	were hung	walls of lath and plaster,
the small boxes	were hung	from the top edge of the dash either side.
portraits, which	were hung	on the gallery walls.
the lime trees	were hung	with pale, yellow-green, dangling flowers.
all four walls	were hung	with gun racks.
At Chalton the doors	were hung	inside the building
the two ... horizontal pieces	were hung	while everything was still wet and workable.
On the walls	were hung	religious pictures of Christ

Perhaps nets	were hung	over windows and doorways in the temples
before they	were hung.	
His jackets	were hung	on the backs of chairs
The walls	were hung	with elaborate textiles,
several grotesque fish ...	were hung	on hooks beside dried roots.
they	were hung	up to be smoked.
The trophies	were hung	according to their comment
birds in cages	were hung	from lamp posts,
All the walls	were hung	with hunting prints
to ensure that they	were hung	together,
Braque's entries ...	were hung	in the Fauve room.
the walls of her hall	were hung	with examples of her work.
walls which	were hung	with oleographs of old sailing vessels.
round the horses' necks	were hung	the bloodstained cloaks and trophies
Fairy lights	were hung	over many of the mosques and houses.
torsion balance from which	were hung	masses made of the two materials
the high walls of the hallway	were hung	with modern tapestries
new shoots	were hung	along the branches of each tree
huge beautiful things that	were hung	from the ceilings on bits of thread.
the other walls	were hung	with home-produced charts
All his suits	were hung	in the wardrobes in covers.
they	were hung	at different heights
Well they	were hung	up on the board in OSD on Friday

문제가 된 표현은 'rings ... were hung to the column'이다. BNC에서 찾은 예 중에 16개는 'walls were hung with' 류의 것들이다. 이러한 구문에서 'hung with'는 문법적 주어('walls')에 의해 나타내어진 항목의 거의 전체적 인 덮개를 나타내고, 그 의미는 '-로 장식된(decorated with)'이란 의미와

'-로 덮힌(covered with)'이란 의미의 중간이다. 여기서 중요한 점은 'hung' ('affissi'의 번역으로)의 의미가 아니고, 'hung'을 따라오는 적절한 전치사로서 'with'가 부각된다는 것이다. 위의 예들에서는 'hung'이 전치사 없이 쓰인 경우가 많이 포함되어 있는데, 문맥상 한 사람이 죽을 때까지 교수형으로 목이 매달려 있다는 의미이거나, 문이나 다른 큰 비행기들이 그 자리에 멈춰있다는 의미를 나타낸다. 전치사와 함께 쓰인 나머지 예들은 다음과 같다(옷을 고정하는 방식과 상관없는 'rails where wet clothes were hung to dry'는 제외한다. 사실 옷들이 난간에 접촉해 있는지의 여부가 전혀 명확하지 않다. 전체 문맥은 다음과 같다. 'There were several hot-water pipes leading off from the stove, heated rails where wet clothes were hung to dry and plates of food were left to keep warm after serving': 여기에서 'hung up'의 두 가지 예도 제외한다).

a space in which the pockets	were hung		(in)
on which ... paintings ...	were hung,		(on)
The bodies ...	were hung	upside down from a girder	(from)
their bodies	were hung	in chains	(in)
garden implements	were hung	on hooks outside	(on)
her underclothes	were hung	over a chair.	(over)
the small boxes	were hung	from the top edge	(from)
portraits, which	were hung	on the gallery walls.	(on)
On the walls	were hung	religious pictures of Christ	(on)
Perhaps nets	were hung	over windows and doorways	(over)
His jackets	were hung	on the backs of chairs	(on)
several grotesque fish ...	were hung	on hooks beside dried roots.	(on)
birds in cages	were hung	from lamp posts,	(from)

Braque's entries ...	were hung	in the Fauve room.	(in)
round the horses' necks	were hung	the bloodstained cloaks	(round)
Fairy lights	were hung	over many of the mosques	(over)
torsion balance from which	were hung	masses	(from)
new shoots	were hung	along the branches	(along)
huge beautiful things that	were hung	from the ceilings on bits	(on)
All his suits	were hung	in the wardrobes in covers.	(in)

'in'이 전치사로 선택된 예가 세 가지 있는데 이 중 두 가지는 공간(방, 옷장) 안에 있는 것을 나타낸다. 세 번째인 'hung in chains'에서 문제가 되는 것은 몸을 매는데 쓰인 재료가 사슬이라는 사실이다. 이러한 상황들 중 어떤 것도 반지나 기둥과 관련된 것은 아무것도 없다. 'over'와 함께 쓰인 예들은 모두 반지와 다른 휘감기에 충분한 부드러운 물질이다((장식용)꼬마전구는 (신축성 있는) 전선에 붙어있다). 그러나 말의 목 주변에 망토가 둘러 질 수 있는 것처럼 그 반지들이 기둥 주위를 둘러 쌀 수 있는 것은 가능지만 실제로는 그럴 것 같지는 않다. 있음직하지 않는 예들을 제거하고 나니, 7개의 'hung on'의 예, 4개의 'hung from', 한 개의 'hung along'이 남는다. 그러나 'along'은 실제로 가지가 수평의 표면을 나타내듯이 수평이지만, 기둥은 수직이다. 'from'을 가진 예들은 대들보로부터, 꼭대기 모서리로부터, 가로등으로부터, (덜 확실하게) 비틀어진 균형으로부터 자유롭고 직각을 이루는 매달림을 나타내는데, 이는 기둥과 관계된 반지와 상관이 없다. 'on'이 있는 예들 일부도 자유로운 매달림을 나타내는 것은 사실이지만, 그 예들 모두가 이를 나타내는 것은 아니다 (on walls; on backs of chairs 등의 예). 그리하여 우리 번역가들은 이와 같은 조사와 검토를 마친 후에 'rings ... were hung on the column'이라고

쓰기로 결정할 것이다. 그리고 심지어 'rings ... were hung from the column'을 'rings ... were hung to the column'보다 선호할 것이다.

사실 이 맥락에서 보면 'hung'이 'affissi'를 표현하기 위한 최선의 동사가 아닐 것이다. 여러분이 대안을 제시해 볼 수 있겠는가? 만일 이탈리아어가 여러분의 모국어가 아니라면 빠른 번역을 구하기 위해 'Babelfish' 같은 인터넷 번역기를 사용해 보시오. 여러분이 문제의 맥락에 가장 적절한 영어 등가어를 찾는 것을 돕기 위해 BNC를 사용하는 방법을 고안해 보시오. 위의 번역에서 또 다른 문제가 되는 표현을 찾아보시오. 번역가가 더 나은 표현을 선택할 수 있도록 도와줄 수 있는지 확인하기 위해 BNC나 유사한 자원을 검색해보시오.

6.3.2 의미적 운율(연상을 통한 내포의미)

의미적 운율에 대한 개념은 가장 최근에 John Sinclair(1991)와 Bill Louw (1993, 1997)의 연구에서 나왔다. 의미적 운율은 한 단어나 표현이 매우 규칙적으로 한 단어나 특정한 내포를 공유하는 다른 단어 집합이나 표현과 규칙적으로 함께 나타날 때 발생한다. 이러한 내포는 규칙적인 공기를 통해 마디용어(node terms)에 '침투한다'. 예를 들어 Sinclair(1991)는 구동사 'set in'이 그 자체로는 긍정 또는 부정 내포의미에서 크게 상관없는 것으로 보이지만, 실제로는 'rigor mortis(사후경직)', 'rot(부패)', 'winter (겨울)'와 같이 일반적으로 부정적인 내포의미를 나타내는 용어들과 연어 관계를 형성하며 사용되는 경향이 있다고 말한다. 이는 'the current

economic recovery set in last year'과 같은 표현이 다소 이상하게 보일 수
밖에 없다는 말이 되고, 이러한 어색함 때문에 번역 과정에서 일반적으
로 가장 잘 피하게 된다는 것을 의미한다. 의미적 운율에 대한 직감은 코
퍼스에서 쉽게 확인할 수 있다. 예를 들어 주로 남성성, 엄숙함과 관련된
형용사인 'handsome'을 2003년 10월 8일 무료 콜린스코빌드 코퍼스 샘플
에서 검색하자 다음의 40가지 예가 나타났다.

Abasio was tall, and strong, and	handsome.	Abasio was a prince
at least you can add a	handsome	accessory to your wardrobe
own home/car, wants black male,	handsome,	affluent, fit, into Roots
fen villages—indeed, it's rather	handsome.	And The Kings is a
Life! formula. He was so clever and	handsome	and such a quick thinker that
He was suddenly so	handsome	and resigned that Kate knew
in Victorian style, but including	handsome	bathrooms, air-conditioning,
falls in live with	handsome	boy;
	handsome	boy's head is turned by other
setting beside Colmore Row, stands	handsome,	but admittedly modest,
The dining room is high and	handsome—	candle-lit by fine chandeliers,
the Volkswagen Corrado. Here was a	handsome	coupe which could provide a
Mae began asking me about this	handsome	crimebuster type
had grown older not too well, still	handsome	enough behind that footlights
when she was six, showed Jane's	handsome	father escorting her
Barrett House, an imposingly large,	handsome,	Federal-style mansion,
Good colour schemes and	handsome	furnishings would make them
Special presentable	handsome	loving, humorous, brown
Write to Box 8852a. [p]	HANDSOME,	Indian male graduate, 26, 6´2
clinic and was promised a fine,	handsome	male nose. Just before the
The oncologist was a very	handsome	man. When he asked if I had

and John Tilbury was a	handsome	man. They met and soon fell
Me: 39, 5´11 75kg,	handsome,	masculine and intelligent
Cute's not the word.	Handsome.	Mega-handsome. Cover-guy
Circe [p] COSMOLINE: A tall, dark,	handsome	pay rise? If you want to hear
Oh it is a	handsome	place, green lawns and tall
her Texan dude. [p] Originally,	handsome	playboy Steve was to have
foursomes event, was relying on a	handsome	prize that week to pay some
the business provided a	handsome	return on the Trust's
from sustainable Canadian Maple, a	handsome,	richly grained wood, the
medium built, very-fair complexion,	handsome,	seeks attractive, single girl
male, 38, 5´7 intelligent, sincere,	handsome,	seeks younger, pretty, sexy,
Above Smooth stainless steel is a	handsome	serviceable material which
[p] BLACK male, friend sought by	handsome,	sincere, white guy, late
BIRMINGHAM, tall, dark,	handsome	student, 21, easy-going,
With his bright blue eyes,	handsome	tanned face and ever-ready
will also bring you as many as five	handsome	wall maps in selected issues
who had red hair, flashed a	handsome,	winning smile and
and came out again with a tall,	handsome	woman of middle-age,
is easy to install and comprises a	handsome	wrought iron pull which
Merlin, in the guise of a	handsome	young student, found his

6.3.3 연습과 논의

■ ■ ■ **연습** ■ ■ ■

'pretty', 'cause', 'reason'에 대해 여러분은 어떤 내포의미가 떠오르는가?

여러분의 직감이 검색과 맞는지 알아보기 위해 코퍼스를 검색해보시오.

각 검색에서 검색단어와 가장 많이 함께 나타나는 것을 10개 골라서 여러분의 목표언어로 번역해보시오. 검색 용어와 여러분이 본인의 번역에 사용하기 위해 선택한 용어들과의 관계를 논의하시오.

6.4 주의사항

코퍼스와 연어에 대한 개념에서 벗어나기 전에 코퍼스의 제한점, 특히 Hunston(2002: 22-3)이 말한 '코퍼스는 빈도에 대한 정보만 제공할 뿐이지 언어에서 무엇이 가능한지에 대한 정보는 제공하지 않는다'는 주장을 생각해 보아야 한다. 우리가 위에서 살펴본 이탈리아어-영어 번역본에서 사용된 어색한 표현들을 BNC에서 찾을 수 없다는 사실만 가지고는 그 표현들이 영어에서 불가능하다고는 볼 수 없다. 그럼에도 불구하고 용법이 확실하지 않은 경우, 특정 조합이 코퍼스에서 나타나는 빈도를 보면 번역되는 언어에서 정상적으로 보이는 번역이 어떠할 것인지에 대한 좋은 지침이 된다.

코퍼스는 그 속에 입력된 내용 말고는 어떤 것도 보여줄 수 없으며, 코퍼스 언어학에서 대표성은 큰 문제가 된다. 어떤 코퍼스가 실제로 한 언어나 한 텍스트 유형의 대표물인지를 확신하기는 어렵다. 그 이유는 실제로 유통되는 텍스트의 양이 (거의 모든 장르와 일반적인 코퍼스의 경우) 항상 코퍼스에서 이용 가능한 텍스트의 양을 초과하기 때문이다. 더욱이 3장에서 강조하고 앞 문단에서 제안한 것처럼 코퍼스는 절대 미래를 보여주지는 못하며, 오직 과거에 일어난 일의 일부분만 보여줄 뿐이다. 그러므로 코퍼스는 금지나(행동을 금지할 수 없다) 규범이 될 수 없고(행동을 요구할 수 없다), 단지 설명만 할 뿐이다(과거의 행동을 기술할 수 있다).

사전에서 얻은 정보를 코퍼스에서 얻은 정보와 비교했던 6.2.3의 연습에서 제안했듯이 '코퍼스는 증거만 제공할 뿐 정보는 제공하지 못한다(Hunston 2002: 23). 정보를 위해서라면 사전이나 백과사전이 필요하다. 코퍼스가 뛰어난 점은 사용의 예를 보여주는 것이다.

또한 Hunston은 '코퍼스는 문맥에서 벗어난 언어를 나타낸다고 지적한다. 물론 이는 사실이다. 그러나 분석을 위해 수집된 언어학 자료의 일부는 어떤 것이든 간에 직접적인 문맥이 제시되지 않으며, 실제로 생생한 표현의 순간에서 언어를 분석할 수 있는 사람은 사실상 재치가 빠른 분석가 정도일 것이다. 번역가들의 연구 목적이 관계되어 있는 한 코퍼스의 장점은 일반적으로 각 예가 나온 텍스트에 대해 충분한 정보를 끌어내는 것이 가능하다는 점이고, 만약 필요하다면 코퍼스의 텍스트에서 의도한 독자와 기능까지도 끌어내는 것이 대개 가능하다는 점이다. 또한 3장에서 지적했듯이 코퍼스는 실제 언어사용에 대한 정보를 제공하는 자료로서 개인의 직관보다 일반적으로 더 낫다. 코퍼스는 어떠한 사건에서나 특수한 목적을 위해 사용되어 온 언어에 대한 정보를 제공한다.

마지막으로 2장에서는 Catford가 문화적 불합치성으로 생각될 수 있는 것을 설명하기 위해 연어의 개념을 사용한 것을 보았다. Catford에 따르면 한 표현이 문화적 기대와 불일치하는 것처럼 보일 때 그 표현이 연어적 예측과도 불일치하다고 생각하는 것이 가능하다. 즉, 문화적 불합치성은 문제가 되는 두 문화의 언어들에 항상 반영된다는 것이다. 이는 아마도 Catford가 모든 문화가 언어적으로 반영되기 때문이라고 생각하기 때문이다.

모든 문화적 요소들이 언어에 반영되거나 반영되게 되어 있다는 것이 사실이든 사실이 아니든 간에 연어 연구는 모든 언어적인 사실이 문화적 실상을 반영하는 것이 아니라는 점을 명확하게 나타낸다. 왜 베르티노로 텍스트에 언급된 반지들이 기둥에(to) 매달리지 못해야 했는가? 왜 'offer'가 'give'보다 더 빈번하게 목적어로 'hospitality'를 사용하는가? 분명 일부 연어적 경향들은 사물들이 어떻게 세상에 있는지와 관련하여 설명될 수 있다. 즉 의미적 설명은 일부 연어적 경향에 사용될 수 있다. 예를 들어 'whale'이 'egg'와 가까이 나타나는 것이 드물거나 'egg'가 'chicken'과 함께 나타나는 빈도보다 덜하다면, 닭의 알은 존재하지만 고래 알은 존재하지 않는다는 사실과 관련이 없지 않을 것이다. 만일 'pleasure'가 텍스트에서 'exam'과 함께 자주 나타나지 않는다면, 이는 아마 시험에서 기쁨을 느끼는 사람이 거의 없기 때문일 것이다. 그러나 의미적 관계로 쉽게 설명되지 않는 연어적 경향의 예들이 무수히 많다. 예를 들어 'blond'라는 용어가 머리카락 색깔을 묘사하는데 제한적이라는 사실과 그로 인해 'hair'와 'tresses'와 'wig'같은 몇몇 관련 단어들과만 함께 나타난다는 사실은 문화적 현실과 별 관계가 없다. 여기서 논의점이 되는 것은 세상이 어떠한가가 아니라 언어가 어떠한가 하는 것이다. 예를 들어 우리가 차가 아니라 머리카락이 금발이라고 부르고, 머리와 알에 대해 'addle(썩다)'이라고 말할 수 있지만, 버터나 베이컨에 대해서는 'rancid(변질되다)'라고 말해야하는 것과 같은 상황에 대한 이유들은 언어의 역사 속에서 찾아야만 한다.

7.

단어에서 텍스트로

7.1 서론

5장과 6장에서 우리는 이론가들이 어떻게 단어를 다루는지, 사전과 기계 코퍼스에서 단어가 어떻게 나타나는지 살펴보았다. 그리고 우리는 번역에서 이러한 단어 자원들을 어떻게 사용하는 지에 대한 방법을 살펴보았다. 그러나 번역은 본질적으로 텍스트의 생산과 관련이 있기 때문에 이장에서는 이러한 텍스트 현상에 대해서 살펴보고자 한다. 우선 7.2에서는 텍스처(texture)의 개념(Halliday & Hasan 1976: 2)에 대해서 살펴보고 7.2.1와 7.2.2에서는 응집(cohesion)과 일관성(coherence)에 대한 개념에 대해서 자세히 살펴본다. 7.3에서는 이와 연관된 함축(implicature)의 개념을 살펴보고 7.4에서는 화행의 개념과 텍스트 기능, 7.5에서는 텍스트 장르에 대한 개념을 살펴본다.

7.2 텍스처(texture)

텍스처(Halliday & Hasan 1976: 2)란 언어의 연속이 두서없고 정리되지 않은 언어뒤범벅인 상태가 아니라 하나의 텍스트로 읽혀질 수 있는 자질들을 일컫는다. 심지어 전화번호부, 사전, 쇼핑 목록, 물품명세서, 관용구책의 예문 목록 등과 같이 순서가 정연하고 일종의 원리대로 목록화한 것도 여기서 말하는 텍스트라고 보기 힘들다. 분명 텍스트는 이것들과 다르다. 텍스트는 그것을 구성하는 부분들의 합 이상이다. 텍스트는 핵심을 말하고, 바꿔쓰고 요약할 수 있는 어떤 실재이다. 거의 대부분 텍스트의 표현 전부가 성공적으로 번역되는 경우가 드문 것은 바로 텍스처 때문이다. 반면에 쇼핑 목록이나 물품명세서의 표현들은 성공적으로 번역되는 경우가 많다(때로는 긴 설명이 필요할 때도 있겠지만 말이다). 텍스처는 서로 밀접하게 상호작용하는 응집과 일관성이라는 두 현상에 의해 만들어진다고 생각하는 것이 일반적이다.

응집 관계를 나타내는 표지는 항상은 아니지만 일반적으로 텍스트에서 식별이 되는 반면 일관성은 그 속에서 발견되는 응집관계의 표지를 포함한 텍스트와 독자 혹은 청자의 상호작용에 의해 만들어진다. 독자와 청자는 다양한 기술과 지식을 텍스트에 가져오게 되는데, 이러한 기술과 지식이 없는 텍스트는 서로 연결되지 않는 언어적 항목, 절, 문장들의 연속으로 밖에 보여지지 않을 것이다.

7.2.1 응집

응집은 우리가 4장에서 검토해 본 음(sound) 패턴의 유형뿐만 아니라 어휘항목, 문법 구조, 화행(7.4 참조)으로 만들어진 패턴을 포함한 텍스트의 모든 단계에서 만들어진 패턴에 의해 생성된다. 그래서 응집의 개념은 작시법(versification, 4장 참고)부터 상호텍스트성(intertextuality)의 개념까지 모두 충족시킨다.

'상호텍스트성'이란 독자들이 인식할 수 있고(Belsey 1980: 21) 글쓰기 과정 도중에 불가피하게 발생하는(Kristeva 1969/1980/1986: 37; Barthes 1977: 146) 텍스트간의 유사성을 의미한다.

> 작가들은 항상 이전의 제스처는 모방할 수 있지만 결코 원본을 만들 수는 없다. 작가의 유일한 힘은 자신의 글을 다른 것들과 다르게 보이게 하기 위해 어느 한쪽에든 치우치지 않는 방식으로 여러 글들을 섞는 힘뿐이다.

상호텍스트성은 우리가 3장, 3.5.2에서 논의했듯이 독특한 의미 관계의 흐름에서 중요한 안정화 요소이다. 언어항목과 구조의 특히 규칙적인 상호텍스트적 반복은 서로 같은 장르에 속한 텍스트들의 특징이다. 이에 대한 예로 다음의 http://www.wineloverspage.com/에서 인용한 13개의 텍스트를 살펴보자.

Cabernet Sauvignon

2001 Castillo De Molina, Cabernet Sauvignon, Reserve, Molina, Chile, $9. Aromas of dark wood, ripe red cherries and berries flow from this deep ruby wine. Full-bodied, lush and silky, this is a great sub-$10 wine, loaded with blackberries, black cherries, and sweet vanilla; 87/89.

2000 Dry Creek, Cabernet Sauvignon, Sonoma County, California, $21,22,000 cases. This dark ruby Cab gives off complex scents of cherries, blueberries, cigar leaf and vanilla. Medium to full-bodied, the flavors echo the nose. The tannins demand a few years of aging but the fruit is up to it; 87/89.

2001 Echelon, Cabernet Sauvignon, California, $12,11,682 cases. Deeply hued, the wine gives off aromas and flavors of black cherries, mint and oak barrel notes. Tannins are pretty astringent and needs a hardy dish to pair with; 83/83.

2000 Hess Estate, Cabernet Sauvignon, Napa Valley, California, $20. This wine is richly colored with a delightful mix of black cherries, cedar and vanilla on the nose. Elegant, balanced, with chewy tannins, the fruit here delivers adequate pleasure; 87/87.

2000 Kenwood, Cabernet Sauvignon, Sonoma County, California, $16,51,000 cases. Always a good value, this one maintains the standard. The nose display currants, black cherries and cedar that continue on the palate, with added berry fruit. Rounded tannins carry through on the lengthy finish; 86/88.

1999 Lyeth, Red Meritage, Sonoma County, California, $13. Ruby red in color, the nose of this blend is filled with plums, berries, cedar and dried herbs. The wine is very polished on the entry, with the fruit mirroring the aromas. Zippy acidity ties it all together. Match with beef or game; 86/88.

2002 McWilliam's Cabernet Sauvignon, Hanwood Estate, South Eastern Australia, $12. Medium-bodied, crisp, with bold tannins, this youthfully colored Cab has aromas of blackberries, herbs and cedar. Dark fruit, chocolate and cedary notes linger in the mouth; 83/84.

2000 Peachy Canyon, Cabernet Sauvignon, Paso Robles, California, $25, 1,478 cases. Aromas of cassis and cedar emanate from this deeply hued wine. Medium-bodied, with ripe tannins and integrated oak, the layers of black fruit should complex nicely with bottle age; 87/88.

2000 Peachy Canyon, Cabernet Sauvignon, DeVine, Paso Robles, California, $50,477 cases. Dark ruby in the glass with aromas of black currants, dried cherries and mixed oak. Tannins are bold, but ripe, and should soften with time. Flavors mimic the nose; 87/86.

2000 Peachy Canyon, Bordeaux Blend, Para Siempre, Paso Robles, California, $38,511 cases. This ruby red wine gives off a lovely perfume of mixed berries and cedar shakes. Full, lush and well-structured, the tannins definitely need cellar time. The lengthy aftertaste reveals red and black fruit, tobacco leaf, and cedar notes; 87/87.

2001 Turning Leaf, Cabernet Sauvignon, Coastal Reserve, Central Coast, California, $12. Purple-red in color, this value priced Cab has aromas of black cherries, currants, and wood, with threshold sweetness noted. Chalky mineral flavors adds to the fruit; 83/84.

1999 William Hill, Cabernet Sauvignon, Reserve, Napa Valley, California, $38,3,948 cases. This is an elegant wine, with lovely aromas of cassis, cedar and vanilla. Rich fruit is highlighted by tobacco, leather, and mint. Tannins are obvious but rounded, making an ageworthy wine; 90/90.

2000 Woodbridge, Cabernet Sauvignon, Red Dirt Ridge, California, $11. You'll find a pretty nice nose of blackberries, spice and cocoa. Blackberry and cola flavors prevail on the palate of this middleweight. Good value; 85/87.

위의 13개의 텍스트는 모두 와인을 설명하고 있다. 와인의 생산날짜, 이름, 유형, 지역, 유형, 가격에 대한 언급으로 시작한다. 다음으로 향과 맛에 대한 간략한 설명이 뒤따르고, 특별히 잘 어울리는 음식에 대한 언급도 때로 나온다. 이러한 기술적 문장에서 나타나는 어휘는 매우 반복적이고 어느 정도는 용어학적으로 특수하기도 하다. 예를 들어 'nose'는 6개의 텍스트에서 와인의 향을 나타내는 데 사용되었고, 형용사 '-bodied' (full/medium-)는 8개의 텍스트에서 사용되었다. 맛과 향 그 자체는 과일, 나무, 풍미, 색감을 나타내는 용어를 반복적으로 사용하여 묘사하고 있다. 이렇게 텍스트 간의 응집은 보통 상호텍스트성이라고 일컫는 반면 응집이라는 용어는 주로 텍스트 내부적인 현상을 일컫는다.

　반복이 텍스트 내부의 응집에서 필수적인 요소이고, 동시에 텍스트 사이에서도 어느 정도는 필수적이기 때문에 일부 언어학자들(Traugott & Pratt 1980: 21)은 Jakobson의 패턴과 반복으로 형성되는 텍스트적 병렬에 대한 연구(1960)를 응집의 개념에 대한 초기 해설이라고 생각한다. 그러나 가장 잘 알려진 영어의 응집에 대한 연구는 단연코 Halliday & Hasan(1976)이다. 이 책의 서문에서 Halliday는 응집을 다음과 같이 정의하고 있다.

응집관계는 구조와 상관없이 텍스트에서 둘 혹은 그 이상의 요소간의 관계이다. 예를 들면 인칭대명사 he와 이를 선행하는 고유명사 John의 관계이다. 이러한 유형의 의미 관계는 문장 내부나 문장 사이에서 성립될 수 있다. 그 결과, 그것이 문장의 경계를 넘어갈 때 두 개의 문장을 서로 응집하게 만드는 효과를 낳게 된다.

이러한 방식으로 고유명사나 명사 또는 대명사가 같은 사람 또는 대상을 지칭하는데 사용되면 이를 공지시(co-refer)19)라고 한다. 그리고 각 항목들의 관계를 응집고리(cohesive tie)라고 한다(Halliday & Hasan 1976: 3). 또한 응집고리는 생략, 접속, 어휘 구성을 통해 확립될 수 있다. 대부분의 응집고리는 텍스트에서 먼저 의미화하거나 지시하는 데 사용된 항목을 다시 의미화하거나 지시하는 데 사용할 경우에 성립된다. 예를 들어 'Wash and core six cooking apples. Put them into a fireproof dish'(Halliday & Hasan 1976: 2)에서 우리는 두 번째 문장의 them이 첫 번째 문장의 six cooking apples를 공지시 한다는 것을 알고 있다. 두 개의 공지시 표현에서 두 번째로 언급되고 따라서 텍스트에서 '뒤로 돌아가는' 것으로 인식되는 이런 종류의 응집고리를 전방조응(anaphoric) 장치라고 한다. 게다가 응집고리가 생성되려고 한다는 것을 알려주는 예들이 있다.

---

19) Halliday가 '지시하다(refer)'라는 용어를 사용한 것은 철학적 담화에서 사용하는 방식보다 덜 정확하다는 사실을 주지하기 바란다. 철학적 담화에서는 '지시(reference)'를 지시하는 표현과 그것이 지칭하는 실제세계에서의 항목간의 관계를 의미한다(Frege 1892, Evans 1982). 지시하는 표현은 이름과 한정적인 기술이다. Halliday & Hasan은 '지시'라는 용어를 언어적 표현과 비언어적 표현, 한 언어적 항목과 다른 언어적 항목 간의 사이를 모두 나타내는 용어로 사용한다. 이들은 철학자들이 '외연(extension, 지시하는 표현 안에서 특정 용어가 지칭하는 실제 세계의 항목들의 집합)'이라고 지칭하는 것과 지시를 구별하지 않을 뿐만 아니라 의미/내연(intension, 표현이 환기시키는 정신적 표상)과 지시도 구별하지 않는다.

우리가 'This is how to get the best results(Halliday & Hasan 1976: 17)'라
는 문장을 읽을 때, 'this'와 공지시 될 텍스트의 후반부가 따라 나올 것이
라고 예측한다(이 경우 this가 'You let the berries dry in the sun, till all
the moisture has gone out of them. Then you gather them up and chop
them up very fine'이라는 꽤 긴 내용을 가리킨다). 첫 번째 용어가 언급될
때 인식할 수 있고, 따라서 '앞을 향하는 것'으로 인식하는 것은 후방조응
(cataphoric) 장치라고 한다. Halliday & Hasan(1976: 17)이 지적했듯이 후
방조응소는 때때로 후방조응 용어를 포함한 문장이후에 콜론으로 표시
된다(이 경우에는 'this'이다).

　　대명사와 한정사 이외에도 'one', 'some', 'do', 'have'와 같은 용어들
이 명사와 동사를 공지시하는 데 사용된다. 'There is a box of chocolates
on the table. Help yourself to some'에서 'some'은 'chocolates'를 공지시한
다. 이와 다른 예들도 있다(Halliday & Hasna 1976: 89): 'My axe is too
blunt. I must get a sharper one'에서 'one'은 'axe'를 대체하고, 'You think
Joan already knows?-I think everybody does'에서 'does'는 'knows'를 대체
한다. Halliday & Hasan은 이 현상을 언어학적 항목들 사이에서 '대체
(substitution)'이라고 지칭하고, 순수 언어학적 관계인 공지시와 다르다고
생각한다.[20] 응집고리는 똑같이 반복되는 항목들 혹은 같은 레마의 다른

---

20) Halliday & Hasan이 위의 주 19)에서 언급한 바를 구분하지 않는 점을 감안하면, 실제
　　세계에 공지시 되는 물체와 순수하게 상호언어적인 관계와의 구별은 성립하지 않는
　　다. 'Wash and core six cooking apples. Put them into a fireproof dish'에서 'six cooking
　　apples'는 철학적인 의미에서 지시하는 표현이 아니다. 사실상 상식적인 면에서도 마
　　찬가지이다. 왜냐하면 여기서 언급하는 특정한 사과 6개는 실제세계에서 존재하지 않
　　기 때문이다. 사실 세상에 존재하는 어떠한 사과 6개라도 다 해당될 수 있다는 것이
　　다. 따라서 독자들이 응집고리를 인식할 때 의지할 지도 모르는 표현과 실제세계와의
　　관계를 이해하는 것과 상관없이, 응집고리는 텍스트 상의 표현들 사이에서 찾아진다.

형태들 사이에서도 확립되고(5장 5.1.1 참조) 5장의 5.3에서 논의했던 의미와의 관계를 나타내는 표현들 사이에서도 성립된다. 마지막으로 잘 확립된 연어 관계(6장 6.3 참조)는 텍스트적 응집을 만들 수 있다.

생략은 앞서 언급한 것에 대한 지시를 없앰으로써 전방조응적으로 성립하는데 이는 맥락에서 이것을 허용하거나 혹은 언어학적, 담화적 관습에서 생략이 규범일 때 발생한다. 예를 들어 영어는 문법적 목적어가 생략될 수 있는데 맥락상에서 그 대상을 알 수 있을 때 가능하다. 'There is a box of chocolates on the table. Help yourself'에서 의미하는 바는 청자가 초콜릿을 마음껏 먹으라는 것임을 관습과 첫 번째 문장을 통해 확실하게 알 수 있다. 어떤 언어는 다른 언어보다 생략을 더 많이 허용하고, 언어마다 다른 종류의 생략을 허용한다. 예를 들어 '대명사 탈락 언어(pro-drop)'로 알려진 스페인어와 그 외 많은 언어들에서 'Where is John?'과 같은 질문에 답할 때 대명사를 언급하는 것은 일반적으로 부적절하고 흔하지 않은 일이다. 'Where is John?'-'He went shopping'에 자연스러운 스페인어 등가는 '¿Donde está Juan?'-'Salió de compras'('went shopping')(McCabe 2001)이다. 그러나 'Salió'에서 3인칭 남성 어미는 영어의 'he'가 나타내는 같은 응집 효과라는 논쟁이 있을 수 있다.

반복, 연어, 의미 관계로 성립된 응집고리는 텍스트 전반에 걸쳐 확대될 수 있는 반면에 명사와 대명사, 명사/동사와 대체/생략사이의 응집고리는 상대적으로 좁은 범위의 텍스트에 한정될 수 있다.

텍스트에서 다른 중요한 응집고리는 텍스트의 일부가 다른 것들과 얼마나 관련이 있는지를 나타내는 장치에 의해 표시된다. 예를 들면 원인과 결과, 시간적 관계, 반사실성, 이유와 결과 등이 그렇다. 이렇게 접속에 대한 신호들을 Halliday & Hasan(1976: 5장)은 접속 요소(conjunctive elements)라고 일컫는다. De Beaugrande & Dressler(1981: 71-3)는 그러한 관계를 '접합(junction)', 이들을 표시하는 장치들을 '접합 표현(junctive expression)'이라고 부른다.

Halliday & Hasan(1976: 242-3)에 따르면 크게 부가(additive), 역접 (adversative), 원인(causal), 시간(temporal) 4종류의 접속 관계가 있다. 부가 관계(혹은 접속) 표현에는 'and', 'moreover', 'also', 'in addition', 'besides', 'furthermore' 등이 있다. 영어에서 역접 관계(혹은 대조접합) 표현은 'but', 'however', 'yet', 'nevertheless'가 포함된다. 이접(disjunction) 표현에는 'or', 'either/or', 'whether or not'이 있다. 원인과 종속관계 표현은 'because', 'since', 'as', 'thus', 'while', 'therefore', 'on the grounds that', 'then', 'next', 'before', 'after', 'since', 'whenever', 'while', 'during', 'if' 등이 포함된다. 마지막으로 시간 관계 표현에는 'then', 'next', 'at the same time', 'before that' 등이 있다. Halliday & Hasan(1976: 242-3)은 이것들을 포괄적으로 표로 제시하고, 이런 종류에 맞는 다른 영어 표현들도 제공한다.

7.2.2 연습과 논의

■■■ 연습 ■■■

다음 텍스트의 발췌문을 보라 (Hospers, John 1967, 『An Introduction to Philosophical Analysis, 2판[1판 1985]』, London and Henry: Routledge and Kegan Paul, 1장, 1절 '의미와 정의' (p. 1):

At the beginning of any systematic discussion one is expected to define terms, and our principal term is 'philosophy'. But the term 'philosophy' cannot be defined as easily as 'chemistry', 'biology', or 'sociology'. For one thing, people working in the field they call philosophy have offered very different, even conflicting, definitions of the term; and if we presented a definition at the outset, we would be running the great risk of making a premature judgment on a matter that should first be weighed as carefully as possible. It will be preferable to show, in the course of our investigations, *why* scholars in the field have suggested different definitions-and this will take time. Second, and more important, are special difficulties about the definition, which we shall not be in a position to understand until we have examined some problems about definition in general, and that is one of the things we shall endeavour to do in this chapter.

위의 발췌문을 복사하여 응집고리를 찾아 숫자를 매기거나 줄을 그어 보라. 또한 여러분의 언어로 위의 텍스트를 번역하라. 번역에서의 응집 패턴이 영어와 동일한가?

■ ■ ■ **논의** ■ ■ ■

위의 철학 텍스트는 응집과 접속 관계를 매우 분명하게 표시하고 있다. 그러나 영어와 많은 언어들에서 이러한 접속 관계는 명시적으로 표시될 필요가 없다. 예를 들어, 위의 철학 텍스트에서 세 번째와 네 번째 문장 사이에는 접속표현이 없다.

다음은 위의 텍스트에서 제거될 수 있는 모든 접속 표현을 그에 맞는 구두점으로 대체한 것이다.

At the beginning of any systematic discussion one is expected to define terms. Our principal term is 'philosophy'. The term 'philosophy' cannot be defined as easily as 'chemistry', 'biology', or 'sociology'. People working in the field they call philosophy have offered very different, even conflicting, definitions of the term. If we presented a definition at the outset, we would be running the great risk of making a premature judgment on a matter that should first be weighed as carefully as possible. It will be preferable to show, in the course of our investigations, *why* scholars in the field have suggested different definitions. This will take time. More important are special difficulties about the definition, which we shall not be in a position to understand until we have examined some problems about definition in general. That is one of the things we shall endeavour to do in this chapter.

여전히 텍스트의 의미를 이해하는 데에는 아무런 지장이 없다. 비록 문장 간의 관계를 이해하는 것은 독자들의 몫일지라도 말이다. 위의 텍스트에서 있어야만 했던 단 하나의 표현은 네 번째 문장 처음의 'If'였다. 중국어와 같은 언어에서는 'if' 마저도 생략이 가능하다.

■■■ 연습 ■■■

여러분의 언어로 원문을 번역한 것에서도 접속 표현을 제거해도 텍스트를 이해하는 데 지장이 없는가?

다음의 텍스트에서 응집 관계를 주목하라.

Brussels City Tour

We start our visit at the Central Station and see the beautiful St.-Michael's cathedral. We drive further to the Heyseldistrict with the worldfamous Atomium. We marvel at the sight of the Chinese Pavilion and the Japanese tower. Passing the Royal Residence we return into the citycentre and see the Sablan district with countless antique dealer shops. We drive in front of the magnificent Palace of Justice and see the fashionable Louise Square. Passing the stately Royal Square, the Royal Palace and the Houses of Parliament we arrive in the Cinquantenaire district. The Triumphal Arch, exceptional museums and splendid Art Nouveau houses are the highlights of this part of Brussels. Here, we are also at the very heart of the European Union; we drive in front of the imposing EU building housing the Commission, the European Parliament and the Council of Ministers.

■■■ **논의** ■■■

이 텍스트에 있는 대부분의 명사구는 제목에서 언급한 관광에서 볼 텍스트외적인 항목들을 지칭한다. 그러나 복수형 대명사 'We'가 규칙적으로 반복되어 응집을 형성한다. 그렇게 많은 명사구들이 건물을 가리킨다는 것 자체는 반복이며, 응집을 형성하도록 할 뿐만 아니라 이 텍스트가 속한 장르의 특징이 되기도 한다(7.5 참조).

■■■ **연습** ■■■

동사와 접속표현이 텍스트에서 응집을 형성하는 것을 생각해보라.

영어 텍스트의 응집 패턴과 아래의 네 개 텍스트에서 나타나는 응집 패턴을 비교해보라.

Bruxelles Tour de Ville

Nous commençons notre tour de ville à la gare centrale et découvrons la capitale. Tout d'abord la majestueuse Cathédrale St-Michel, la Colonne du Congrès et nous atteignons les faubourgs du Heizel. La plateau du Heizel est plein de surprises. En effet, vous y découvrirez une molécule de fer géante; L'Atomium; le Pavillon Chinois, ou encore la Tour Japonaise! Avant de revenir vers le centre de la ville, nous passons devant le Château Royal de Laeken. Et nous voici dans l'élégant quartier du Sablon et des antiquaires. A l'ombre du monumental Palais de Justice, voici la Place Louise, haut lieu de la mode, et ensuite, la place Royale, le Palais Royal et le Palais de la Nation, actuel siège de notre Parlement. Nous atteignons enfin le Parc du Cinquantenaire dominé par l'Arc Triomphal et les vastes musées. Dans cet élégant quartier subsistent quelques belles résidences de style Art Nouveau. A deux pas d'ici bat le coeur de l'Europe ... la Commission, le Conseil des Ministres et le Parlement sont les organes essentiels de l'Union Européenne.

Brussel Stadtrundfahrt

Wir beginnen unseren Besuch am Zentralbannhof. Sie bewundern die einmalige Sankt Michaelskathedrale, die Kongresssäule und den Heyselbezirk mit dem Atomium, dem Wahrzeichen von Brüssel. Sie staunen vor dem merkwürdigen chinesischen Pavillon und dem japanischen Turm. Wir fahren entlang Schloss Laeken, der königlichen Residenz, weiter zur Stadtmitte. Wir sehen dem sablonbezirk, der internationalen Ruf hat durch die Zahllosen Antikgeschäfte. Die Fahrt geht weiter und jetzt sehen Sie den eindrucksvollen Justizpalast un den eleganten Luisenplatz. Weiter kommen noch der Königsplatz, der Königspalast und das Parlament. Im Cinquantenairebezirk mit eindrucksvollem Triumphbogen und Museen gibt es auch einige ausgefallene Jugendstilhäuser. In unmittelbarer Nähe gibt es das Herz der EU: die Gebäude von der europäischen Kommission, vom Europarlament und vom Ministerrat.

Bruselas visita de la Ciudad

Empezamos nuestra visita a la estación central. Vemos la magnifica Catedral San Miguel, la Columna del Congreso, el barrio del Heysel con el curioso Atomium, el Pabellón Chino y la Pagoda Japonesa. Regresamos al centro hasta la Plaza Sablon y sus anticuarios. Pasamos después el impresionante Palacio de Justica, la elegante plaza Louisa, la Plaza Real, el Palacio Real, y el antiguo Palacio de la Nación, sede actuel del Parlamento. En el barrio del Parque del Cincuentenario pasamos el impresionante Arco de Triunfo y sus famosos museos asi como varios ejemplos de casas de estilo Arte Nuevo. Cerca palpita el corazon de Europa: los edificios de la Comisión, del Consejo de Ministros y del Parlamento Europeo organas más importantes de la Unión Europea.

Bruxelles giro della citta

Il nostro giro di città incomincia de la stazione centrale e passiamo davanti alla grandiosa cattedrale di St-Michele, la colona del Congresso e raggiungiamo il parco del Heyzel, nei saborghi, il Atomium, una molecola di ferro gigante. Nel parco vediamo pure due gioielli d'arte orientale: il palazzo cinese e la torre giaponese. Tornando nel centro città vediamo il castello reale di Laeken e arriviamo al Sablon, centro per definizione dell'antiquariato. All'ombra dell'imponente palazzo di giustizia troviamo i negozi piu esclusivi della capitale: la piazza Louisa. Piazza reale, palazzo reale e palazzo della nazione, sede dell'attuale Parlamento nazionale, si succedono lungo alla strada che porta al parco del Cinquantenario. Al centro del parco si levano 2 vasti edifici classicheggianti dove trovano sede vari musei ricchissimi, uniti da un arco di trionfo. A due passi del parco palpita il cuore dell'Unione Europea ... la Commissione, il Consiglio dei Ministri e il Parlamento sono gli organi essenziali delle instituzioni Europee. In questa parte della citta sopravivono tuttora alcune splendide dimore di stile 'Liberty'.

7.2.3 일관성

텍스트에 접속 표현이 표시되지 않아도 독자와 청자가 텍스트에 나타나는 논리적 관계를 이해하는 데에 아무런 문제가 없다는 것은 앞에서 언급하였다. 이렇게 표시되지 않은 관계를 추론하는 데 있어 독자들은 일관성이라고 일반적으로 알려진 것을 성립시키기 위해 담화관습 뿐만 아니라 세계에 대한 자신들의 배경지식에 의존한다.

　일관성의 개념에 대한 관심은 1980년대 초기부터 생겨났다. 이 시기는 영국 언어학이 소위 인지적 전환(cognitive turn)으로 돌아서기 시작한 때이다. 그때까지 중요한 관심은 물리적 개체로서의 텍스트에 있었는데, 이러한 텍스트는 구조를 밝히려는 목적의 경험적 분석에서 다소 직접적으로 이용 가능한 실체였다. 그러나 이 시기를 기점으로 주요한 관심은 텍스트에서 나타나는 정보와 머릿속에서 이미 담겨 있는 정보를 상호 활용하는 과정의 결과로 머릿속에서 정신적 표상이 어떻게 발생하고 전개되는지에 두게 되었다. 이렇게 인지 중심의 관심을 가진 일부 언어학자들은 Halliday & Hasan의 텍스처에 대한 견해가 많은 결점이 있음을 지적하였다. 예를 들어 Brown & Yule(1983)은 Halliday & Hasan이 발전시킨 응집의 개념이 텍스처를 설명하기에 불필요할 뿐만 아니라 불충분하다고 생각한다. 이들은 다음과 같은 예를 제시한다(Brown & Yule 1983: 196):

> A: *There's the doorbell.*
> B: *I'm in the bath.*
> A: 초인종이 울리네.
> B: 난 목욕중이야.

> *Just to test the water, I made one telephone call yesterday to a leading British publisher with offices in New York. There was immediate interest in* Clear Speech. *(Letter from a literary agent)*
> 단지 사정을 살펴보기 위해 뉴욕에 사무실을 둔 유명한 영국 출판업자한테 어제 전화를 걸었다. 『Clear Speech』에 즉각적으로 관심을 보였다. (작가 대리인으로부터의 편지)

위의 텍스트는 둘 다 문장들 사이에 응집 장치가 부족하다. 그러나 텍스트로는 의미가 통한다. 반대로, 다음의 예(Brown & Yule 1983: 197, Enkvist 1978: 110에서 인용)는 응집 장치라고 생각되는 것으로 가득 차 있지만 텍스트로서 의미가 통하지 않는다.

I bought a Ford. A car in which President Wilson rode down the Champs Elysées was black. Black English has been widely discussed. The discussions between the presidents ended last week. A week has seven days. Every day I feed my cat. Cats have four legs. The cat is on the mat. Mat has three letters.

나는 포드를 샀다. 윌슨 대통령이 샹젤리제에서 탔던 차는 검은색이었다. 흑인 영어에 대해서는 많이 논의되어왔다. 대통령들의 논의는 지난주에 끝났다. 일주일은 7일이다. 매일 나는 고양이에게 밥을 준다. 고양이는 다리가 네 개이다. 고양이는 매트위에 있다. 매트는 세 개의 철자로 구성된다.

게다가 Brown & Yule(1983: 200 and ff.)은 텍스트 이해는 공지시 하는 표현의 연쇄를 기억하는 그 이상을 수반한다고 지적한다(사실 수반하지 않는 것이 일반적이다). 오히려, 그것은 한 배경 안에 있는 등장인물들과 사건의 정신적인 이미지를 구성하는 것을 수반한다는 것이다. 이는 Werth(1999)의 용어를 빌리자면 사물이 변화하고 담화가 진행됨에 따라 우리의 지식이 자라는 '텍스트 세계'의 구성이다. Brown & Yule(1983)은 이를 Halliday & Hasan의 요리법(위의 논의 참조)과 관련하여 설명한다. 즉, 애플파이의 주재료가 된 여섯 개의 요리용 사과는 요리법에 따라 오븐에서 파이를 들어내는 시간 동안 독자들의 생각 속에서 완전히 바뀐다. 그것들은 더 이상 요리법에서 처음 언급한 여섯 개의 사과 낱개가 아니가 페이스트리 속에 잘 녹아들어간 곤죽(mush) 형태이다. 마찬가지로 캐서롤(casserole)을 만들기 전 통통한 치킨을 잘게 조각내야 하는 독자들의 머릿속에 있는 치킨의 표상은 요리법에 따라 뜨거운 캐서롤과 적포도주, 프랑스빵을 먹는 독자들의 머릿속에 있는 치킨의 표상과 다르다.

독자와 청자가 텍스트 세계를 구조화 시키는 데 사용하는 배경지식은 하나의 현상이나 그러한 유형들의 개별적인 예가 될 수 있다. 두 사람이 실제로 대화할 때 그들이 서로 아는 장소나 사람에 대해서 특별히 명시적으로 말하지 않고도 대화/응답을 진행하거나 받을 수 있다. 심지어 두 사람이 자신들도 잘 모르는 사람이나 장소에 대해 대화 또는 응답을 요구할지라도 장소나 사람의 유형에 대해 상당한 양의 공유된 지식을 대개 가정할 수 있을 것이다. 예를 들어 Brown & Yule(1983: 236)이 지적하듯이 만약 한 레스토랑에 대해 말하고 있는 중이라면, 그리고 명시적으로 달리 말하지 않는다면, 대화자들은 레스토랑에 식탁과 의자가 있을 것이라는 것, 메뉴, 숟가락/포크 등의 커트러리, 도기류가 준비되어 있을 것이고, 웨이터들이 저녁식사 주문을 받고 자신들의 식탁으로 음식을 가져올 것이라는 등을 모두 안다고 가정할 수 있다. 그러나 언어적, 문화적 경계를 넘어서 개별지식이나 유형지식을 공유하는 것이 항상 가능한 것은 아니므로 번역가들은 목표 독자층이 이해할 수 있는 텍스트를 만들려면 어떤 종류의 지식이 필요한지에 대해서 항상 주의를 기울여야 한다. 이러한 필요성은 경치와 관련된 텍스트, 문화적으로 특수한 현상이나 지역 역사(예를 들어 관광객들을 위한 텍스트)와 관련된 텍스트에서 특히 높아진다.

7.2.4 연습과 논의

■■■ **연습** ■■■

아래는 Clémentine Perrin-Chattard의 『Les crêpes et galettes』(1999 Éditions Gisserot: 2)의 첫 번째 문단과 Thibault Perrin-Chattard가 이를 번역한 영어 번안문이다.

DES CREPES ET DES GALETTES

Les crêpes et galettes de sarrasin doivent leur nom à l'élégante céréale fleurie, rapportée du Moyen-Orient, au XIIe siècle, par les croisés et cultivée avec succès sur les landes arides et acides de Bretagne.

Le nom générique est "crêpes". Ne dit-on pas "crêperie" et non "galetterie". A l'origine, ces deux spécialités étaient, non seulement de facture différente, mais encore d'origine territoriale diverse.

La "galette" de sarrasin issue semble-t-il de Haute-Bretagne, se cuisait à la poêle ...

About *CRÊPES* AND *GALETTES*

Buckwheat is the core ingredient of *crêpes* and *galettes* in Brittany. Introduced there in the 12th century by crusaders, riding back from the Middle East, it thrived on the desolate and rocky Breton moors and is still often referred to as "saracen".

If the generic name for galettes and crêpes is nowadays crêpes — one says a "crêperie" and not a "galetterie" when referring to a restaurant serving both specialities, these two dishes used to be very different in their making as well as in their geographic origin.

On the one hand, buckwheat *galettes*, which are thought to come from Upper Brittany (today's French departments of Ille et Vilaine, Loire Atlantique and the eastern halves of Côtes d'Armor and Morbihan), used to be cooked in a frying pan ...

크레페와 갈레트에 대하여(영어 번안문에 대한 번역)

브르타뉴에서 메밀은 크레페와 갈레트의 핵심적인 재료이다. 12세기에 십자군이 중동에서 돌아오면서 소개되어 황량하고 바위투성이인 브르타

뉴의 황야지대에서 번창했고 지금까지도 "사라센"으로 불린다.

갈레트와 크레페를 총칭하는 이름이 크레페라면(사람들은 이 두 음식을 파는 레스토랑을 말할 때 "크레페리"라고 말하지, "갈레테리"라고 말하지 않는다) 이 두 음식은 지리적인 기원뿐만 아니라 요리방식에서도 크게 달랐다.

먼저 메밀 갈레트는 브르타뉴 윗지방(오늘날의 일에빌렌의 프랑스령, 루아르 아틀랑티크, 코트다르모, 모르비앙의 동쪽 절반)에서 기원한 것으로 생각되며 프라이팬으로 요리한다...

불어 원천 텍스트에는 있지 않지만 번역에서 추가된 정보는 무엇인가?

■■■ 논의 ■■■

영어 텍스트는 십자군들이 중동에 갔었으며 크레페리는 크레페와 갈레트 둘 다 파는 레스토랑이며, 브르타뉴 윗지방은 지금 일에빌렌, 루아르 아틀랑티크, 코트다르모, 모르비앙의 동쪽 절반부로 알려진 지역을 포괄한다는 것을 말해준다. 재미있는 점은 이 맥락에서 '프랑스령(French department)'이 무엇을 뜻하는지 설명하지 않아 혼돈의 여지가 있다는 점이다.

■■■ 연습 ■■■

우리가 앞서 살펴보았던 브뤼셀 도시 관광 텍스트와 비교하라. 여러분이 아는 언어로 된 번역을 살펴보고, 각 번역에서 독자들의 배경지식의 차이로 나타날 수 있는 잠재적인 격차에 대해 동일하게 정보를 제공하고 있는가?

▪▪▪▪ 논의 ▪▪▪▪

영어와 스페인어 텍스트는 둘 다 아무런 설명 없이 아토미움을 언급한다. 독일어 텍스트는 아토미움이 브뤼셀의 명소(*Wahrzeichen*)라고 설명한다. 그러나 이탈리아어와 불어 텍스트는 모두 아토미움이 거대한 철골 구조 라고 설명한다('una molecola di ferro gigante', 'une molécule de fer géante'). 모든 텍스트들은 언급되는 몇 가지 명소의 사진으로 장식된 작 은 전단의 앞표지에 나타나며, 여러 명소 중 하나가 아토미움이다. 스페 인어와 이탈리아어 텍스트들은 아토미움의 사진 하단에 나타나있고, 반 면에 영어, 불어, 독일어 텍스트들은 앞표지에 나타나 있어서 사진과 연 관하여 명시성과 텍스트 위치의 규칙적인 관계를 설명하기 힘들다.

7.3 함축

7.2.2에서 살펴본 것처럼 배경지식은 언어 이해에 있어서 필수적인 요소 이다. 3장 3.6절에서 배경지식의 개념을 살펴보면서 덴마크어의 담화 불 변화사를 영어로 번역하는 것에 대해 논의하였다. 또한 발화에서 단음절 이고 강세를 받지 않지만 이런 불변화사들이 화자와 청자가 서로 공유하 는 정보를 드러내지는 않으면서 관습적으로 표시된다는 것을 제시하였 다. 여기에서 중요한 점은 정보가 서로 공유되었는지의 여부가 아니라 초점이 되었던 정보가 무엇이든 간에 상호적으로 이용가능했다는 점을 인정하거나 제안하는 것이었다.

우리는 또한 상호 공유된 정보를 표시하는 관습이 덴마크어와 영어 가 서로 다르다는 것을 지적하였다. 영어에서 공유된 정보는 '더 강한' 강 세를 받는 항목들로 표시하며, 때로는 'of course' 같이 여러 음절로 된 단

어로 표시하기도 하고, 'well'과 같은 단어로 표시하기도 하지만 덴마크어
에서는 상대적으로 명시적으로 표시하는 경우가 덜하다. 덴마크어의 담
화 불변화사를 영어로 번역하는 것이 필요하고 심지어 번역하는 것이 적
절한 경우는 그것이 공유된 정보를 표시하는 기능 외에 논쟁의 구조를
나타내는 추가적인 기능을 담당할 때만이다. 따라서 배경지식을 끌어와
야 하는 필요성처럼 언어 이해와 사용의 특성이 보편적이라고 생각될 지
라도 우리는 서로 다른 언어들이 동일하게 똑같은 특성을 나타낸다고 생
각하면 안된다.

마지막으로 3장 3.6절에서 (a) 텍스트 부분들 사이에서 나타나는 문
맥내적인 관계와 (b) 담화 불변화사의 번역 등가에 대한 번역가의 선택
사이에 있는 규칙들을 언급하였다. 번역가가 담화 불변화사에 대한 번역
등가를 선택할 때, 분명한 규칙들을 완전히 의식하지 않았을 수는 있다.
그 대신에 우리는 번역가가 쓰여지지 않고 언급되지 않은 일련의 원칙들
을 준수하였고 그것들의 효과라고 주장되는 현상을 분석함에 있어서 귀
납적인 공식화에 열린 자세를 갖고 있었다고 말할 수 있다. 번역학에서
그러한 원칙들은 규범으로 알려져 있다(1장 1.5절과 2장 2.3.2절 참조).

이 장에서 우리는 이와 유사하게 함축된 원칙들과 의미생성에서 활용
되는 원칙들의 잠재성, 즉 Grice(1975)의 대화협동 원리와 연관된 함축의
개념을 살펴볼 것이다. 번역 규범과 마찬가지로 여기서 중요한 점은 일반
적인 세상지식이 아니라 특정한 원리들에 대한 지식이다. 이 경우에는 대
화이며, 또한 이 원칙들을 '활용'하여 일반적인 결과로 나타난 지식이다.

7.3.1 논리와 대화

대화함축 이론은 H. Paul Grice가 1967년에 하버드 대학교에서 연설했던

윌리엄 제임스 기념강연에서 처음으로 제시되었다. 이 개념은 ㄱ, &, V, →, ∀, ∃ 와 같은 연산기호를 만들어내는 형식적으로 논리적인 문장이 왜 그들의 자연언어 대응어, 즉 접속표현인 'not', 'and', 'or', 'if-then', 'all', 'some'으로 곧바로 번역되지 않는지를 설명하는 과정에서 발전되었다. 만약 그러한 번역 등가가 확립될 수 없다면, 타당한 논쟁의 과학인 논리는 자연 언어 추론을 위한 기준으로서 기능할 수 없을 뿐만 아니라 Halliday & Hasan(1976: 242-3)의 접속관계 표처럼 절 간의 다양한 관계를 정의하는 원천으로서도 기능할 수 없을 것이다.

번역가능성이 논리적 문장을 형성하는 연산기호와 접속관계 사이에서 확립된다는 것을 보여주기 위해 Grice는 표현이 무엇을 의미하는지와 표현이 무엇을 관습적으로 함축하는 지에 대해 구별했다. 그는 자연언어 용어들이 정확하게 논리적 용어가 의미하는 것을 의미하지만, 그에 덧붙여 관습적으로 어떤 것들을 함축한다고 주장하였다. 이런 종류의 함축을 Grice는 관습적 함축(conventional implicature)이라고 불렀다. 예를 들어, 만약 사건의 순서가 말하기의 순서와 일치한다면 두 개의 절은 'and'로 연결하는 것이 자연언어에서 관습적이다. 그래서 만약 누군가가 '제임스와 빌헬미나가 아이를 가졌고 결혼을 했다'고 발화하면 이들이 결혼하기 전에 아이가 태어났다고 가정하게 될 것이다. 그러나 이것은 엄밀히 말하자면 'and' 때문이라고 볼 수 없다. 왜냐하면 '하지만 그 순서가 아니다'라는 것을 추가함으로써 이러한 가정을 취소할 수도 있기 때문이다. 실제의 의미는 이런 방식으로 취소할 수가 없다. 'and'의 실제 의미는 단지 접속을 뜻하거나 '둘 다임'을 뜻하며 이는 'and'의 의미에서 취소될 수 없는 부분이다.

관습적 함축이 언어의 표현과 연결되어 있는 반면에, Grice가 비관습적 함축이라고 부른 다른 형태의 함축은 발화 사건을 둘러싼 비언어적 상황에 완전히 의존적이다. Grice(1975: 43)는 다음의 예를 제공한다.

A and B are talking about a mutual friend, C, who is now working in a bank. A asks B how C is getting on in his job, and B replies, *Oh quite well I think; he likes his colleagues, and he hasn't been to prison yet.*
A와 B는 은행에서 일하고 있는 그들의 친구 C에 대해 말하고 있는 중이다. A는 B에게 어떻게 C가 직업을 구했는지 물었으며 B는 다음과 같이 대답하였다. 꽤 잘된 일이라고 생각해. 걔는 동료들을 좋아할 뿐더러 아직 감옥에 간 적은 없잖아.

여기에서 분명하게 함축된 것은 A와 B, 그리고 C의 인생역사에 있는 많은 비언어적인 사실에 의존하고 있다. 만약 우리가 다른 참여자들을 예로 들었다면 다른 결과가 나왔을 것이다.

그러나 완전한 관습의 극단과 비언어적 환경에서 나타나는 완전한 우연성의 극단은 Grice가 대화라고 언급한 함축의 종류에 놓여있다. 그것은 응집, 일관성과 마찬가지로 여러 가지 발화나 텍스트 일부들이 텍스트를 구성한다고 인식하는 데 대부분의 경우 필수적이다.

Grice에 따라 우리는 대화가 소위 협동 원리(co-operative principle)라고 불리는 하나의 지대한 원리의 지배를 받는다고 가정한다. 즉, 협동 원리란 그것이 발생하는 단계에서 용인된 목적과 대화 교환 순서에 따라 필요한 만큼 대화에 기여하라는 것이다. 이는 격률(maxims)이라고 불리는 몇 가지 하위 원리로 세분화될 수 있다. 양의 격률은 화자들에게 필요한 것 보다 더 많이 정보를 주는 것이 아니라 현재 대화의 목적을 위해 필요한 것만큼의 정보를 주도록 요구한다. 질의 격률은 화자가 진실을 말하도록 요구하는데 거짓이라고 믿는 것을 말하지 말며 충분한 증거가 없는 것을 말하지 말라는 것이다. 또한 관련성의 격률은 관련있는 것을 말하라는 것이며, 양태의 격률은 구체적으로 말해진 것을 어떻게 통제하는 가이다. 양태의 격률에는 '명료하라'라는 격률을 포함하는데 더욱 구체적으로 말하면 협동적인 화자는 대개 모호성과 중의성을 피하고 간결하며 조리있게 말하려고 애쓴다는 것을 말한다.

　　이제 대화가 항상 또는 심지어 규칙적으로 똑바르게 진행되지 않는다는 것은 아주 분명하다. 그러나 Grice의 관점은 한편으로는 협동 원리가 준수되고 있는 반면 개별적 격률이 위배되는 경우에도 협동 원리와 그 격률이 화자에게 함축을 만들 기회를 제공한다는 것이다. 이러한 일이 발생할 때 청자들은 위반되는 격률을 회복시키기 위한 모든 정보를 제공할 것이고 따라서 그 격률은 활용된다. 예를 들어, A가 B에게 당근과 감자를 사오라고 했다고 가정해보자. B가 돌아와서 A는 "그것들을 사왔나?" 라고 묻는다. 만약 B가 "당근을 조금 샀어" 라고 응답한다면, A는 B가 감자는 사오지 않았다고 가정할 것이다. 왜냐하면 B는 너무 많이 말했거나 ('그래'만으로 충분하다) 또는 충분하게 말하지 않았기 때문이다 (만약 '그래' 이외의 것을 말한다면 '그래, 나는 당근과 감자 다 샀어'와 같이 발화해야 했다). 화자들은 격률을 이용할 수 있다. 왜냐하면 화자들은 관련된 모든 대회참여자들이 사용된 단어의 관습적인 의미를 이해하고, 지시 표현의 지시 대상을 알며, 협동 원리와 그 격률들에 친숙하고, 발화 사건에 대한 공기 텍스트와 맥락에 접근할 수 있으며, 관련된 배경 지식을 공유한다고 가정하기 때문이다.

　　분명하게도 발화 사건의 참여자들이 함축의 생성과 관련한 매개변수들에 대해 완전한 자질을 갖추고 있다고 가정할 수 있는 정도는 참여자들이 은유적으로 또는 물리적으로 얼마나 가까운지에 따라 달라질 것이다. 또한 번역을 수반하는 많은 경우에는 원래의 사건보다 참여자들이 더욱 떨어져 있게 될 것이다. 따라서 번역에서 함축을 생성할 때에는 추가적인 단서를 더 제공하는 것이 때로 필요하다. 또는 원본 텍스트에서 제공되지 않은 다른 단서를 제공하는 것이 필요한 경우도 있다.

텍스트의 함축 생성에 대해 잠재성을 보존해야 하는 필요성은 번역에서 응집과 일관성을 확립할 필요성과는 다르다는 것을 주지해야 한다. 만약 응집과 일관성이 확립될 수 없다면, 텍스처 그 자체가 위험할 수 있고, 번역은 넌센스로 판단받을 수 있다. 함축을 버리는 것이 덜 위험한 판단이다. 이 경우 번역의 독자들은 원본의 독자에게 제공되는 모든 정보를 읽지 못하게 되겠지만 말이다. 어떤 함축은 물론 고의적으로 없애기도 한다.

대화 함축은 전체 발화 상황 안에서 대화의 역할과 장소에서부터 기인한다. 즉, 화행에서부터 발생한다고 말할 수 있다(7.4절 참조). 게다가, 함축은 때로 확정적이지 않는 경우가 있다. 비록 위에서 언급된 유형의 자료들이 청자들에게 가장 그럴듯한 함축을 결정하도록 도와줄지라도 몇 개의 가능한 함축들은 격률의 위반에서부터 발생할 수도 있다.

7.3.2 연습과 논의

■■■ 연습 ■■■

극작가들은 종종 함축을 발생시켜 글을 쓴다. 노르웨이 극작가인 Henrik Ibsen의 희극인 『유령(Gengangere)』(1881)을 William Archer(1907-8)가 『Ghosts』로 번역한 다음의 발췌문을 보라. 대화교환은 Act Ⅰ에서부터 아주 일찍 발생한다. 상류층 알빙(Alving) 가정에서 자란 레지네(Regine)는 목수이자 다리가 기형인 그녀의 아빠 엥스트란트(Engstrand)와 이야기하고 있는 중이다. 엥스트란트는 모아 둔 돈으로 선원을 상대로 하는 술집을 열 생각을 하고 있으며 그곳에서 같이 일하자고 그녀를 설득하기 위해 왔다.

원문

Engstrand: Jeg var ute på en rangel i går kveld —

Regine: Det tror jeg gjerne

번역

Engstrand: I was out on the loose last night —

Regina: I can quite believe that

엥스트란트: 어제 신나게 마셨어

레지네: 말 안 해도 알아요

엥스트란트의 말에 대한 레지네의 응답에 있는 함축은 무엇인가?

■■■ 논의 ■■■

엥스트린트는 레지네에게 전날 밤에 시내에 나갔다는 정보를 제공하고 있는 중이다. 질의 격률은 화자에게 진실을 말하도록 유도하고 정보에 대한 자연스러운 응답은 단순하게 그것을 인정하는 것이다. 그래서 아빠의 말을 믿는다는 것을 명시적으로 말하는 데 있어서 레지네는 필요한 것 이상을 말하고 있는 중이고 청자들은 엥스트란트가 자주 밤문화를 즐기는 사람이라는 함축을 생성하기 시작할 것이다. 엥스트란트가 다음에

한 말 또한 레지네의 함축을 이해했다는 것을 보여주는데, 사실상 여기서 그는 일종의 책망으로 이해한다. 사실상 그는 다음과 같이 해명한다.

원문

Engstrand: Ja, for vi mennesker er skrøbelige, barnet mitt —
(yes because we humans are delicate, child of mine)
(그래 우리 인간은 연약하잖아 애야)

아래의 번역 또한 엥스트란트가 레지네의 응답에 근거하여 함축을 생성해낸다는 것을 보여준다. 그러나 '우리는 불쌍한 인간이야(we poor mortals)'라는 표현은 청자에게 그가 해명보다는 오히려 변명하는 것으로 이해하게끔 하는 것 같다. 아래의 번역에서는 원문보다 그를 더 약한 인물로 나타내고 있는 것 같다.

번역

Engstrand: Yes, we're weak vessels, we poor mortals, my girl.
엥스트란트: 그래, 우리는 연약한 사람이고 불쌍한 인간이잖아, 애야.

이 희곡은 번역가에게 외국어로 어떻게 번역을 해야 하는지에 대한 질문을 제기한다. 레지네는 불어를 섞어 다음과 같이 발화한다.

Regine: Ja, ja, kom deg nu bara av sted. Jeg vil ikke stå her og ha rendez-vous'er med dig.
(Yes, yes, just get going. I don't want to be having rendez-vous [+PLURAL] with you)

(알았어요. 이제 그만 가세요. 여기 서서 아빠하고 사람들을 만나고 싶지 않아요.)

Engstrand: Hva vil du ikke ha for noe?

(What don't you want to be having?)

(뭐 하고 싶지 않다고?)

Regine: Jeg vil ikke ha at noen skal treffe deg her. Se så; gå så din vej.

(I do not want anyone to meet you here. Look; go on your way now.)

(여기서 아빠가 남의 눈에 띄는게 싫단 말에요. 보세요, 지금 빨리 가세요.)

■■■ **연습** ■■■

이 짧은 대화에서 발생한 함축을 논의하고 여러분의 언어로 번역할 때 괄호안에 제시한 주석번역을 이용해보라.

영어로 된 번역은 다음과 같다.

> Regina: Very well; only be off now. I won't stop here and have *rendezvous* with you.
>
> Engstrand: What is it you won't have?
>
> Regina: I won't have anyone find you here; so just you go about your business.

불어로 된 용어들은 원문에서 불어로 쓰였다는 주석이 있다. 원문의 함축과 여러분의 번역, 출판된 영어 번역의 함축을 비교하라.

조금 더 넘어가서 다음과 같은 대화가 이어진다.

Regine: (*vender sig bort, halvhøyt*). Uff-! Og så det benet.

((*turning away, quietly*). Argh-! And then that leg)

(고개를 돌리며 조용히) 아! 그리고 저 다리

Engstrand: Hva sier du, barnet mitt?

(What did you say, child of mine?)

(뭐라고 했니, 애야?)

Regine: Pied de mouton.

Engstrand: Er det engelsk, det?

(Is that English?)

(그거 영어니?)

Regine: Ja

(Yes)

(그럼요)

레지네의 불어 사용의 함축은 무엇인가? 그녀의 거짓말에 근거한 함축은 무엇인가(레지네는 고의적으로 잘못번역해서 'Pied de mouton'이 영어라고 주장한다)?

출판된 영어번역은 다음과 같다.

Regina: [turns away; half aloud]. Ugh! And that leg too!

Engstrand: What do you say, girl?

Regina: *Pied de mouton.*

Engstrand: Is that English, eh?

Regina: Yes.

번역이 원문처럼 같은 종류의 함축을 생성해낼 것이라고 생각하는가?

논란의 여지가 있지만 레지네가 말했던 불어가 영어인지 아닌지 물어보는 엥스트란트의 영어 말하기는 노르웨이어 말하기보다 훨씬 지적이지 않는 것 같다. 그러나 영어를 말하는 엥스트란트가 여기서 자기 딸을 조롱하면서 비꼬아 말하는 것으로 이해할 수도 있다. 어떤 경우이든지 불어의 사용으로 발생된 함축을 이해하기 위해서는 Ibsen이 글을 썼던 그 당시 스칸디나비아에서 불어를 사용할 수 있는 능력은 교양과 박식함의 표지였다는 것을 알아야 한다. 이 함축은 영어문맥에서 상대적으로 문제 없이 전이되지만 모든 문맥에 전이되지는 못하는 것 같다. 그리고 이 희곡이 어떻게 불어로 번역될까?

7.4 단어들로 일을 처리하는 방법

유럽연합(European Union) 조약 조항 6항에는 '연합은 정회원국의 국가적 정체성을 존중해야 할 것이다(The Union shall respect the national identities of its Member States)'라고 나와 있다(Wagner, Bech & Martínez 2002: 1을 보라). 일반적인 상황에서 만약 누군가가 당신을 존중할 것이라고 노골적으로 말하면, 존중받는 것이 당연하지 않다는 생각을 당신이 갖고 있다고 그들이 믿는다는 함축을 하게 된다. 이것은 당신의 마음속에 이전에는 없었던 의구심을 갖게 한다. 즉, 그 사람이 당신을 존중하는 것이 정말 분명한가는 의구심 말이다. 또한 조항에서 쓰인 용어도 이상하다. '연합은~것이다(The Union shall)'은 약속이라기보다 오히려 명령처럼 들린다. 누가 누구한테 명령을 하는 것인가? 연합 스스로에게 명령한다는 것인가?

사실, 여기 제시된 것은 조약내의 조항이고, 그 형식은 특정한 텍스트 유형의 특징이다. 문제가 되는 것은 실제로 명령이냐 약속이냐가 아니라, 조약에 서명함으로써 연합 회원국들이 지키기로 자진한 규칙이다. 약속, 명령과 공약들은 화행의 예들인데, 본 절에서는 이러한 개념을 논의 할 것이다.

행위로서의 발화 이론은 1930년대에 옥스포드 철학자 J. L. Austin에 의해 발전되었으나, 그 이론은 Austin이 1955년 하버드 대학교에서 한 12번의 강연에 기초한 『How To Do Things With Words』[21]라는 책이 1962년에 출판됨으로써 널리 알려졌다. 이 이론은 소위 자연언어 철학을 최초로 방대하게 설명한 이론으로 언어 화용론 원칙의 중심요소가 되게 되었다.

이후에, Grice처럼 Austin은 논리를 넘어선 자연언어의 일부들을 다루는 방법을 찾기를 원했다. 그러나 그의 대상은 절 간의 관계가 아니라 언어와 세상 간의 관계였다. Austin이 화행 이론을 발전시켰을 무렵 이러한 관계에 대한 지배적인 관점은 문장의 의미가 대부분 진리조건에 달려 있다는 것이었다. 즉, 만약 문장이 참이 되는 환경을 알고 거짓이 되는 환경을 안다면, 한 문장의 의미를 알 수 있다는 것이다. 3장 3.5.2절에서는 우리는 진리조건을 기반으로 한 최근의 의미 이론에 대해 살펴보았다. 그러나 그러한 진리 개념은 진리 유지라는 개념으로 대체되었는데, 이 개념은 시간, 화자, 그리고 환경 설정에 따라 상대화된 진리 개념이었다. Austin이 글을 썼을 때 작용한 진리 이론은 매우 달랐다. 이는 진리의 대

---

21) 국내에서는 『말과 행위』로 출판됨.

응이론으로서 세상의 존재 방식에 따라 문장이 참일 수도 있고 참이 아닐 수도 있는 것이다. 만약 문장이 사실과 부합한다면 그것은 참이다.

Austin에 따르면, 의미 이론에서 이렇게 언어-세계 대응에 의존함으로써 Austin이 말하는 기술적 오류(descriptive fallacy)(1962: 3)를 수용하는 결과를 초래했다. 여기서 기술적 오류란 진술문이 항상 사실이나 사건들의 상태를 묘사하는 데 사용되고, 그것이 참 또는 거짓이어야 한다는 관점이다. Austin은 사실 진술문의 주된 목적은 사건들의 상태를 묘사하는 것이 아니며, 대부분의 경우 그것들이 참인지 거짓인지 물어보는 것이 합당하지 않다고 지적했다. 예를 들어(1962: 5), 결혼식에서 '맹세합니다(I do)'라고 발화하는 것이나, 배의 기둥에 병을 내리치면서 적법한 권위를 가진 사람이 '나는 이 배를 퀸엘리자베스로 명명한다'라고 발화하는 것, 유언장에 '나는 내 시계를 남동생에게 위임한다'로 쓰는 것, 그리고 '내일 비가 온다'는 것에 6펜스 걸겠다'라고 발화하는 것 등이 있다. 여기에서 문제가 되는 것은 발화를 넘어서는 사건 상태의 기술이 아니며, 또한 발화의 주된 목적은 이러한 기술이 아니라, 순수하고 단순하게 완전히 다른 어떤 것, 정상인이라면 단지 말하는 것으로 기술하지만은 않을 것 즉, 행위의 수행이다. 누군가를 배우자로 삼고, 배의 이름을 짓고, 한 사람이 죽은 뒤에 다른 사람을 위해 어떤 것을 남겨놓고, 내기를 하는 것이다. Austin은 그러한 발화를 '수행문(performative)' 또는 '수행적 발화(performative utterances)'라고 부르는데, 이는 주로 기술하기 위해 사용된 발화, 즉 그가 '진술문(constatives)', '진술적 발화(constative utterances)'라고 부른 것과 구별하기 위해서이다. 그리고 진리 문제는 오직 진술문과 관련이 있다. 반대로, 우리가 수행적 발화라고 판단할 때 관련되는 것은 그 문장이 발화된 상황에 적절한지 아닌지에 대한 것이고, Austin은 적절한지 아닌지 표현하기 위해 '행복한(happy)', '행복하지 않은(unhappy)' 이라는 용어를 사용하였다. 수행적 발화의 행복은 분명 진리조건에 의존하지 않는다. 오히려, 이는 Austin의 용어인 적절성 조건의 집합에 달려있다. 적절성 조건은 다음과 같이 네 가지 유형이 있다(1962: 14-15).

1. 특정한 환경에서 특정한 사람들이 특정한 단어들을 발화하는 것은 특정한 효과를 만들 것이라고 일반적으로 용인되는 관습이어야 한다.
2. 모든 참여자들은 이러한 관습적 절차에서 절차를 정확하고 완전하게 이행해야 한다.
3. 만약 그 관습이 절차에 있는 참여자들이 특정한 생각, 감정, 의도를 가져야 하도록 요구한다면 참여자들은 실제로 그러한 생각, 감정, 의도를 가지고 있어야 한다.
4. 만약 그 관습이 절차에 있는 어떤 참여자라도 특정한 방식으로 계속 행동하도록 요구한다면 참여자들은 실제로 그러한 방식에 따라 행동해야 한다.

만약 이러한 조건들이 달성되지 않는다면, 수행문은 행복하지 않을 것이고, 수행하도록 의도된 행동은 전혀 수행되지 않거나 불성실하게 수행될 것이다. 만약 행동이 달성되지 않는 경우라면, Austin은 이를 '불발'이라고 말한다. 불발은 위의 조건 1이나 2가 이행되지 않으면 발생한다. 만약 행동이 불성실하게 수행된다면 그 결과 조건 3과 4는 불이행될 것이고, Austin은 이를 '남용'이라고 말한다.

수행되는 행동을 명명하는 화행동사를 수행문 안에 포함시킬 필요는 없다. 관습상 우리가 '불(fire)'과 같은 아주 간단한 발화를 듣고도 이 발화가 경고를 나타내는 수행적 발화라는 것을 이해 할 수 있게 된다. 그러나 이른바 '함축적 수행문'은 관련된 화행동사가 포함된 발화로 확장시킬 때 항상 명시적으로 표현 가능하다. 예를 들어, '불'의 경우, '불이 났다고 당신에게 경고한다'라고 말해야 할 것이다. 그리고 '항상 착석해 있어라'는 경우 '승객들은 항상 착석하도록 권고 받아야한다'라고 말해야 할 것이다.

함축적 화행을 명시적 화행으로 확장하기 위한 이러한 기회를 만들기 위해서 그 이론이 상당한 대가를 치러야 하는 것 같다. 모든 발화가 '나는 그것을 진술 한다(I state that)'로 시작될 수 있기 때문에, 모든 발화를 행동으로 보여주는 방식은 분명하다. 그러나 모든 진술문이 진술 행위가 되도록 하는 확장의 수법은 또한 그 접근법의 약점을 보여주는 것으로 생각될 수도 있다. 그것은 기술을 통해 세상과 연결하기로 되어 있는 발화의 작용을 설명하는데 있어서 더 이상의 탐색을 하지 못하게 한다. 예를 들어, 어떤 것이 어떻게 작동하는지 기술하는 메뉴얼의 경우에, 같은 것을 하도록 되어 있는 과학적 이론의 경우에, 또는 질병 진단의 경우에, 그리고 다양한 다른 기술적 진술의 경우에, 우리는 무엇무엇이 여차여차하다고 간단히 아는 것에는 만족하지 못할 것이다. 우리는 그 사람이 제안한 것이 정확한지 아닌지를 알기 원하는데, 왜냐하면 이는 환경을 다루는 우리의 능력에 심각한 결과를 초래하기 때문이다. Austin은 이것에 대해 다음과 같이 명시적으로 말한다(1962: 148):

'의미'를 '의의와 지시'와 등가적으로 보는 이론은 발화 행위(locutionary act)와 언표내적 행위(illocutionary act) 간의 구분의 관점에서 어느 정도의 추리기와 새로 만들기 작업이 분명히 필요요할 것이라고 추정할 수 있다. ...[아래를 보라. 나는 여기에서 충분히 많은 것이 이루어져 있지 않다는 것을 인정한다. 나는 현재의 견해를 이용하여 기존의 '의의와 지시' 개념을 사용해 왔다.

수행문은 소위 '언표내적 힘'에 따라 다섯 개의 넓은 부류로 나누어 질 수 있다. 다른 언표내적 힘은 다른 언표내적 행위를 수행하도록 하고, 언표내적 행위는 그와 동시에 수행되는 '발화 행위', '발화 매개적 행위 (perlocutionary act)'와 구별된다.

발화 행위를 수행하는 것은 Austin(1962: 94)의 말대로 '완전히 정상적인 의의'로 무언가를 말하는 것이다. 즉, 단순한 소음 또는 글자 형태가 아닌 언어로서 언어를 사용하는 것, 그리고 언어 항목들을 세상의 어떤 것을 지칭하기 위해 특정한 방식으로 즉, 특정한 지시와 의미를 지닌 방식으로 사용하는 것이다.

한 사람이 발화 행위를 수행할 때마다 그 사람은 또한 진술, 약속, 경고, 내기, 사과 등과 같은 언표내적 행위를 수행한다. 만약 청자가 언어 관습적 지식을 통해서 어떤 행동이 발화에 의해 수행되는지를 이해한다면, 발화의 언표내적 힘에 대한 '활용'이 있을 것이다. 그 발화는 의의와 지시의 단순한 이해를 넘어서서 청자나 독자들에게 특정한 효과를 발휘할 것이다. 이 효과의 발생은 '발화 매개적 행위'라고 한다. 발화 매개적 행위는 예를 들어, 설득, 단념, 놀람, 혼동, 확신 등을 포함한다. 발화 매개적 행위는 그것을 말한 내용에 있는 것이 아니라 말함으로써 수행되는 것이다. 그리고 이는 언표내적 행위와 다른데, 언표내적 행위의 행위자가 발화에 따라 수행되는 발화 매개적 행위에 대해 완전한 통제력이 없다는 점에서 다르다. 예를 들어, '승객들은 Potters Bar 사건 이후, 철도 여행의 안전에 대해 안심하고 있다(2002년 5월 12일 라디오 4의 6시 뉴스에서)

라고 말하는 것은 호도하고 있거나 지나치게 낙관적이다. 왜냐하면 철도 기관사나 다른 누군가가 승객들이 안심하게 될 것이라는 희망에서 무엇을 말하든지 간에, 실제로 승객들이 안심한다는 것을 보장할 수는 없기 때문이다.

Austin(1962: 강의 12)이 확인한 화행의 종류는 다음과 같다.

1. 판정행위(Verdictives): 판정, 추정, 예상 또는 평가하는 것이 전형적임, 즉 결과를 전달하는 것.
2. 행사행위(Exersitives): 힘, 권리 또는 영향력을 행사하는 행위. 예를 들어 투표, 명령, 촉구, 권고, 경고 등이 있다.
3. 언약형위(Commissives): 약속 또는 착수하는 것이 전형임 (*op. cit*: 151-2) : '그들은 당신에게 무엇을 한다고 약속한다. 그러나 이것은 약속이 아닌 선언이나 의도의 발표를 포함한다. 또한 우리가 옹호라고 부르는 즉, 두둔하기와 같은 모호한 것들도 포함한다.'
4. 행태행위(Behavitives): 사회적 행위와 태도와 관련된 것. 예를 들어, 사과, 축하, 칭찬, 문상, 저주, 항의가 있다.
5. 평서행위(Expositives): 발화가 논쟁이나 대화의 과정에 적합하도록 분명하게 하는 것. 예를 들어, 나는 대답한다, 나는 논쟁한다, 나는 인정한다, 나는 설명한다, 나는 가정한다, 나는 상정한다가 있다.

이러한 체계로 문법적 서법(평서법, 의문법과 명령법)과 화행 사이의 불일치라는 난제를 해결하는 것이 가능하다. 언어를 사용하는 표준적인 상황에서 평서법 발화는 진술하기 위해, 의문법 발화는 질문을 하기 위해, 명령법 발화는 명령을 하기 위해 사용되지만 이러한 서법과 기능의 관계가 깨지는 경우가 많다. 예를 들어, '나는 2시에 내 사무실에서 너를 만날 것이다라는 평서법은 명령으로 기능할 수 있고, '시험 치기 전날에 TV를 보는 것이 좋은 생각이냐?' 라는 것은 의문법이지만 시험 전날 밤에 TV를 보는 것은 좋은 생각이 아니라는 진술문으로 이해된다. Searle (1975)에 따르면, 이는 '간접' 화행이 수행된 것이다. 이는 화자가 그러한 화행을 사용하기 위해 하나 이상의 관습을 고의로 깨뜨림으로써 '직접' 화행에 대한 청자의 지식을 사용할 때 발생한다. 화자가 간접 화행을 이해하는 이유는 직접 화행을 위한 적절성 조건을 이해하고 그 조건을 모두 획득하지 못함을 인지하는 한편, 간접 화행에 대한 몇 가지의 적절성 조건은 획득하기 때문이다. 예를 들어, 어떤 사람이 특정한 장소에서 나중에 누군가를 만날 것이라고 진술한다면 그는 반드시 다른 사람이 거기에 나올 것이라는 것을 확신해야만 한다. 만약 청자가 사전에 약속이 안되어 있다는 것을 안다면 이 진술에 대한 적절성 조건이 획득되지 않는다는 것을 깨닫게 될 것이다. 그러나 그들은 또한 힘이 있는 사람이 누군가에게 특정한 방식으로 행동하도록 명령할 수 있다는 것을 알 것이다. 만약 명령의 적절성 조건이 획득되면, 진술문 발화는 명령 행위를 수행한 것으로 이해될 것이다.

간접 화행을 이해하는데 화자가 의존하는 증거로는 화행의 적절성 조건에 대한 자신들의 지식, 일반적인 배경지식과 추론 능력 뿐 아니라, 협력원칙과 그 격률들에 대한 지식, 장르 관습, 그리고 공손한 언어 행위를 지배하는 원리가 있다. 영어에서의 언어적 공손 관습에 관해서 Leech (1983)에서 자세하게 논하고 있는데, 그는 공손성이란 간접 화행 형태와 대화 격률의 위배 형태 두 경우에서 나타나는 간접성과 연관이 있다고 강조한다. 공손이론은 Brown & Levinson(1978)에서 다루고 있으며 공손 관습에 있어서 이문화 간의 차이점들과 번역에서 나타나는 결과에 대해서는 House(1998)에서 논의된 바 있다.

7.4.1 연습과 토론

Ibsen의 『유령』(1881)으로 논의한 이전의 연습에서, 다음과 같은 구절을 통해 우리는 대화 격률과 화행 사이의 상호 작용에 대해 살펴보았다.

원문

Engstrand : Jeg var ute på en rangel i går kveld—

Regine : Det tror jeg gjerne

Engstrand : Ja, for vi mennesker er skrøbelige, barnet mitt-

번역

Engstrand : I was out on the loose last night—

Regina: I can quite believe that

Engstrand : Yes, we're weak vessels, we poor mortals, my girl.

엥스트란트: 어제 신나게 마셨어

레지네: 말 안 해도 알아요

엥스트란트: 그래, 우리는 연약한 사람이고 불쌍한 인간이잖아, 애야.

Engstrand의 두 번째 말은 원문에서는 설명으로, 번역문에서는 변명으로 이해되기 쉽다. 우리는 원문에서 'for'를 사용한 것이 원문에 대한 이해를 이끌어 내는 수단이 될 수 있음을 살펴보았다. 번역문에서는 설명을 나타내는 표현이 나타나지 않는다.

1막에서 그 이후에 이어지는 다음의 구절을 살펴보자. 지방 소도시에서 온 성직자인 맨더스 목사는 앨빙 부인을 방문했으며, 부인을 기다리는 동안 레지네가 목사를 접대하고 있다. 레지네와 맨더스 목사 사이에 어떤 화행이 이루어질까? 여러분은 어떻게 알 수 있는가? 구절이 길기 때문에 각 원문 아래에 번역이 되어 있다.

Pastor Manders : Deres far er ingen riktig sterk personlighet, jomfru Engstrand. Han trenger så inderlig til en ledende hånd.
맨더스 목사: 엥스트란트양, 너의 아버지는 의지가 강하지 못해. 이끌어주는 손길이 절실하게 필요하단다.
Regine : Å ja, det kan gjerne være, det.
레지네: 네, 저도 알고 있어요.

Pastor Manders : Han trenger til å ha noe om seg som han kan holde av, og hvis omdømme han kan legge vekt på. Han erkjente det selv så trohjertig da han sist var oppe hos meg.
맨더스 목사: 누군가 아버지가 좋아하는 사람이 옆에서 있어주고, 아버지가 따를 수 있는 판단을 해주는 사람이 필요해. 전에 아버지가 나를 만나러 왔을 때 솔직하게 인정하더구나.

Regine : Ja, han har snakket til meg om noe slikt. Men jeg vet ikke om fru Alving vil være av med meg—helst nu da vi får det nye asylet å styre med. Og så ville jeg så gruelig nødig fra fru Alving også, for hun har da alltid vært så snill imot meg.
레지네: 네. 아버지께서 그와 비슷한 얘기를 저에게도 하셨어요. 그런데 앨빙 부인이 저를 보내주실지 모르겠습니다. 더구나 앞으로 새 고아원까지 운영해야 하는데. 그리고 앨빙 부인을 떠난다는 건 너무 못할 짓인 것

같아요. 항상 제에게 잘 해 주셨거든요.

Pastor Manders : Men den datterlige pligt, min gode pike －. Naturligvis måtte vi først innhente Deres frues samtykke.
맨더스 목사: 딸로서의 도리도 있지 않니. 물론 부인의 동의를 제일 먼저 받아야지.

Regine : Men jeg vet ikke om der går an for meg, I min alder, å styre huset for en enslig mannsperson.
레지네: 그런데 제가 이 나이에 혼자 사는 남자 집에 가서 일하는 것이 맞는지 모르겠습니다.

Pastor Manders : Hva! Men kjære jomfru Engstrand, det er jo Deres egen far her er tale om!
맨더스 목사: 뭐? 엥스트란드양! 네 아버지잖아.

Regine : Ja, det kan så være, men allikevel －. Ja, hvis det var I et godt hus og hos en riktig reel herre －
레지네: 그럴지도 모르죠. 그러나 똑같아요. － 정말 존경할 만한 가정이고 진짜 신사다운 분이었다면 －

Pastor Manders : Men, min kjære Regine －
맨더스 목사: 그렇지만 레지네야－

Regine : －en som jeg kunne nære hengivenhet for og se opp til og være liksom I datters sted －
레지네: 제가 사랑하고 존경할 수 있고 딸이 되고 싶은 그런 분이었다면－

Pastor Manders : Ja, men mitt kjære gode barn —

맨더스 목사: 그래, 그렇지만 애야—

Regine : For så ville jeg nok gjerne inn til byen. Her ute er det svært ensomt,— og herr pastoren vet jo selv hva det vil si å stå ensom i verden. Og det tør jeg nok si at jeg er både flink og villig. Vet ikke herr pastoren noen slik plass for meg?

레지네: 그러면 저는 기꺼이 시내로 갈수 있을 거예요. 여기는 너무 외로 워요. 목사님도 이 세상에서 혼자라는 게 어떤 것인지 아시잖아요. 그리 고 목사님께 진정으로 저는 능력 있고 일 할 뜻이 있다고 말씀드릴 수 있 어요. 목사님 저에게 맞는 그런 자리 아시는 데 없으세요?

Pastor Manders : Jeg? Nei tilforlatelig om jeg det vet.

맨더스 목사: 나? 아니, 전혀 아는 데가 없어.

■■■ **토론** ■■■

위의 구절에서 개별 화행을 확인하는 것은 상당부분 전체 구절의 맥락 속 위치에 달려 있는 것 같다. 많은 학자들은 이러한 화행이 Austin과 Searle이 제안하듯이 정말 별개의 항목인가에 대해 의문을 가져왔다(이에 대한 예로 Ferrara(1980a 와 b)를 보라).

Austin과 Searle이 논하였듯이 화행은 구어의 한 특징이다. 문어[22]에 서도 화행과 어느 정도 닮은 행위를 찾을 수 있는데, 예를 들면 편지의 서두와 말미에 볼 수 있는 인사말과 학위논문과 논문, 책에서 볼 수 있는

---

22) 이것을 Horner(1975)가 발전시킨 텍스트 행위와 혼돈하지 말라. Hatim(1998: 73)에 따 르면 Horner는 '글쓰기의 행위 학문적 연습으로서의 "작문(composition)은 화용적 행 위(그녀는 이를 "텍스트 행위"라고 불렀다)의 특별한 종류라고 제안한다'고 한다.

감사와 헌정을 나타낸 부분들이 이에 해당한다. 그러나 이러한 현상은 주로 장르, 담화 그리고 텍스트 분석의 일부로 연구된다. 그것은 '행위'보다 '움직임(moves)'으로 기술되는 경향이 있으며, 텍스트 기능과 같은 개념과 장르 그 자체의 개념에 밀접하게 연관되어 있다. 이 장의 마지막 부분은 이러한 개념을 다루고 있다.

7.5 텍스트와 장르

7.5.1 장르분석

언어학과 문학이론 분야에서 적용되는 '장르'는 여러 가지 의미로 정의된다. 예를 들어, Abrams(1971: 67-8)는 다음과 같이 정의한다.

장르, 프랑스에서 유래한 이 용어는 문학의 종류 또한 우리가 흔히 말하는 "문학 형식"을 나타내기 위해 문학 비평에서 사용된다.

예를 들면 비극, 코미디, 서사시, 풍자, 서정시, 풍자시, 소설, 수필, 전기가 이에 해당하는데 그 정의는 주제도 영향을 끼치지만 Abrams가 언급했듯이 주로 형식에 관한 것이다. 그 정의 자체가 문학의 장르로 제한하는데, 또한 형식이 중요한 역할을 하는 비문학 장르도 많이 있다. 예를 들어, 1980년의 영국 주택법 24조 5항에서 발췌한 다음 구절을 살펴보자 (Bhatia 1993: 32):

매수권리가 행사되는 주택은 등기된 토지이며 토지 등기소장은 내무장관의 요청이 있을 시에는 (적절한 비용을 지불하고) 그에게 주택 귀속 명령을 실행하기 위해 내무장관이 요청한 어떤 서류의 복사본도 제공해 주어야 하며 (1925년의 토지 등기법 112조에도 불구하고) 내무장관에 의해 위임받은 자는 토지등기소장의 관할에 있는 주택과 관련된 모든 등기부 또는 서류의 발췌본을 조사하고 복사할 수 있다.

Bhatia(1993: 33)가 지적하듯이, 이 텍스트는 그가 '상호작용적 움직임 구조'라 언급한 것, 즉 법률 조항과 조건의 명세화 사이의 상호작용을 보여준다.

　　매수권리가 행사되는 주택은 등기된 토지이며 토지 등기소장은 장관의 요청이 있을 시에는 (적절한 비용을 지불하고) 그에게 주택 귀속 명령을 실행하기 위해 내무장관이 요청한 모든 서류의 복사본을 제공해 주어야 하며 (1925년의 토지 등기법 112조에도 불구하고) 내무장관에 의해 위임받은 자는 토지등기소장의 관할에 있는 주택과 관련된 모든 등기부 또는 서류의 발췌본을 조사하고 복사할 수 있다.

법률조항	조건의 명세화
	매수권리가 행사되는 주택은 등기된 토지이며
토지 등기소장은	
	내무장관의 요청이 있을 시에는
그에게 제공한다.	

적절한 비용을 지불하고

내무장관이 요청한 모든 서류의 복사본을

주택 귀속명령을 실행하기 위해

그리고

1925년의 토지 등기법 112조에도
불구하고

내무장관에 의해 위임받은 자는
토지등기소장의 관할에 있는 주택과 관련된
모든 등기부 또는 서류의 발췌본을
조사하고 복사할 수 있다.

그러나 장르를 정의함에 있어서 형식적인 특징만 고려되는 것은 아닙니다. Swales(1990: 50)의 정의에 의하면 장르와 그 사용자 간의 관계가 중요한 역할을 한다.

장르는 의사소통적인 사건의 부류로 구성되는데, 각 구성요소들은 의사소통적 목적을 수행한다. 이러한 목적들은 원 담화 공동체의 전문가 구성원에 의해 인지되고 따라서 장르에 대한 근거를 구성한다. 이 근거는 담화의 도식적인 구조를 형성하며 내용과 문체의 선택에 영향을 주고 제약을 가한다.

Swales는 학문적 연구 논문 장르에 상당한 관심이 있다. 이 장르는 그 소비자와 생산자가 상당한 수준으로 일치하고 전문적 지식과 흥미를 공유하는 수준도 매우 높다. 즉, 연구 논문을 읽는 사람들은 논문을 쓰기도 하고, 연구 논문을 읽고 싶어 하는 거의 모든 사람들이 그 주제에 대해 일정 수준의 전문적인 지식을 소유하고 있다. 이것은 신문과 잡지 사설과 기사, 선전용 자료, 브로셔와 매뉴얼 등과 같은 다른 여러 장르들과는 구별되는 특성이며, 이러한 장르의 생산자와 소비자 관계의 차이점은 장르 구조와 형식에 어느 정도 반영된다.

연구 논문의 경우 흥미와 전문적인 지식이 일치하는 정도가 높고, 담화 공동체의 대다수 구성원들이 그 장르의 생산자가 되기도 하고, 소비자가 되기도 하기 때문에 전문적인 용어와 어법 사용이 가능하며, 주의를 끄는 장치를 최우선으로 고려할 필요가 없다. 반면에 선전용 자료와 텍스트처럼 시장에서 심한 경쟁에 놓여 있는 신문과 같은 출판물들은 누구나 이해할 수 있는 용어와 어법을 사용하고 눈길을 끄는 제목과 표제를 사용하면서, 최대한으로 광범위한 호소력과 배급을 보장하는 전략을 세울 필요가 있다.

연구 논문의 도입부 안에 Swales는 다음과 같은 3개의 움직임을 설정하는데, 각 마디에는 많은 잠재적인 단계가 있다.

움직임 1   연구영역 정하기
  단계 1   그 분야의 중요성 주장
                               그리고 / 또는
  단계 2   주제 일반화
                               그리고 / 또는
  단계 3   선행연구의 항목 재검토

움직임 2   집중 영역 정하기
  단계 1 A   반대 주장
                               또는

단계 1 B	간극 지적
	또는
단계 1 C	문제점 제기
	또는
단계 1 D	선행연구 확장

움직임 3   **집중영역 자리잡기**

단계 1 A	목적 약술
	또는
단계 1 B	현 연구 발표
단계 2	중요한 결과 발표
단계 3	연구논문 구조 제시

CARS(연구 공간 만들기, Creating A Research Space)로 알려진 이 모형에서 하나의 움직임에 있는 각 단계는(개념의 지나친 확장 없이도) 화행 또는 아마도 텍스트 행위의 문어 텍스트 형식으로 간주될 수 있는 기능 또는 행위를 수행하고 있다. 이러한 방식으로 장르의 움직임을 나타내는 것은 아주 흔하다. 예를 들어 Bhatia(1993: 45-47)는 다음과 같이 두 종류의 상업편지에 나타나는 움직임을 제시한다(Dudley-Evans 2002에서 가져왔으며 실제 예는 Bhatia 1993[23]을 보라).

---

23) Bhatia는 두 가지 인사 움직임을 포함시키지 않는다. 여기서 이것들을 0과 00으로 명시한 이유는 다른 움직임들이 기능적으로 활동하는 반면, 이것들은 그렇지 않기 때문이다. 편지에서 인사는 물론 중요한 것임에도 불구하고 일반적으로 대개 형식적이다(그 다음에 연습에서 나오는 이메일 메시지를 보라). 또한 Bhatia는 여기에서 포함시

	판매촉진 편지	구직편지
움직임 0	시작 인사말	시작 인사말
움직임 1	신뢰 구축	신뢰 구축
움직임 2	제안 소개	후보자 소개
	(i) 상품 / 후보자 제시	
	(ii) 제안 / 후보자의 주요 세부 사항	
	(iii) 제안 / 후보자의 가치 제시	
움직임 3	동기유발 제공 (흔함)	동기유발 제공 (드묾)
움직임 4	응답 간청	응답 간청
움직임 5	공손히 끝맺음	공손히 끝맺음
움직임 00	끝인사	끝인사

우리가 보듯이, 2개의 편지 형식 사이에 주된 차이점은 직업을 구하는 후보자가 미래의 고용주에게 자신들을 고용하도록 하는 동기유발 제공은 드문 일이라는 것이다. 말하자면, 두 참여자 사이의 힘의 역학관계가 그러한 움직임을 좀처럼 허용하지 않으며 대부분의 구직자들이 동기유발을 제공하는 위치는 아니라는 것이다. 반면에 판매촉진 편지에서 이러한 움직임은 아주 흔하게 나타난다.

나열된 각 움직임은 본 장르의 특징을 나타내는 방식으로 진행되었

키지 않은 두 가지 움직임을 제시한다. 4번째 움직임은 '서류 첨부하기'와 6번째 움직임은 '압력 전략 행사하기'이다. 그러나 많은 상업편지에서 서류를 첨부하고 압력 전략을 행사하는 것이 발견되기는 하나, 이 두 가지 모두 그 자체로서 특별한 기능이 수행되는 구조의 단위안에서 나타나는 텍스트 행위의 움직임은 아니다. 서류가 첨부되었다고 말하는 것 자체는 하나의 움직임이 될 수 있다. 하지만 이런 종류의 편지에서 서류를 첨부했다고 말하는 것이 규칙적으로 발생한다고 보는 것 외에 달리 움직임으로 정당화할 방법이 없다. 또한 우리는 매번 규칙적으로 첨부했다고 말하면서 움직임을 행사하기를 원하지 않는다. 한편 압력을 행사하는 것은 이런 종류의 텍스트 저자가 모든 움직임 안에서 행사할 수 있는 것이므로 그 자체로서 움직임은 아닌 것이다.

으며 각각은 특수한 기능을 가지고 있다. 판매촉진 편지에서, 신뢰는 전문적인 기술과 오랜 기간의 실행을 주장함으로써 그리고 미래의 소비자 또는 고객의 요구를 이해한다고 주장함으로써 구축될 수 있다. 두 번째 움직임은 생산품에 대한 세부사항을 다루고 있으며 세 번째 움직임은 특정 소비자 그룹을 위해 정가에서 할인해 주기, 대량주문 할인, 선물 등과 같은 동기유발을 제공함으로써 소비자가 주문하도록 설득하고 있다. 네 번째 움직임의 기능은 편지 수신인에게 주문서 혹은 등록 서류, 또는 계약을 할 수 있도록 연락처와 같은 관련 세부 정보를 제공함으로서 편지에 대해 어떤 행동을 취하거나 응답하게끔 장려한다. 공손하게 끝맺는 마지막 움직임은 예를 들어 편지 발신인이 수신인으로부터 도움이 되었다는 말을 얼마나 듣고 싶어 하는지 또는 그것을 학수고대 한다고 언급함으로써 다양한 방법으로 수신인을 추켜세우도록 해준다.

장르의 아주 흥미로운 특징은 자신의 특정 요구를 충족시키고 인생에 관한 일반적인 견해를 만족시키기 위해 소위 Dudley-Evans(2002: 208)가 '국부적' 담화 공동체라고 언급한 것에 의해 채택되고 조정되는 것 같다는 것이다. 예를 들어 2003년 10월 5일의 판매촉진 이메일[24]을 살펴보자(전화접촉 세부사항은 생략함).

신사 & 숙녀 여러분
저희는 위키드 본사에서 바쁜 시간을 보내고 있어 여러분 모두에게 회사의 근황을 알리는 이 메일을 발송하는 것이 좋겠다고 생각했습니다. 우선, VIP 프로모션은 성공적이었으며 신청 마감이 임박해 있습니다.

---

24) 물론 이메일로 소통가능한 담화 공동체는 지리적인 측면에서 반드시 지역적일 필요는 없다. Swales(1990)에서 언급한 담화 공동체처럼 이메일 판매촉진 편지의 목표 독자층을 연합시키는 것은 그들의 공통적인 관심사와 전문분야이다.

다음 주에 새롭게 사이트를 단장함에 따라 어느 시점이 되면 신청 페이지가 사라질 수 있습니다. 그 전까지 신청한 모든 분들은 이번 달 말까지 골드 카드와 그 혜택을 누릴 수 있는 VIP가 되기 위해서 이달 말까지 구매를 완료하셔야 합니다.

이미 주문하셔서 VIP 패키지와 회원 번호를 받은 모든 VIP 회원님들은 모두 다음 달에 보내드릴 골드카드 수령 명단에 들어있습니다.

VIP 카드를 신청하였으나 아직 주문을 완료하지 않은 고객님들도 새로운 발신목록에 추가될 것입니다(자세한 사항은 다음에 있습니다).

두 번째, 저희 회사는 셰필드에 있는 지역 주민을 위해 새로운 매장을 열었습니다. 거기에는 Molotow Belton Premium & Burners & Coversalls과 함께 있습니다.
좀 더 자세한 정보를 원하시면 ***** *** ***로 오스카에게 문의하세요.

여름에 베키와 거래하며 좋은 시간을 가졌던 분들은 그녀가 맨체스터로 갔다는 소식에 섭섭하실 겁니다. 베키는 돌아올 것이고 지금은 멋진 에밀리가 그녀의 업무를 대신하고 있습니다.

페인트, 주문, 회원과 연락 문제에 대해 의문이 있으시면 emily@wickedpaint.com으로 상담하세요.

마지막으로 여러분 중에 혹시 최근에 웹사이트를 확인하지 않으신 분을 위해서 현재 Burner Chrome 600 ml를 3파운드에 판매하고 있음을 알려드립니다. 그리고 VIP는 가입하자마자 부가가치세가 면제된다는 것을 잊지 마세요.

그럼 http://www.wickedpaint.com에서 확인하시고 여러분의 생활에 색을 넣어보세요.

평안하시길 바랍니다.
톰
위키드

7.5.2 연습과 토론

■ ■ ■ **연습** ■ ■ ■

상업용 판매촉진 편지에 활용된 Bhatia의 모형을 이용하여 위의 이메일을 분석하는 것은 어느 정도까지 가능할까?

■ ■ ■ **토론** ■ ■ ■

판매촉진 e-메일은 '신사 숙녀 여러분'과 같은 첫 인사말로 시작하여 '평안하시길 바랍니다.'와 같은 마침인사로 마무리 한다. 신뢰는 (이것이 최초의 이메일이 아니기 때문에, 이미 유지하고 있거나 강화되었을 것이다) 발신자의 조직이 최근에 많이 바빴다는 것과 VIP 프로모션이 성공적으로 진행되어 마감이 될 것이라고 언급함으로써 구축되었다. 다음으로 VIP 프로모션이 다음 주 말까지만 수신인에게 제공된다는 것과 (압력을 주는 전술을 써서), 그 제안의 혜택과 가치가 상세하게 나타나 있다. VIP가 되는 제안을 받아들이는 동기유발에 대해서는 골드카드 수령, VIP 대우, 또는 구매 하지 않은 고객은 새로운 발신 목록에 추가된다는 것에 대해 언급할 뿐 그 이상은 명확하게 언급하지 않고 있다. 그러나 이메일을 받은 대부분의 수신인은 이를 이미 신청을 완료하였기 때문에, 첫 구매에서 받았던 많은 무료항목 덕분에 이미 신청에 대한 동기유발이 되었다는 것을 그들은 알고 있다.

이 편지는 이어서 새로운 매장에 대해 정보를 제공하는데, 추가적인 정보를 얻는 방법과 새로운 제안(Molotow Belton Premium & loads of Burners & Coversalls에 대한 제안)이 함께 나타난다. 그리고 베키가 떠나고 에밀리가 업무를 대신한다는 언급 이후에 바로 에밀리와 연락할 수 있는 연락정보와 주문을 맡는 사람으로서의 지위가 언급되어 있다. 마찬가지로 마지막 단락은 상품의 상세한 설명과 함께 수신인으로 하여금 응답을 하도록 권하고 있다. 결말 부분에는 'http...에서 확인하시고 여러분의 생활에 색을 넣어보세요' 라는 문구로 응답을 권유하고 있다. 이것은 격식상 공손한 것이 아니라 우호적이다. 또한 이 텍스트의 많은 특징들에서 분명하게 나타나는 집단의식이나 소문화 소속의식을 강화하는 데 기여하고 있다. VIP 프로모션에 대한 세부사항 외에도, 소비자가 무엇이 할인되는지 알고 있다고 보기 때문에 상품의 상세한 사항은 제공하지 않고 가격만 제시하고 있다. 'and' 대신에 '&'가 사용되고, 대명사와 동사의 축약이 흔하다.

■■■ 연습 ■■■

아래에 같은 회사에서 발송된 2개의 이메일이 있다. 이것이 우리가 방금 살펴 본 판매촉진용 이메일과 같은 구조와 언어적 특징을 보이는지 검토해보자.

(2003년 11월 15일)

VIP 회원 가입이 지금 마감되었습니다.

여러분들 중 83분이 가입하시고 물품을 구매하셨으며 곧 회원 카드를 받게 될 것입니다.

유감스럽게도 아무도 카드 디자인을 보내지 않으셨기 때문에 저희 것 중에서 하나를 임의로 사용할 것입니다.

저희 회사는 런던의 혹스톤에 새 매장을 열었습니다. 다음 주에는 런던 지역 내 당일 배송을 제공하고, 모든 VIP는 언제든지 편하실 때 오셔서 원하는 색깔을 선택할 수 있는 혜택을 드리겠습니다.

또한, 세계적으로 도약하고자 하는 목표에 따라 저희는 벨파스트에 매장을 열 예정이고 북아일랜드와 남아일랜드 전역을 다 책임질 것입니다.

다음 주에 연락처가 나올 것이며, 좀 더 자세한 사항을 저희 웹 사이트에서 곧 확인할 수 있습니다.

다음 주에 600ml 캔과 400ml 캔으로 나오는 신상품 'Coversall 2 Black Top'이 출시될 예정입니다.

Coversall을 이용한 분들은 이미 최고의 상품임을 아시겠지만 Black Top는 더 빠르고 더 두꺼워졌습니다. 그것을 사용해 본 분들이 '액체 타르'라고 부르네요.

위키드 페인트는 영국에서 이것을 구비한 최초의 회사가 될 것이며 저희 VIP분들께 Coversall 2와 동일한 가격으로 Black Top을 600ml에 3파운드, 400ml에 2파운드 50펜스로 선주문할 수 있는 기회를 드리겠습니다.

상품은 저희가 공장에서 받은 그날 바로 발송될 것입니다. 따라서 여러분은 영국에서 그 신상품을 가진 최초의 고객이 되실 겁니다.

이 제안은 VIP회원님들에게만 적용되며 11월 21일 금요일까지 접수된 주문만 해당됩니다.

저희 회사는 이 외에도 멋진 사업계획과 상품이 많으므로 이 사이트를 확인해 보시기 바랍니다.

평안하시길 바랍니다.
톰
위키드
www.wickedpaint.com

2004년 2월 10일의 이메일
신사숙녀 여러분,

　　여러분이 좋아하시는 분무기식 페인트 팀으로부터 온 새로운 소식이 http://www.wickedpaint.com에 올라와 있습니다.
먼저 몇 가지 슬픈 소식을 전해드려야겠네요.

클래팜에 있는 Graphotism이 문을 닫게 되었습니다. 슬픈 일입니다만, 그들은 그렇게 걱정하지는 않는 것 같습니다. 그들의 정확한 소식을 알고 싶으시면 http://www.graphotism.com/benchDetails.asp?bid=260에서 확인하세요.

안타까워하시는 고객님들께 도움이 되고자 저희는 혹스톤 매장에 우수한 품질의 Belton, Coversall 1, 2, 3, 버너, 모자, 마스크, 티셔츠 그 외 다양한 상품들을 구비하여 아침부터 밤까지 일주일에 6일 동안 영업을 하고 있습니다. 이번 주는 일요일에도 영업을 한다고 모든 고객께 알려드립니다. CCTV 카메라도 설치했으므로 여러분은 편리한 시간에 언제라도 방문하셔서 구입하시면 됩니다.

라벨이 물에 훼손된 Belton Premium을 판매하고 있으니 혹스톤 매장에 오시면 누구나 개당 2파운드에 구입할 수 있습니다.

몬타나 스페인과 몰로토우가 공동으로 협력하여 Bombers Best를 출시하였습니다. 46두께의 신속히 흐르는 색감과 깡통 또한 멋집니다. 400ml 한 통에 2파운드 25펜스이며, 다음 주에 구비되어 있을 겁니다.
색깔차트는 며칠 후에 사이트에 올릴 예정입니다. 더 자세한 정보를 원하시면 http://www.bombersbest.com에서 확인하세요.

저희는 지속적으로 회사 홈페이지 http://www.wickedpaint.com을 새롭게 꾸미고 있습니다. 한동안 방문하지 못하셨다면 꼭 확인하세요!
저희 회사는 부가가치세를 가차 없이 삭감함으로서 상품 가격을 내렸습니다. 따라서 상품의 현재 가격은 다음과 같습니다. :

Bombers Best 400ml	£ 2.25
Belton Premium 400ml	£ 2.50
Devil Colours 500ml	£ 3.00
Burner Chrome 600ml	£ 3.00
Coversall II 600ml	£ 3.00

영국과 아일랜드의 모든 지역에 24시간 안에 배달이 가능합니다. 자세한 세부 사항과 배송비 그리고 모자, 옷, 마스크 등 저희 상품에 대해 알고 싶으시면 이 사이트에서 확인하세요.

사랑하는 고객여러분 평안하시고 만족한 페인팅이 되시기 바랍니다.
톰
http://www.wickedpaint.com
빨리 서두르세요.

■■■ **토론** ■■■

여러분은 3개의 e-메일에서 유사점뿐만 아니라 차이점도 알게 될 것이다.
많은 차이점은 3개의 e-메일이 확실하게 연속체를 형성한다는 사실에서
찾을 수 있다. 예를 들어, 한 e-메일은 다른 e-메일의 주제였던 제안에 대
해 언급한다. 6장에서 사용했던 와인에 관한 텍스트처럼, 이 e-메일 연속
체는 상호텍스트성의 확실한 표지를 나타낸다고 할 수 있다.

■■■ **연습** ■■■

이 세 개의 e-메일을 여러분의 언어가 사용되는 나라에서 관련된 하위문
화(힙합과 그라피티)의 구성원에게 전달되는 것처럼 번역해보라.

7.5.3 신문

어떠한 판매촉진 자료도 그것이 의도된 소비자의 관심을 끌지 못하면 제
기능을 할 수 없다. 또한 하나의 언어를 사용하지 않는 의도된 소비자 그
룹은 힙합 문화와 달리 문화적으로 동일하지 않는 경우가 종종 있다. 따
라서 관심끌기의 기능을 하는 텍스트 부분을 번역할 때는 문화적 번안도
필요하다는 사실을 흔히 알고 있다. 그래서 이 장의 마지막 부분에서 우
리는 이른바 신문과 광고자료와 같은 관심끌기가 특히 중요한 몇몇 장르
를 간략하게 살펴보겠다.

신문에는 사설과 뉴스보도와 같은 아주 철저하게 분석된 영어장르가 있다. 이것들은 구조가 꽤 일정한 경향이 있기 때문에 특히 텍스트 유형학자들이 흥미를 보인다. 또한 이데올로기 언어 표현에 관심 있는 학자들 또한 흥미를 가지는데, 왜냐하면 이것은 그들이 다루는 주제에 관해 꽤 명확하게 이데올로기적 경향을 보이며, 그 방식은 신문사 소유주의 알려진 정치적 성향에 비추어 예측될 수 있을 것이다. 물론 신문에는 많이 논의되고 분석된 텍스트인 광고 텍스트도 있다. 이것에 관해서는 아래 7.5.4에서 간략하게 살펴보겠다.

영국은 다른 나라들과 비교하면 좀 특이하게 신문이 두 가지로 꽤 명확하게 구분된다. 일반적으로 흔히 말하는 고급신문과 저급신문인데, 좀 더 적절히 표현하면 브로드시트(일반 크기) 신문과 타블로이드판 신문이다. 이 용어는 신문면의 크기에 근거하며 신문 내용의 특성과 질에는 직접적인 영향력이 없다. 소위 고급 신문은 큰 종이에 인쇄되곤 하였고 그 외 나머지는 작은 종이에 인쇄되었다. 21세기 초반에 들어서면서, 「The Times」와 「The European」이 기차를 타는 통근자들이나 시민들이 매일의 뉴스가 인쇄되는 거대한 종이와 씨름하는 수고를 덜어주고, 페이지 넘기는 일을 수월하게 해주기 위해서 타블로이드판을 생산하기 시작하면서 이전에는 확실했던 신문의 구분이 사라지게 되었다. 아래는 이러한 변화가 나타나기 전의 시기와 연관되는 항목들이다(Reah 1998: 1-2에 근거함):

영국 신문 유형	예
브로드시트	The Telegraph; The Independent; The Times; The Guardian

지역 브로드시트	The Yorkshire Post; The Scotsman; The Herald (Glasgow); The Western Mail (Cardiff)
중간-범위 타블로이드판	The Express; The Daily Mail; The Sun; The Mirror; The Star
중간-범위 지역 타블로이드판	The Daily Record (Scotland); The Evening Standard (London); The Cambridge Evening News
분명하게 정치적인 신문	The Socialist Worker
특정 흥미 그룹의 신문	The Times Higher Education Supplement; The London Review of Books

지역신문에 난 지역 기사가 번역되는 것보다 브로드시트에 난 기사가 번역될 가능성이 확실히 더 높을 수 있다.

위에 예시된 신문 형태들은 내부에 포함된 지역 뉴스와 해외뉴스 비율이 다르며 뉴스, 스포츠, 연예 그리고 광고 등이 신문에 할애된 공간의 비율도 다르다. 예를 들어, Reah(1998; 3)는 「The Sun」과 「The Guardian」을 비교하여 다음과 같은 수치를 제시한다.

	The Sun	The Guardian
페이지 수	60	34
뉴스	13.5(28%)	14(41%)
광고	17(35%)	8(24%)
스포츠와 연예	14(29%)	6(18%)

여러분의 언어를 사용하는 나라에서 볼 수 있는 신문에서도 유사한 차이
점이 나타날까?

여러분의 언어로 된 한 두 개의 신문을 구해 Reah의 수치와 여러분이 알
아낸 수치와 비교해보라.

이러한 텍스트 종류 외에도 신문에는 특집기사, 편집자에게 보내는
편지, 예술과 문학의 비평, 날씨기사, 패션란(Bhatia 1993: 157) 그리고 부
고란 등이 있다.

영국신문에서 사설의 기능은 Reah(1998; 6-7)에 의하면, 신문이 (의
도된) 독자층에게 직접 전달하는 맥락에서 사건에 대해 의견을 내고 결
론을 이끌어 내는 것이다. Bhatia(1993: 164-5)는 사설에 대해 다음과 같은
움직임 구조를 제시한다.

1. 사례 제시
2. 논점 제안
3. 결론 도달
4. 행동 권유

■■■ 연습 ■■■

영국 사설과 여러분의 언어로 된 신문 사설을 골라 보라(대부분의 건실
한 신문사는 탄탄한 인터넷 웹페이지를 보유하고 있으므로 여러분은 구
글과 같은 검색 엔진에서 이름을 치면 선택한 신문의 전자판 기사를 볼
수 있을 것이다). Bhatia가 제시한 구조가 여러분이 영어 사설에서 발견

한 것과 일치하는가? 그리고 다른 언어의 사설도 마찬가지인가?

신문은 판매를 위해 서로 겨루는 고도의 경쟁시장에서 움직이므로 기사의 헤드라인은 잠재적 구매자의 관심을 끄는데 중요한 장치이다. 뉴스의 헤드라인은 굵은 글씨로 인쇄되며 종종 각운, 두운, 암시(잘 알려진 문화의 특징에 대해) 중의성, 다의어 그리고 말장난 등이 사용된다. 예를 들어, 2004년 6월 4일자 신문 「The Sun」에는 유류세 인상 가능성에 대해서 재무장관 사진 위에 '2p or nor 2p'25)라는 표제를 붙여서 기사를 써나갔다. 영어에서 신문의 헤드라인은 관사, 조동사, 사람들의 직함과 같은 비 내용어는 특징상 배제하는데, 이로 인해 단어 간격을 절약하여 서체를 크게 할 수 있고 불분명하게 언급된 현상 간의 관계를 남겨 놓는 이중의 효과를 볼 수 있다. 신문의 헤드라인에 있는 단어는 앞으로 있을 이야기에 대해 초점을 맞출 필요가 있으므로, 사건, 관련된 인물들, 위치와 방법 등을 나타내는 경향이 있다. 시간은 특별히 관련된 경우에만 언급된다. 왜냐하면 언급되지 않는 경우에는 뉴스의 특성상 최근에 발생한 것을 보도하는 것으로 여겨지기 때문이다.

신문의 헤드라인을 기사를 쓴 기자가 쓰는 경우는 드물다. 번역자는 자신만의 표제를 만들어야 할 수도 있고 다른 누군가가 번역한 신문의 표제를 (아마도 드문 일이지만) 다시 만들어야할 수도 있다.

■■■ **연습** ■■■

한 영국신문과 여러분의 언어로 된 신문에 나타난 그 날의 주요 표제를 비교해 보라.

---

25) '2p'는 동전 앞면에 쓰여져있었다. 여기서 말장난은 '2p'가 'to pee'(소변보다)와 같이 들리는 것이고, 두운은 셰익스피어의 햄릿에서 나오는 유명한 'to be or not to be' 독백이다.

7.5.4 광고

Goddard(1998; 8)에 의하면, 광고의 목적은 상품의 판매를 촉진하거나 사람, 조직 그리고/또는 기관의 이미지를 향상시키는 데 있다. 이것을 달성하기 위해서는 의도된 독자층에게 호소하고 관심을 끌어야 한다. 이는 기사의 표제에서 볼 수 있는 것과 유사한 전략을 언어적으로 사용함으로써 가능하지만 또한 이미지, 필적학, 장르관습의 활용을 통해서 (예를 들면 광고는 편지, 뉴스기사 또는 과학 보고서 형식을 취할 수도 있다), 또는 텍스트와 상호작용을 권하는 (예를 들어 잘라낼 수 있는 쿠폰, 절약할 수 있는 토큰, 예약할 수 있는 예약서, 긁을 수 있는 면) 방식을 통해서 할 수 있다(Goddard 1998; 19). 판매촉진 편지처럼, 광고는 종종 연속체로 나타나는데, 이후에 나온 광고는 같은 상품에 대한 이전의 광고로 인해 이미 형성된 독자의 친밀감에 호소한다. 즉, 이것들은 상호텍스트성을 보여준다(7.2.1을 보라). 가끔씩 광고가 다른 텍스트 장르 형태로 나오기도 한다. 예를 들어 2003년과 2004년에 미니(MINI) 자동차가 몇 편의 '미니 어드벤처' 시리즈로 광고된 적이 있는데, 이는 간단한 줄거리의 어드벤처 영화 (TV에서) 또는 이야기로 (다른 매체에서) 구성되어 연속해서 나왔다.

광고는 특정 목표그룹의 전형적인 사용역(register)을 쓸 수도 있고 이야기체, 기술 또는 대화 형식을 취할 수도 있다(Goddard 1998; 23ff). 광고에는 종종 슬로건이 사용되기도 하고 (예를 들면 Guinness 맥주 광고의 'pure genius(천재성 그 자체)', Carlsberg 맥주 광고의 'probably the best lager in the world(아마도 세계에서 가장 좋은 라거)' 또는 Motorola의 'Hello Moto(안녕 모토)') 판에 박힌 문구도 활용된다. 광고는 독자들에게 가끔 판매촉진 편지처럼 입 냄새, 냄새나는 화장실, 지루해하는 아이들 등과 같은 특별한 문제를 해결해 준다는 약속을 한다(Goddard 1998; 75를 보라).

■■■ 연습 ■■■

가급적이면 같거나 같은 종류의 상품에 관하여 영어와 다른 언어로 된 광고들을 검토해보자. 광고들이 어떻게 호소력을 보여주는가? 그들의 목표 독자가 누구인지 어떻게 알려주는가? 두 언어로 된 광고들 간에 일관성 있는 차이가 있는가?

8.

번역에서 절과 텍스트에 대한 관점과 반영

8.1 서론

7장에서는 행위로서 언어의 개념을 소개하였다. 또한 Austin의 화행이론 과 소위 움직임이라는 측면에서 장르를 분석해 보았다. 움직임은 구조의 단위로서 특정 장르의 특성인 순서대로 나열되며, 그 안에서 많은 텍스 트 행위가 실현된다. 우리는 화행이나 움직임이 언어의 구조 단위 (단어, 구/그룹, 절 또는 문장)와 반드시 일치하지는 않으며, 함축과 마찬가지로 이들은 텍스트, 공기텍스트, 맥락 그리고 참여자 배경 지식간의 상호작용 에 근거하여 해석될 수 있다는 것을 살펴보았다.

이 장에서는 명확하게 언어적인 구조의 단위인 절에 주로 초점을 둔다. 절 단위에 대해 이른바 '기능적'인 접근 방법으로 논의할 것인데

(Halliday 1985), 이 방식은 절을 서법, 주제와 평언, 그리고 타동성과 같은 세 가지의 언어 체계의 사용으로 수행되는 세 가지 행위의 근거지로 본다. 각 체계는 절의 기능이 실현될 수 있도록 한다. 즉 절은 교환, 메시지 그리고 표상으로서 기능하며, 각 기능은 3장에서 보았던 언어의 3가지 메타기능 즉 대인적, 텍스트적 그리고 관념적인 것 중의 하나와 관련이 있다. 이러한 기능이 담화관계, 담화방식, 그리고 담화영역으로 이론화된 세 가지 맥락의 측면을 반영하기 위한 언어 단위의 선택을 결정한다는 사실을 상기하면서 이 장에서는 아래의 표 8.1과 8.2에 나타나있는 언어의 관점을 소개한다.

8.2 절의 조화

앞서 언급했듯이, 영어에서 절은 세 가지 기능이 절 단계에서 실현될 수 있도록 하는 세 가지 언어 체계의 근원지이다. 세 체계는 마치 오케스트라의 여러 부분이 하나의 교향곡을 연주하기 위해 협력하여 움직이듯이 전체를 만들기 위해 함께 작용하며 (cf. Halliday 1978: 31), 예컨대 음악을 기술할 때 한 부분에서는 현악기에, 그리고 나서 금관악기, 다음으로 목관악기에 집중할 수 있는 것처럼, 절 단계에서 작용하는 각 언어 체계와 그것들이 실현하는 기능들을 개별적으로 기술하는 것이 가능하다.

절 기능	언어체계	맥락	메타기능
대화로서의 절 (문법)	서법	담화관계	대인적
메시지로서의 절 (심리학)	주제와 평언	담화방식	텍스트적
표상으로서의 절 (의미론/논리학)	타동성	담화영역	관념적

표 8.1 비언어적 맥락과 인간의 의미잠재성의 메타기능과 관련된 절의 기능

상황적 측면	메타기능	언어체계와 부류
담화영역	관념적	어휘: 명사, 동사, 형용사, 전치사, 부사 절: 시제, 상, 타동성
담화관계	대인적	어휘: 대명사 절: 서법, 서법성
담화방식	텍스트적	장르와 문체 절: 주제/평언, 태 텍스처: 응집

표 8.2 언어체계 내에서 제공되는 선택권 중 맥락, 메타기능 그리고 선택 간의 관계

다음 절에서는 먼저 서법 체계의 구조와 기능(8.2.1)에 대해 알아보고 다음으로 주제 구조(8.2.2) 마지막으로 타동성 체계를 통한 역할, 참여자, 관계의 표상을 살펴보겠다(8.2.3).

8.2.1 대화로서의 절: 문법적 서법

절은 사용자가 서로 정보를 제공할 수 있도록 하고, 정보를 요청하거나 요구하고 비언어적 행위가 수행되도록 요청하거나 요구할 수 있도록 한다. 그러한 의미에서 절은 상품이나 서비스의 교환을 위한 근원지의 기능을 한다. 직접적 상황에서, 화자는 다른 사람이 정보를 제공하는지, 또는 정보를 요청하거나 요구하는지, 혹은 비언어적인 서비스를 요구하는지를 인식하게 되는데 이는 화자가 절의 서법을 이해하기 때문이다. 서법은 절 구조의 구성 요소 중에서 선택을 통해 실현되는데, 이에 대해서는 이 책의 독자 대부분이 잘 알 것이다. 여기에서 사용할 기능 문법에서는(Halliday1985) 다섯 개의 기능이 절 문법 단계에서 인지된다. 편리하게 연상기호 'SPOCA'로 나열할 수 있는데, 이것은 '주어', '술어', '목적어', '보어', 그리고 '부가어'를 나타낸다. 절 구조 요소들의 기능은 주로 다음과 같은 구 (그룹)의 요소에 의해 실현된다:

주어: 명사구(phrase) / 명사군(group)
술어: 동사구 / 동사군
목적어: 명사구 / 명사군
보어: 명사구 / 명사군 또는 형용사구 / 형용사군
부가어: 부사구 / 부사군 또는 형용사구 / 형용사군 또는 전치사구 /
　　　　전치사군

영어에서 절의 문법적 주어는 부가의문문에서 선택되는 성분으로 확인이 가능하다. 또한 이 성분이 명제가 확언 또는 부정될 것인지를 나타내는 참고 자료가 될 것이다. 주어는 동사와 일치하는 인칭과 수를 따를 것이나 Halliday가 지적한 것과 같이, 'be 동사를 제외하면 [현대 영어에서]

동사의 인칭과 수를 나타내는 것은 유일하게 삼인칭 단수 현재시제에서 나타나는 - s이다(Halliday 1985: 73). 'This translation was made by Sergio(이 번역은 세르기오가 한 것이다)'의 경우에 부가의문문은 'wasn't it?'으로 나타날 것이다.('wasn't he?'가 아니다.) 따라서 문법적 주어는 'This translation(이 번역)'에 의해 형상화 된다. 'Aissata made that translation(아이사타가 저 번역을 했다)'의 경우, 부가의문문은 'didn't she?'가 된다. ('didn't it?'이 아니다). 따라서 문법적 주어는 'This translation'을 나타낸 것이다. 'Aissata made that translation'에서 부가의문문은 'didn't she?'('didn't it?'이 아니다)가 되기 때문에 문법적 주어는 'Aissata'를 나타낸 것이다. 'Mr Prodi commissioned that translation from Kheira'의 경우, 부가의문문은 'didn't he?'가 되므로('didn't it?'이나 'didn't she?'가 아니다) 문법적 주어는 'Mr Prodi'를 나타낸 것이다.

목적어는 절 내에서 주어로 기능할 수 있는 것이지만 그렇게 기능하지 않는 것이다. 만일 절이 수동태로 바뀌면 목적어는 주어가 된다:

Ori made *the translation* — *the translation* was made by Ori
　　　　　　목적어　　　　주어
오리는 그 번역을 했다 - 그 번역은 오리에 의해서 이루어졌다.

보어는 주어나 목적어에 관한 어떤 것을 이야기한다; 절이 수동태가 되더라도 주어가 되지 못한다.

The translation is *well made* — *well made is been by the translation
주어　　　　　　　　보어
그 번역은 잘 되었다 - 잘된 것은 번역에 의한다.

The translators made their client *happy/a happy woman*─*(A) Happy

(간접) 목적어   보어

(woman) was made by the translators of their client

그 번역가들은 그들의 고객을 행복하게 만들었다./ 행복한 여자로 만들었다

행복(한 여자)은/는 그들의 고객의 번역가들에 의해 만들어졌다.

부가어는 일반적으로 남겨진 것이다.

아래는 5장에서 끝부분에서 나왔던 경제학 텍스트의 서두 여섯 절을 기본적으로 분석한 것이다:

Three years after the shock of the Suq al Manakh crash (A) Kuwait's economy (S) is (P) now (A) at a crossroads (A).

For years (A) the state's economy (S) has been [대부분 (A)] based (P) on three factors─the trickle down effect of large government budgets, and the boom in values in the share market and in local property and land (A).

Now (A) all three of these principal sources of wealth in Kuwait (S) are (P) in jeopardy (A).

The government (S) has [itself] been hit (P) by the decline in world oil demand (A), and [연결사 production (S) [?in the last four years (A)?] has been halved(P).

Yet [연결사], as a producer of medium heavy crude oil (A), Kuwait's oil output (S) has suffered (P) less than those states producing light crudes (A).

and [연결새] unlike other states in the Gulf (A), Kuwait (S) has [at least (A)] managed to maintain (P) production (O) at the levels set by OPEC (A).

영어에서 서법은 절 내에서 주어와 술어의 위치를 통해 식별할 수 있는데 일반적으로 평서, 의문, 명령의 세 가지 서법이 사용된다.

평서문에서 술어는 위에 나타난 절들과 같이 주어가 술어를 선행한다.

의문문에서 술어는 일반적으로 주어를 선행하거나 술어가 'is', 'did', 'can', 'have'와 같은 조동사를 포함한 동사그룹으로 나타날 때, 주어는 술어에 내포되어 있다.

Are (P) all three of these principal sources of wealth in Kuwait (S) now (A) in jeopardy (A)?

Has [The government itself (S)] been hit (P) by the decline in world oil demand (A), and [연결새] has [production (S) [?in the last four years (A)?] been halved (P)?

명령문에서는 일반적으로 절 내에 주어가 존재하지 않는다.

Halve (P) production (O)
Maintain (P) production (O) at the levels set by OPEC (A).

7장 7.4에서 언급한 바와 같이, 서법과 발화 행위에 일대일 대응이 존재하지 않는다. 서법은 문법 구조에 전적으로 영향을 받고 명확하게 식별

가능한 반면, 발화행위는 상당부분 맥락에 의존한다. 다음 예문을 보자:

Is that your coat on the floor (서법: 의문; 발화 행위: 질문, 비난 또는 명령)
바닥에 있는 코트가 당신의 것인가

Did you eat the cake (서법: 의문; 발화 행위: 질문, 비난 또는 명령 (드물지만 가능 아래 참고))
당신은 그 케익을 먹었나

Did you eat all your greens (서법: 의문; 발화 행위: 질문, 비난 또는 명령)
네 몫의 야채를 다 먹었는가

Would you like a sandwich (서법: 의문; 발화 행위: 질문 또는 제안)
샌드위치 먹을래요

Take a seat (서법: 명령; 발화 행위: 제안)
앉아라.

Have a chocolate (서법: 명령; 발화 행위: 제안)
초콜릿 먹어라.

I apologise (서법: 평서; 발화 행위: 사과)
내가 사과한다.

I am not satisfied with this watch (서법: 평서; 발화 행위: 불평)
난 이 시계에 만족하지 않는다.

I promise to be there (서법: 평서; 발화 행위: 약속)
난 거기 갈 것을 약속한다.

언어는 평서문에서 절 구조의 성분이 위치하는 일반 순서에 따라 분류화할 수 있다. 영어에서 성분의 일반 순서(기능 문법에서는 특별히 'predicator'를 'P'로 나타내지만 일반적으로는 'verb'를 나타내는 'V'가 사용된다)는 SVO/C이다(Quirk 외 1972: 36). Tomlin(1986: 3)에 의하면, 이는 세계 언어에서 가장 빈도수가 높은 두 가지 단어 배열 중의 하나이고, 나머지 하나는 SOV이다. 그 다음으로 많이 사용되는 단어 배열은 VSO이고, VOS, OVS가 그 뒤를 따르며, 마지막으로 OSV이다.

Tomlin은 이를 세 원칙의 상호작용을 인용하면서 설명하였다. 주제 우선 원칙(Theme First Principle), 동사-목적어 접합 원칙(Verb-Object Bonding Principle), 유생 우선 원칙(Animated First Principle)인데 이들은 다시 인지 심리학으로 설명된다. 주제 우선 원칙 (TFP)은 주제 정보(담화의 전개에 특히 두드러지게 나타나는 정보)가 간단한 주절에서 나타나는 경우가 많다는 것이다. 동사-목적어 접합(VOB) 원칙은 일반적으로 타동사 절에서 목적어는 주어에 비해 술어에 더 강하게 묶여 있다는 것이며 유생 우선 원칙 (AFP)은 기본적인 타동사 절에서 가장 활동적인 현상을 나타내는 명사구가 다른 것을 앞선다는 것이다.

이들 원칙에 따르면, 우리는 문장의 주어가 무엇이든 가장 활동적인 것을 나타내는 것이라 예상해야 하며, 이것이 최소한 SVO 언어인 영어에서는 처음에 나타난다는 것을 예상해야 한다. 따라서 다음의 네 문장들 중에서 우리는 첫 번째가 가장 일어날 수 있을 만한 것이라 예상해야 한다.

1. The Lady Anna Gordon came to Morton Hall as a bride of just over twenty.
레이디 안나 고든은 모튼 홀로 갓 스물이 넘은 신부로 왔다.
2. As a bride of just over twenty the Lady Anna Gordon came to Morton Hall.
갓 스물을 넘은 신부인 레이디 안나 고든은 모튼 홀로 왔다.
3. To Morton Hall came the Lady Anna Gordon as a bride of just over twenty.
모튼 홀로 레이디 안나 고든이 갓 스물을 넘은 신부로 왔다.

4. ?Came the Lady Anna Gordon to Morton Hall as a bride of just over twenty.
왔다. 레이디 안나 고든이 갓 스물을 넘은 신부로 모튼 홀로

명백히, 다른 세 절들은 문법적이지 않지만 네 번째는 조금 이상하다. 아마도 시적인 표현으로는 볼 수 있을 듯하다. 각각의 주어는 'the Lady Anna Gordon'이라는 같은 어휘 항목으로 실현되었다.

사실, 세 절들 중에 세 번째가 실제로 출판된 책 『The Well of Loneliness(고독의 우물 1928)』에서 사용된 유일한 구절일 것이다. 이 책은 Radclyffe Hall(1893-1943)이 쓴 소설이며 다음과 같이 시작한다:

Not very far from Upton-on-Severn — between it, in fact, and the Malvern Hills — stands the country seat of the Gordons of Bramley; well-timbered, well-cottaged, well-fenced and well-watered, having, in this latter respect, a stream that forks in exactly the right position to feed two large lakes in the grounds.

The house itself is of Georgian red brick, with charming circular windows near the roof. It has dignity without arrogance, repose without inertia; and a gentle aloofness that, to those who know its spirit, but adds to its value as a home. It is indeed like certain lovely women who, now old, belong to a bygone generation-women who in youth were passionate but seemly; difficult to win but when won, all-fulfilling. They are passing away, but their homesteads remain, and such an homestead is Morton.

세번 강 상류로부터 그리 멀리 떨어져 있지 않은 — 사실, 세번 강과 말번 언덕 사이에 브램리의 고든 가의 시골 대저택이 서 있다; 잘 깎아지고, 잘 다듬어 졌으며, 울타리 또한 잘 둘러졌으며, 관개시설도 잘 되어 있는데 관개시설이 좋은 것은 두 개의 큰 호수에 물을 공급할 수 있는 정확한

위치에 시내가 있기 때문이다.

그 집은 조지 왕조 시대의 붉은 벽돌집이고, 지붕 근처에 매력적인 원형 창문이 있는 집이다. 이 집은 겉치레 없는 위엄과 긍지를, 오만함 없는 자신감을, 타성에 젖지 않은 평정을 지니고 있다. 그리고 그것의 정신을 아는 이에게는 집으로서의 가치를 더해주는 온화한 초연함을 준다. 그것은 확실히 이제는 늙고, 지나간 세대에 속하는 어떤 사랑스런 여자들-젊었을 때는 정열적이었지만 고상했던; 정복하기는 어렵지만, 일단 정복하면, 모든 것을 만족시켜주는. 그들은 죽어 나가고 있지만, 그들의 농가는 유지되고, 그런 농가가 모튼이다.

우리의 절은 그 다음 단락의 처음에 나온다.

To Morton Hall came the Lady Anna Gordon as a bride of just over twenty.
모튼 홀로 레이디 안나 고든이 갓 스물을 넘은 신부로 왔다.

이 맥락에서 우리는 절 내 구성 성분의 순서 때문에 놀라지는 않을 것이다. 모튼 홀은 앞선 단락에서 자세하게 묘사되어 있었기 때문에 세 번째 단락에 우리가 도달했을 때, 진정한 서사가 시작되는 것을 알리는 표시인 현재시제에서 과거시제로 전환되는 시점에서 우리의 마음속에 모튼 홀은 최상위에 있게 된 것이다.

어떤 것이 독자 마음의 최우위에 있다는 개념은 약간 선-이론적이며, 일반 상식적인 관점에서 주제성을 구성하는 것으로 생각될 수 있다. 하지만 다음 절에서 우리는 기능 문법에서 이론적 개념으로서의 실제사용에 대해서 살펴보기로 한다.

8.2.2 메시지로서의 절: 주제와 평언

주제와 평언의 시스템은 언어 사건에 참여하는 참여자들의 마음속에 어떤 부분의 메시지가 이미 존재하는 것으로 예상되며, 어떤 부분은 새롭게 소개되는 것으로 생각되는지를 나타내기 위해 절이 메시지를 구성하는 데 사용된다. 모든 참여자들의 마음속에 이미 존재한다고 여겨지는 부분이 주제인데 이는 때때로 절의 '심리학적 주제'로 불린다. 전형적으로 메시지의 청자들에게 새로운 정보로 여겨지는 것인 그 절의 나머지 부분은 평언으로 불린다. Halliday(1985: 38)는 영어에서 '우리는 언어항목을 처음에 위치시킴으로써 이 항목이 주제의 지위를 갖는다는 신호를 보낸다.'고 했다.26) 다른 언어는 절에서 주제를 표시하기 위해 이러한 위치 결정을 할 필요가 없다; 예를 들어, 일본어에서는 후치사 '-wa'를 사용하여 주제를 표시한다.

영어에서는 주제가 문법적 주어가 아닌 절 구조의 성분일 때, 문법적 주어와 주제, 또는 심리학적 주제가 흐트러진다.

To Morton Hall came the lady Anna Gordon as a bride of just over twenty
      A   P   S   A
  주제   평언

이렇게 되면서 이방인이 외부로부터 모튼 홀로 접근하는 것은 이 소설에서 중요한 부분이 된다. 이는 이야기의 시작을 알리기 때문만은 아니고 (따라서 시제의 변화가 나타나기 때문에) 안나의 운명이 나중에 나올 그

---

26) 하지만 Quirk 외(1972: 945)가 지적한 바와 같이 '[Who gave you that magazine?] Bill gave it to me.'에서처럼 절의 첫 번째 성분이 신정보와 구정보를 동시에 갖는 것이 가능하다.

녀의 딸의 운명과 대조를 이루게 되기 때문이다. 그 딸은 모튼 홀에 이방인으로 오지 않는데 이는 그녀가 거기서 태어나기 때문이다. 하지만 안나는 그녀의 이국성에도 불구하고 모튼에 받아들여지게 되는데 이는 그녀가 사람들이 가졌던 여성으로서의 기대에 적합했기 때문이다. 반면 그녀의 딸은 여성적 행실의 기준에 들어맞지 않았기 때문에 그녀가 선조와 유사함에도 불구하고 결국 모튼과 그녀의 어머니의 애정으로부터 버림받게 된다.

그러나 주제성은 문학 텍스트에서만 중요한 것이 아니다. 모든 종류의 텍스트의 진행에서 기본이 된다. 영어의 화자는 절의 첫 번째 구성요소가 두드러지게 드러나는 것에 준비되어 있다. 그들은 주제가 메시지가 무엇에 관한 것인지를 나타낸다는 것을 이해하거나, 또는 나머지 메시지를 위한 출발점이 된다는 것을 이해한다.

1. The school is to the left of the post-office
   그 학교는 우체국의 왼쪽에 있다.
2. The post-office is to the right of the school
   그 우체국은 학교의 오른쪽에 있다.
3. To the right of the school is the post-office
   학교의 오른쪽에는 그 우체국이 있다.
4. To the left of the post-office is the school
   우체국의 왼쪽에는 그 학교가 있다.

(1)에서 초점은 학교에 있다; 이 절은 우체국의 왼쪽에 있는 것이 무엇인가, 아니면 학교가 어디 있는가에 대한 응답으로 발언될 수 있다; (2)에서 초점은 우체국에 있다. 그리고 이 절은 학교의 오른쪽에 있는 것은 무엇

인가, 또는 우체국이 어디 있는가에 대한 응답으로 발언될 수 있다; (3)과 (4)에서 초점은 y와 관련된 x의 위치에 있다. 그리고 이들 절은 누군가가 그의 머릿속에 어떤 위치의 지도를 그려주는 것을 다른 누군가가 도와주려고 할 때 발언될 수 있다.

물론 두 빌딩의 (가상이든 현실이든) 실제 위치는 화자가 그들을 어떻게 다루든 정해져 있다. 네 가지 상황에서 다른 것은 오직 상호관계자들의 시각뿐이다. 하지만 언어에서의 시각은 그림과 사진의 시각만큼이나 중요할 수 있다. 그리고 필자에 의해서 많은 방식으로 개척될 수 있다. 이는 때때로 어렵기는 하지만 번역에서 원래의 주제의 구조를 유지하는 데 중요할 수 있다.

8.2.3 연습과 토론

■■■ 연습 ■■■

다음의 *Soccer Star* (축구 협회, 코카콜라와 제휴, ISBN 0 00 196196-9 HB, p.8)의 텍스트에서 절 주제를 확인하라.

(Header) Running with the ball

(1) Running with the ball is the first technique that youngsters learn — (2) they kick and then chase after the ball. (3) Running with the ball is not the same as dribbling. (4) Dribbling involves beating players (5) whereas running with the ball involves moving the ball across areas that do not contain defenders. (6) To be able to cover the ground quickly with the ball under control is a very important and valuable technique.

(머릿말) 공과 함께 뛰기

(1) 공과 함께 뛰는 것은 청소년이 가장 먼저 배우는 기술이다─ (2) 그들은 공을 차고, 그리고 공을 뒤따라 뛴다. (3) 공과 함께 뛰는 것은 드리블과는 다르다. (4) 드리블은 상대를 뚫고 나가는 것을 포함하지만 (5) 공과 함께 뛰는 것은 수비가 없는 곳을 통과하여 공을 이동시키는 것을 말한다. (6) 공을 지키면서 재빨리 땅을 지키는 것은 아주 중요하고 가치 있는 기술이다.

윗글을 당신의 다른 언어로 번역하고, 이때, 주제적 구조를 유지하려고 노력해라. 그렇게 하는 것이 가능한가? 그렇지 않다면, 왜 그런가? 또, 그렇다면 당신은 다른 경우에 필요하지 않았던 어휘와 표현의 선택이 필요한가?

■■■ 토론 ■■■

위의 절5의 주제는 엄밀히 말해 연결된 두 절간의 관계를 보여주는 연결 사인 'whereas'에 의해 나타난다. Halliday(1985: 51)에 의하면, 화자는 절에서 가장 먼저 나타나야 하는 종속 접속사 또는 등위 접속사를 어디에 위치시켜야 하는 지에 대한 선택권을 가지고 있지 않기 때문에, 그리고 이들이 문법적 주어나 부가어, 목적어, 또는 보충어로서의 기능을 하지 않기 때문에 '이들 중 하나가 나타날 경우 그것은 절에서 주제적 가능성이 되는 영역 전부를 차지하지는 않는다. 그렇다면 이 경우 나머지 주제적 가능성은 'running with the ball'로 채워진다. 이는 역시 절 (1)과 (3)에서, 그리고 headline에서 주제이다. 절 (1)에서 공과 함께 뛴다는 것은 젊은이들이 배우는 첫 번째 기술이라고 이야기되었다. 그리고 이들 젊은이들은 이제 독자의 마음속에 어떻게 젊은이들이 공과 함께 뛰는 가를 설명해 주는 절 (2)의 주제로 남아있다. 공과 함께 뛰는 것은 다시 이것이 드리블과는 다르다는 것을 확인시켜주는 절 (3)의 주제로 되풀이 된다. 절 (3)에서 평언의 마지막인 단어이며, 따라서 이제 독자들의 마음속에 명백히 존재하는 드리블은 그것이 정의되는 다음 절 (4)에서 주제가 된다. 다음 절인 (5)에서 'whereas'는 절 (3)에서 명확하게 보인 공과 함께 뛰는 것과 드리블의 차이점에 관한 이슈를 독자들에게 상기시켜준다. 하지만 공과 함께 뛰는 것은 절 (5)에서 Halliday가 말한바와 같이 절 내에서 주제적 가능성으로 남아있는 것을 채택하기 위해 되풀이된다. 여기서 평언은 공과 함께 뛰는 것에 포함되는 것이 무엇인가를 더 구체화 해 준다. 마지막으로, 절 (6)은 공과 함께 뛴다는 개념에 왜 이러한 많은 에너지를 쏟고, 많은 단어를 사용한 것이 가치 있는 일인가의 이유가 되는 주제를 이룬다.

스페인어에서 절의 첫 번째 위치가 주제가 된다는 것에 대한 의견이 분분하다. 왜냐하면, 스페인어는 7장에서 언급한 바와 같이 주어탈락 언어이기 때문에 주제로 선택될 것이라 예상되는 현상이 스페인어 절에서는 구체적으로 언급되지 않을 수가 있기 때문이다. 대신, 스페인어에서 동사는 종종 첫 번째 위치에 등장하기도 한다. 7장에서 사용된 McCabe (2001)의 다음의 예를 상기해 보자:

¿Donde está Juan? (Where is Juan?)
Juan은 어디 있나?
Salió de compras (Went shopping)
쇼핑 갔다.

McCabe는 Juan의 행위성이 3인칭, 단수, 남성형 종결어미인 -ó로 끝남에
도 불구하고 *salió*를 주제로 보았다.

　스페인어에서는 또한 다음의 McCabe(1991)의 예문과 같이 주어-동
사 도치현상을 보이는 경우가 많다:

Faltaba	*evidentement*	*un modo*	*diferente de hacer historia*
was missing	evidently	a way	different of doing history
잃어버렸다	명백히	방법	역사를 하는 다른

emigran	*los habitantes*	*de paises*	*superpoblados*
emigrate	the inhabitants	of countries	overpopulated
이주하다	주민들	국가의	인구가 넘쳐나는

이는 주제를 술어에서 찾는 것이 영어보다 스페인어에서 더 일반적이라
는 것을 의미한다. 만일, 주제 위치의 항목이 심리학적으로 두드러진다는
이론이 맞다면, 이는 스페인어 화자는 참여자들 보다 사건의 과정 부분
에 더 초점을 둔다는 것을 나타낼 것이다. 하지만 위의 축구 텍스트에서
공과 함께 뛰는 과정은 일반적으로 주제가 된다는 것을 주의하라. 이는
일반적으로 명칭, 명사, 또는 명사구가 나타나는 절의 위치 (주어)에서 기
능하는 비-시제 절을 사용할 수 있기 때문인데, 비-시제 절은 문법적 은
유의 기술을 통해 가능해진다.

■■■ **연습** ■■■

아래는 Joseph Conrad(1902; 펭귄판 1973: 5)의 『Heart of Darkness(어둠

의 심장)』과 Amado Diéguez Rodríguez의 번역 『El corazón de las tinieblas』(2001, 마드리드, Santillana Ediciones Generales, S.L., 주석 비포함)의 첫 번째 단락이다:

> The *Nellie*, a cruising yawl, swung to her anchor without a flutter of the sails, and was at rest. The flood had made, the wind was nearly calm, and being bound down the river, the only thing for it was to come to and wait for the turn of the tide.
>
> 넬리, 항해하는 보트, 항해의 나부낌 없이, 닻을 흔들었고, 쉬고 있었다. 만조가 되자, 바람은 잠잠했고, 강 아래쪽에 묶여있으면서, 그것을 위한 유일한 것은 와서, 조류의 변화를 기다리는 것이었다.

> La *Nellie*, una yola de crucero, giró sobre el ancla sin el menor movimiento de las velas y quedó inmóvil. Había subido la marea, apenas soplaba el viento y, puesto que se dirigía río abajo, sólo le quedaba fondear y esperar al cambio de la marea.

두 텍스트에서 주제에 밑줄을 긋고, 스페인어 텍스트에서 주제에 위치한 사건 과정의 현상을 확인하라.

7장에서 제시한 crêpes와 galettes에 대한 두 발췌문도 마찬가지로 살펴보고, 영어 텍스트에서 문법적 은유장치에 의존하지 않고 사건 과정을 주제화시킨 예를 찾아보라.

영어에서 부가어는 절 구조에서 아주 유동적인 단위이다. 이는 5장의 말미에 나왔던 경제학 텍스트의 도입절과 같이 시간적 진행을 주제화시키는 것이 가능하다는 것을 의미한다.

주제	평언
Three years after the shock of the Suq al Manakh crash	Kuwait's economy is now at a crossroads
Suq al Manakh 충돌의 충격 3년 후	쿠웨이트의 경제는 현재 기로에 있다
Four years	the state's economy has been largely based ...
사년	그 주의 경제는 크게 ...에 기반해 왔다
Now	all three of these principal sources of wealth in Kuwait are in jeopardy.
현재	이런 쿠웨이트의 세 가지 주요한 자금원은 큰 위기에 직면해 있다

■■■ 연습 ■■■

경제학 텍스트의 나머지 부분에서 주제를 확인하라. 그리고 어떻게 주제들이 메세지를 구성하는지, 또는 이 텍스트에서 어떻게 메시지가 전달되는 지를 확인하라. 이 메세지 구조가 여러분이 사용하는 언어로 번역할 때도 유지될 수 있는가?

8.2.4 표상으로서의 절: 타동성

앞서 언급한 교회와 우체국의 상대적 위치와 같이, 실제세계에서 사물들의 위치(그 위치가 허구의 것이라 하더라도)는 우리가 사물들에 어떠한 언어적 시각을 적용하든지 간에 정지되어있다. 또한 이 절로 인해 화자와 필자는 순수하게 사실적일 필요는 없을지라도(아마도 아주 자주는 아니더라도) 이들을 둘러싼 과정들과 사건들을 보고 이해하는 특정방식에 따라 이 안정성을 표상할 수 있게 된다. 다음 절에서 우리는 허구적이고 실제적인 현실을 해석하는 표상을 도와주는 체계를 살펴보도록 한다.

타동성 시스템을 통해, 절은 현실의 해석을 표상한다. 인간의 의식에 표상된 대로 세계는 잠재적으로 세 가지 요소로 구성되는 과정으로 만들어진다고 생각될 수 있다(Halliday 1985: 101): 과정 자체와 과정의 참여자, 그리고 이 과정에 연관되는 상황이다. 과정은 전형적으로 동사구로 실현되고, 명사구는 참여자, 그리고 상황은 부사구, 전치사구로 실현된다.

Halliday(1985: 5장)는 과정의 세 가지 주요 종류를 식별하였다: 물질적, 정신적, 관계적 종류이다.

물질적 과정, 또는 행위의 과정은 때때로 '논리적 주어'(무엇을 하는 누군가)로 불리는 의무적 행위자와 그 과정이 '미치는' 선택적 목표를 갖는다(1985: 103). 이렇게 행위자와 목표를 갖는 절은 '타동적'이라 불리고 오직 행위자만이 나타나는 절을 '자동적'이라 부른다:

They	kick and then chase after	the ball
행위자	물질적 과정	목표
그들은	차고, 그리고는 뒤따라 뛴다	그 공

Tom	sang	beautifully
행위자	물질적 과정	방식의 상황
톰은	노래 불렀다	아름답게

느낌, 생각, 감각, 지각의 정신적 과정은 의무적 '감각자'와 절 내에서 명시적으로 언급되지 않고 함축적으로 남아있을 수도 있는 의무적 '현상'역을 갖는다.

Amy	heard	the song
감각자	정신적 과정	현상
에이미는	들었다	그 노래를

Nils	was worried	
감각자	정신적 과정	
닐스는	걱정했다	

관계적 과정은 존재(being)의 과정이다. '이 종류의 절의 중심적 의미는 어떤 것이 어떠하다는 것이다.'(Halliday 1985: 112).

하지만 모든 언어는 절에서 여러 가지 관계적 과정으로 존재를 표현하는 방식을 문법 체계상에서 다양하게 보유하고 있다. 영어에서 이들은 다음과 같이 요약된다.

(1) intensive   'x is a'
(2) 상황적   'x is at a'
(3) 소유적   'x has a'

이들 각각은 두 가지 방식으로 나타난다:

  (i) 속성적   'a is an attribute of x'
  (ii) 식별적   'a is the identity of x'

식별적 과정은 도치 가능하지만 묘사적 과정은 도치될 수 없다.

Running with the ball	is	the first technique that youngsters learn
식별 대상	과정	식별자

The first technique that youngsters learn	is	running with the ball
식별 대상	과정	식별자

These galettes	are	very tender
운반자	과정	속성

과정과 참여자 종류에 대한 더 자세한 분류는 Halliday(1985, 5장)를 참고하라.

영어의 절에서 나타나는 주요한 상황적 요소들은 다음과 같다 (Halliday 1985: 137): '추상적 공간을 포함하여 시간과 공간에 따른 범위와 위치; 방식 (의미, 질, 비교); 원인 (이유, 목적, 이익); 수반되는 것; 사정, 역할. 또한 이들 역시 더 세분화될 수 있다.

표준 영어의 능동태 평서문에서 행위자, 또는 논리적 주어는 주제, 또는 심리적 주어와 일치하고, 문법적 주어까지도 동일하다.

They	kick and then chase after	the ball
행위자	물질적 과정	목표
주제		
주어		

수동태 절에서 만일 행위자가 언급된다면, 그 행위자는 주제와 문법적
주어가 차지하는 위치와 떨어지게 된다:

The government has [itself] been hit by the decline in world oil demand
                                                            행위자
주제
주어

Production in the last four years has been halved
주제
주어

만일 이러한 절에서 주제가 상황적 요소라면, 세 주어가 모두 분리되게
된다:

Recently, the government has been hit by the decline in world oil demand
                                                                  행위자
주제
            주어

타동형 시스템의 분석과 주제와 평언 시스템이 문학의 문체분석에 어떻

게 사용될 수 있는지를 보기 위해서 Burton(1982), Halliday(1971), 또는 Knowles & Malmkjær(1996)의 예를 참고하라. 여기서 우리는 비-문학 텍스트의 예를 살펴보도록 한다.

8.2.5 연습과 토론

다음의 텍스트(http://www.carsdirect.com/research/audi/a4/2004/18t)와 7장에서 보았던 브뤼셀 도시 관광을 비교해 보아라. 브뤼셀 도시 관광은 편의상 여기서 다시 한번 제시한다. 두 텍스트에서 문법적 주어, 주제, 행위자를 확인하라.

Audi aims for its A4 to be the benchmark for sports sedans. The A4 might well be THE benchmark if it wasn't for the existence of the BMW 3 Series. In spite of the big shadow cast by rear-wheel-drive BMW, the Audi A4 is a fantastic sports sedan and certainly a leader among front-drive sedans. The A4 is unquestionably a standard against which sport sedans can be measured, and that fits the definition of a benchmark.

A4 delivers crisp handling, a firm ride, and a well-controlled suspension that make for a precise, high-quality driving experience. A4 feels like it's on rails around fast sweepers, especially when equipped with the Quattro all-wheel-drive system. The 3.0 V6 engine is wonderfully smooth and quite strong, while the turbocharged 1.8T delivers spry performance when paired with the manual gearbox. A host of active safety features help keep drivers on the road. A4's beautifully finished interior exudes quality and ergonomic excellence. A4 was completely redesigned for 2002 and introduced with a new 3.0-liter V6. A new model, the 2003 A4 Cabriolet, brings top-down motoring to the line, and Avant (wagon) models have joined the new generation. Minor interior upgrades are available for 2003.

아우디는 A4를 스포츠 세단의 기준으로 만드는 것을 목표한다. A4는 BMW 3 시리즈가 아니었다면 세단의 기준이 될 수 있었을 것이다. 후륜 구동 BMW의 그림자에 가리긴 했지만, 아우디 A4는 환상적인 스포츠 세단이며, 명백히 전륜 구동 세단의 리더이다. A4는 스포츠 세단이 매겨질 수 있는, 그리고 기준의 정의에 들어맞는 표준이라는 것은 의심의 여지가 없다.

A4는 힘찬 핸들링, 견고한 승차감, 정밀하고, 질 높은 운전 경험을 제공해 준다. 콰트로 전륜 구동 시스템을 장착했을 때, A4는 빠른 속도로 지나가는 스위퍼 주위에서 선로 위에 오른 것처럼 느낄 것이다. 3.0리터 6기통 엔진은 놀랄 만큼 부드럽고, 강력하다. 한편, 터보과급기로 과급된 1.8T는 수동 기어와 짝을 이룰 때, 기운찬 성능을 발휘할 것이다. 아름답게 마감된 A4의 내부구조는 질과 인체공학적으로 탁월함을 자랑한다. A4는 2002년 모델에서 완전히 새롭게 디자인 되었고, 신형 3.0리터 6기통 엔진을 도입했다. 새 모델인 2003년 형 A4 카브리올레로 하향식 운전술을 선보이고, 아반트 (왜건) 모델도 이 새 방식에 동참했다. 약간 업그레이드된 내부구조는 2003년에 선보인다.

Brussels City Tour

We start our visit at the Central Station and see the beautiful St-Michael's cathedral. We drive further to the Heyseldistrict with the worldfamous Atomium. We marvel at the sight of the Chinese Pavilion and the Japanese Tower. Passing the Royal Residence we return into the citycentre and see the Sablan district with countless antique dealer shops. We drive in front of the magnificent Palace of Justice and see the fashionable Louise Square. Passing the stately Royal Square, the Royal Palace and the Houses of

Parliament we arrive in the Cinquantenaire district. The Triumphal Arch, exceptional museums and splendid Art Nouveau houses are the highlights of this part of Brussels. Here, we are also at the very heart of the European Union; we drive in front of the imposing EU buildings housing the Commission, the European Parliament and the Council of Ministers.

브뤼셀 도시 관광

우리는 중앙역을 방문하는 것을 시작으로, 아름다운 성 미카엘 성당을 보았다. 세계적 명성의 아토미움과 함께, 헤이젤 지구로 더 운전해 들어갔다. 우리는 중국식 누각과 일본식 탑이 보여주는 광경에 놀랐다. 로열 주택지구를 지나서, 우리는 시 중심지로 돌아왔고, 셀 수 없을 정도의 골동품 가게와 함께, 사블론 지구를 구경했다. 우리는 장엄한 정의의 궁전 앞으로 운전해 와서, 멋진 루이즈 광장을 보았다. 장중한 로얄 광장과 로얄 궁전, 그리고 의회를 지나, 생캉트네르 지구에 도달했다. 개선 아치, 특별한 박물관들, 화려한 아르누보 하우스는 이 부근 브뤼셀의 하이라이트였다. 이곳, 우리는 유럽 연합의 중심에 있었다; 우리는 유럽 위원회, 유럽의회, 그리고 각료 평의회를 이루는 당당히 서있는 EU 건물로 운전해 갔다.

■■■ 토론 ■■■

각각의 텍스트는 문법적, 주제적 기능과 타동적 역할을 실현시키는 것을 선택함에 있어서 상당한 규칙성을 보여준다. 그리고 이들 텍스트는 상기의 기능을 실현시키는 어휘 항목과 구조로 지칭되는 항목들이 극명하게 대조가 된다. 아우디 텍스트에서 'Audi'가 한 가지 경우에서 주어, 주제, 행위자가 되고, 하나의 아우디 모델은 일곱 가지 경우에서 주어, 주제, 행위자/식별 대상/운반자이다. 아우디 모델의 구성요소는 세 가지 경우에서 주어, 주제, 행위자/운반자이고, 'minor interior upgrades'는 한번 주어와 주제로 작용한다. 한 가지 문제가 되는 경우는 'A4는 선로 위에 있는 듯이 느낀다...'이다. 여기서 어려운 점은 이 구조가 '피터는 그가 선로위에 있는 듯이 느낀다.'의 예와 같지만 우리의 배경 지식에 의하면, A4는 어떤 감정을 느끼는 정신적 처리과정에 관여할 수 있는 것이 아니라는 점이다. 따라서 '피터는 그가 선로위에 있는 듯이 느낀다.'에서 감각자는 피터이지만, 'A4는 선로위에 있는 듯이 느낀다...'에서 감각자는 명백히 A4를 운전하는 사람일 것이다. 이 절은 텍스트에서 인간 행위자를 직접적으로 언급하지 않는 가장 명백한 예시이다. 도로 위에 있도록 도움을 받은 운전자의 경우가 있다면 이는 이 규칙에 적용되지 않는 유일한 예이다. 그러나 이 경우 운전자는 행위자가 아니라 목표의 역할을 부여받는다. 차가 힘찬 핸들링, 재빠른 주행감이 있다면 이는 운전자에게 전달되는 것이라고 우리는 이해하지만 이 경우 운전자는 명시되지 않고 독자가 추론하도록 되어 있다. 다시, 우리가 첫 번째 절에서 아우디가 목표로 한 것을 읽었을 때, 우리는 아우디가 그 회사를 대표하는 사람들의 환유적인 표현이라는 것을 추론하게 된다. 이러한 방식으로 초점은 본질적으로 다이나믹하고 파워풀하게 표현된 광고 제품에게 명백하게 남게 되는 것이다. 그리고 이러한 환유적 '생성'은 실제로 생명체의 하나의 자질일 뿐이지만 생물학적 번식의 일종임을 내포한다. 따라서 자연 종류의 속성은 여기서 제조된 종류로 여겨진다. (5장을 보라.)

이와 대조적으로 브뤼셀에 대한 텍스트에서 모든 행위자 역은 필자와 독자를 아우르는 'we'라는 일인칭 복수형 대명사의 사용으로 지칭한다. 이러한 독자와 필자 간의 행위자/감각자 연대는 스페인어와 이태리어 텍스트의 특징이기도 하다. 반면, 프랑스어 텍스트에서 대명사가 *vous*

라는 이인칭 복수형일 때와 *voici*가 명령문에서 쓰임으로써 발화 행위가
(정확히 말해 명령조가 아니라면) 필자가 최소한 독자들에게 어떤 것을
관찰하라는 제안이 될 때 독자/필자의 연대는 무너지게 된다. 독일어의
경우, 일인칭이 이인칭과 더욱 규칙적으로 번갈아 사용된다(각각 세 경우
가 나타난다).

영어 텍스트에서, 주제는 'we'나 'passing x', 또는 이야기의 대상이
되는 목적의 언급, 또는 위치 'here'이 지칭하는 것이 차지하게 된다. 다시
말해서 텍스트는 독자가 머리말을 비추어 예상할 수 있는 빨리 움직이는
사람 또는 그 사람들의 시각을 향하거나 시각으로 부터의 지점을 주제화
시킨다. 이와 유사한 선택이 다른 언어로 쓰여진 텍스트에서도 일어난다.

위의 두 텍스트는 모두 홍보용 텍스트이다. 이 텍스트들의 주제와
타동적 구조는 그들이 홍보하는 제품의 본질에 연관된다. 필자는 명백히
특정 종류의 상품의 판매를 촉진시키기 위한 동기를 가지며, 절에 타나
난 세 가지 언어적 체계에서 꽤 고의적인 선택을 단행한다.

하지만, 다른 종류의 텍스트에서 필자의 동기는 텍스트 화제나 장르
와는 덜 직접적인 관계이다. 예를 들면, 뉴스 리포트는 뉴스를 전달하기
위한 목적이고, 그 뉴스는 다른 텍스트에서도 똑같이 전달될 수 있지만
필자는 현안에 대한 특정한 견지를 선택하는 데 있어서 상당한 자유가
있다. 예를 들어, 다음은 같은 사건에 대해 세 가지 다른 언어로 보도된
것을 발췌한 것이다. 신문과 기사 표제는 다음과 같다.

「El Mundo」 28 March 2004, 'Abrogado francés defenderà a Hussain'
「The Observer」 28 March 2004, 'French lawyer to defend Saddam'
「Le Monde」 27 March 2004, 'Me Jacques Vergès devrait assurer la défense
de Saddam Hussein'

■■■■ **연습** ■■■■

주제와 타동성 역의 상호작용에 특히 주의하면서 세 종류의 신문이 같은
정보를 어떻게 다르게 보도하는 지를 보라. 다음 단락들은 본질적으로
같은 정보를 다루지만 세 신문에서 같은 순서로 나타나지는 않는다.

El abogado francés Jacques Verges asumirá la defensa de Saddam Hussein,
tras recibir una petición de un familiar del ex dictador iraquí, reveló ayer
la prensa francesa. (단락 1)

'El sobrino de Saddam Hussein acaba de nombrarme' defensor de su tío,
afirma Verges en la grabación de un programa televisivo que será difundido
el próximo martes y a la que tuvo acceso el diario 'Le Parisien'. (단락 2)

The world's most controversial lawyer, Jacques Vergès, who has built his
reputation on defending despots, Nazis and terrorists, has been asked by
the family of Saddam Hussein to represent the deposed Iraqui dictator. (단
락 1)
세계에서 가장 논쟁의 대상인 변호사인 Jacques Verges, 그는 나찌와 테러
리스트와 같은 독재자들을 변호하면서 명성을 쌓아왔는데, 이라크의 해
임된 독재자를 변호할 것을 사담 후세인의 가족에 의해 요청받았다.

The French advocate yesterday told a radio station that he had received a
letter from one of Saddam's relatives confirming his role as legal
representative for the former Iraqui leader, whom he described as a
'vanquished hero'. 'I was ready to defend him and then I received a letter
from his nephew', Vergès said. He read out a section of the letter on air:

'In my capacity as nephew of President Saddam Hussein, I commission you officially by this letter to assure the defence of my uncle,' Vergès told the national radio station *France Inter.* The nephew is believed to be Ali Barzan al-Tikriti. (단락 2)

어제 프랑스인 변호사는 그가 '정복된 영웅'으로 묘사되는 전직 이라크 지도자의 법적 대표자격을 승인한다는 편지를 사담의 친척 중의 한 사람으로 받았게 되었다는 라디오 방송을 들었다. '난 그를 변호할 준비가 되었었고, 그의 조카로부터 편지를 받았다'고 Verges는 말했다. 그는 방송에서 한 구절을 읽었다. '대통령 사담 후세인의 조카의 자격으로, 나는 이 편지로 당신이 내 삼촌의 변호를 보장해 줄 것을 공식적으로 의뢰한다,' Verges는 *France Inter* 국영 라디오 방송에서 말했다. 이 조카는 Ali Brazan al-Tikriti로 여겨진다.

L'avocat Jacques Vergès a annoncé qu'il défendrait Saddam Hussein avec l'appui de douze autre avocats français, écrit samedi 27 mars *Le Parisien.* L'avocat aurait confié, lors de l'enregistrement d'une émission de télévision qui doit être diffusée mardi, avoir été désigné par un proche de l'ex-dictateur irakien. '*Le neveu de Saddam Hussein vient de me désigner,*' aurait-il lâché. (단락 2)

Me Vergès a confirmé cette information à l'AFP samedi matin. Il a précisé qu'il avait reçu une lettre du neveu de Saddam Hussein lui demandant d'assurer la défense de son oncle, sans donner plus de détails. (단락 3)

▪▪▪ 토론 ▪▪▪

이 절에서 우리가 본 텍스트는 언어가 언어 사용자들에게 과정, 사건, 대상의 양상을 강조하고 숨기는 명백한 기회를 제공한다는 것을 여실히 보여준다. 1970년대부터 언어학 내에서 이러한 현상에 대해 깊은 관심을 보여 왔으며, 번역학자들도 이에 대해 상당한 관심을 보였다. 언어학 내에서 이 현상은 Fowler 등(1979)이 사용한 '비평적 언어학(critical linguistics)', '비평적 담화분석(critical discourse analysis)'(Fairclough 2002: 102), '언어와 이데올로기'(Stephens 1992 참고), '언어와 힘'(Fairclough 1989 참고), 또는 '언어와 통제'(Knowles & Malmkjær 참고)라는 제목으로 논의되었다. 번역학자들은 '이데올로기'라는 용어를 즐겨 도입하여 사용하였다 (예로써 Puurtinen 2000과 Calzada-Perez 2003을 보라). 이 장의 마지막 절에서 우리는 언어와 이데올로기, 번역의 관계에 대해 간략히 살펴보기로 한다.

8.3 언어, 이데올로기, 번역

이 절에서는 먼저 언어가 이데올로기적 목적을 실현시키기 위해서 어떻게 사용될 수 있는지를 간략하게 소개하고, 그 다음 번역과 이데올로기를 나타내는 표시와의 관계에 대해서 논의하도록 한다.

8.3.1 언어와 이데올로기

Thompson(1990: 56)에 의하면, '이데올로기를 연구하는 것은 의미가 지배의 관계를 구성하고 유지하는 것을 돕는 방법을 연구하는 것이다.' '지배의 관계'라는 것은 Thompson에 의하면 남자와 여자, 성인과 아동, 주인과 노예, 식민지 개척자와 식민지 주민, 주인과 하인 , 경영자와 비서, 부자와 가난한자, 부국과 빈국, 다른 계급과 민족 등의 사이에 얻어지거나 얻어졌던 비대칭적인 힘의 관계를 말한다.

언어는 이러한 관계를 유지하기 위해서 다양한 방식으로 동원된다. 예를 들면, 다양한 종류의 '이야기들'(Thompson 1990: 59-67), 즉 신화, 전설, 과거의 전쟁 이야기들뿐만 아니라, 소설, 시, 희곡, 새로운 이야기들까지도 자연적으로 언제나 그랬듯이 또는 보편적인 현상으로, 그리고 그들의 실제와는 달리(예를 들자면, 억압당하는 자들에게 이익이 되는 듯이) 표현될 수 있다.

이들 인상을 만들기 위한 언어 전략은 다양하지만, 가장 명백한 것은 신중한 어휘 선택(예를 들면, 'freedom fighter'와 'terrorist', 'famous'와 'infamous', 'claims'과 'demonstrates')과 주제성과 타동성 역할의 조작인데, 영속성의 인상을 줄 수 있는 과정의 명사화라든지 행위자성을 감추고 행위에 의해 영향을 받는 대상을 강조하는 수동화를 그 예로 들 수 있다.

물론 이념적 입장을 직설적으로 표현하는 것 또한 가능하고 ('노동당에 투표하세요(Vote Labour)'처럼), 또한 텍스트 내에서 이념적 입장의 여러 단계를 구분하는 것이 중요하다. Hollindale(1988, Hunt 1992: 27-34 에서)은 의도된 표면적 이데올로기의 수위, 함축적이고 잠재적일 수도 있는 가정들, 표현의 고정된 한계를 언급했다. 표현의 고정된 한계를 언급한 Chomsky(1979: 38-9)는 민주정치가 가능할 수 있는 생각의 여지를 제한한다고 주장한다: '공식적 체제의 지지자와 그 비평가들의 양분' (Chilton 1982: 94를 보라).

다시 쓰는 것을 포함하는 번역은 원문에서 표현된 것과 다른 이데올로기를 나타낼 수도 있고 또는 원문의 독자 문화에서 존재하지 않았던 비대칭적 권력 관계를 표현할 수도 있다. 예를 들면, Millán-Varela(2000)는 Joyce의 『Ulysses』의 1926년판 갈리시아어 번역일부가 어떻게 갈리시아인을 민족주의에 관심을 두게 하는 데 일조했는지를 신중한 어휘 선택을 예를 들어 보여준다.

오테로 번역가는 ST의 라틴어와 스페인어 형식과 모두 일치하는 직역을 선택하지 않는다. 대신에 대안적인 선택을 하는데 즉 어떠한 영향과도 상관없이 의미를 '순수한' 갈리시아어 형태로 번역하는 것이다.

예를 들면, 순수한 갈리시아어 형태인 xantar('diet'), calzós('trousers'), abó ('ascendant') 그리고 choque('impact')는 스페인어에 형태가 같은 dieta, pantalón, ancestro, impacto가 있는데도 불구하고 선택된다.

갈리시아어 Joyce 번역은 소수민족 문화가 어떻게 다수민족 문화을 상대로 자신들의 이상을 홍보하기 위해 사용될 수 있는지 보여주는 반면 wa Goro(2004)는 어떻게 다수 민족 문화가 그들의 지배를 더 강건하게 만들기 위해 유사한 방법을 사용할 수 있었는지를 보여준다. 그녀는 성서 속의 이름이 순수하게 히브리어 이름에 기초했던 기쿠유어 형식으로 선택되는 신중한 방식을 논의한다. 사실상 기쿠유 신의 이름이 사용될 수 있었는 데도 불구하고 기쿠유 신화가 주목을 받지 않게 하기 위해서 이러한 방식이 선택되었던 것이다. '아담'과 '이브'는 키쿠유어 Mundu와 Mumbi로 표현되지 않고, Adamu와 Hawa로 번역되었다.

끝으로, Nitsa Ben-Ari(2002)는 번역될 텍스트에 스며들 것이지만 그 텍스트 번역의 문맥에 적절치 않게 보일 수 있는 이데올로기27)가 번역

---

27) 이 경우, 정확히 말해서 종교, Ben-Ari(2002: 262)는 '그것의 [벤허의] 결출한 기독교적 특성 때문에 기독교적 성분의 파괴와 "다수를 상대하는 소수" 또는 "로마 제국을 상대하는 유대인의 위세" 모델로의 더 "창조적인" 전환에 대한 계몽적인 사례연구로 작용할 수 있다고 설명한다.

과정에서 어떻게 효과적으로 걸러지는지를 보여준다. 그녀는 그 예로 Lew Wallace의 소설 『Ben-Hur: A Tale of the Christ』(1880)의 여덟 가지 히브리어 번역을 논했다. 그녀는 이를 '이중 전환(double conversion)' 이라고 묘사했는데 이는 "'바람직하지 않은" 기독교적 성분의 삭제와 번역된 텍스트의 더 "바람직한" 모델로의 전환 2002: 272)이라고 했다. 『Ben-Hur』의 경우 벤허(인물)는 유대인의 전설로 전환시키고, 그 소설은 "로마인을 대항하는 유대인" 모델로까지 전환된다. 모든 번역에서 이러한 목표를 획득하는 전략은 상당한 양의 삭제로 가능한데, 'A Tale of the Christ' (2002: 282)라는 부제를 생략하는 것과 같이 주로 기독교적인 요소를 삭제함으로써 가능해진다. 여섯 편의 번역에서는 이야기에 기독교적 배경을 제시해 주는 'Book first' 역시 생략하였고, 이것을 생략시키지 않은 번역 중 한 편에서는 그리스도의 탄생을 묘사하는 장을 생략하고 히브리의 역사적 배경을 소개하는 새 장을 삽입하였다(2002: 283). 더 작은 규모의 삭제를 예로 들자면 주로 언어적 여과장치를 사용한 것인데, 나사렛 마을의 이름을 생략하여 번역에서 '갈릴리의 한 마을'(2002: 287)로 번역하고 원본에서처럼 숫자로 장을 나누는 대신에 장의 표제를 삽입하는 것을 들 수 있다; Ben Ari(2002: 292)는 표제 '유대인과 로마인'을 언급한다.

3장에서 언급한 Hans Christian Andersen의 이야기를 다룬 Dulcken에 대한 Malmkjær(2003)의 연구는 아마도 이데올로기적으로 편향된 번역의 범주에 들어갈 것이다. 사실상 여기서 논점이 되는 것이 특정 두 이해 집단 간의 힘의 투쟁이라는 것이 분명치 않지만 이것을 같은 범주에 포함하고 이 범주와 유사한 연구를 하는 것은 이데올로기의 개념을 어느 정도 무색하게 만드는 위험을 감당하는 것일지도 모른다.

결론

이 책은 번역이 다른 모든 언어활동처럼 선천적으로 진보적이라는 근본적인 가정을 기반으로 한다. 의미는 발화, 상황, 상호작용자들을 해석이라는 지도위에 사상화시키는 관계적이고 순간적인 것으로 여겨진다. 따라서 언어 사용은 미래의 사용자들을 존중해야 하고, 과거의 용법이 미래의 용법의 길잡이가 되고 정보를 제공하는 기념비적인 코퍼스를 구성하지만 미래의 용법을 결정하거나 반영할 수는 없다. 이러한 관점에서 보면 번역행위는 창조성의 표명이며, 번역은 원본과의 동일성을 반영한다. 언어는 (3장의 3.3.1과 7장을 각별히 주의해서 보라) 화자에게 세 가지 주요한 기능을 담당하는 의미적 잠재성으로 나타난다. 그들을 서로 상호작용하게 해 주고, 세상을 비춰주고, 특정한 시각을 언어에 채택하는 것을 가능하게 한다. 언어 상호 작용은 근본적으로 번역으로 제시된다(3장 3.5.1과 3.5.2를 각별히 주의해서 보라): 언어는 사실상 번역의 언어이다. 그리고 우리는 언어학에서 기술적이고 이론적인 개념들을 끌어와 번역과 번역하기에서의 언어를 설명하고 다루었다(4-8장). 가능한 모든 개념과 관념에 대해서 다루지 못했고 관련된 행위인 통역에 대해서도 논의하지 못했다. 그러나 학생들과 교사들은 언어적 관념과 개념이 번역의 언어 연구에서 어떻게 적용될 수 있는가에 대해 연구할 때 여기에 제시된 모델을 사용할 수 있을 것이다.

■ 참고문헌

Abelin, Åse(n.d.), 'Phonesthemes in Swedish',http://ling.gu.se/~abelin/phonest. html Abrams, M. H. (1971), *A Glossary of literary Terms: Third Edition* (1st edition by dan S. Norton and Peters Rushton, 1941, second edition by M. H. Abrams, 1957), New York: Holt, Rinehart and Winston, Inc.

Aichison, Jean [1987] (1994), *Words in the Mind: An Introduction to the Mental Lexicon*, Oxford: Basil Blackwell.

Allan, R., P. Holmes and T. Lundskaer-Nielsen (1995), *Danish: A Comprehensive Grammar*, London and New York: Routledge.

Allen, Ward(ed.) (1969), *Translating for King James*, Nashville: Vanderbilt University Press.

Austin, J. L. (1962), *How to do Things with Words*, Oxford: Oxford University Press.

Axelsen, Jens (ed.) (1984), *The standard Danish-English English Danish Dictionary; Dansk-Engelsk Engelsk-Dansk Ordbog*, Copenhagen: Gyldendalske Boghandel, Nordisk Forlag A/S.

Baker, Mona (1993), 'Corpus Linguistics and translation studies—Implications and applications', in Mona Baker, Gill Francis and Elena Tognini-Bonelli(eds), *Text and Technology: in Honour of John Sinclair,*

Philadelphia and Amsterdam: John Benjamins, pp. 213-50.

Baker, Mona (1995), 'Corpora in translation studies: An overview and suggestions for future research', *Target* 7(2): 223-43

Baker, Mona (1988), *Routledge Encyclopedia of Translation Studies*, London and New York: Routledge.

Baker, Mona (1999), 'The Role of Corpora in Investigating the Linguistic Behaviour of Professional Translators', *International Journal of Corpus Linguistics* 4(2): 281-98.

Bakhtin, Mikhail (1965), *Rabelais and His World.* Translated by Helene Iswolsky, Cambridge, MA: The MIT Press.

Bakhtin, Mikhail (1973), *Problems of Dostoevsky's Poetics.* Translated by R. W. Rotsel, Ann Arbor, MI: Ardis.

Bartelink, G. J. M. (ed.) (1980), *Liber de optimo genere interpretandi (Epistula 57),* Leiden: Brill.

Barthes, Roland (1977), *Image-Music-Text* (tr. Stephen Hearth), London: Fontana.

Bassnett-McGuire, Susan [1980] (1991), *Translation Studies: Revised Edition,* London and New York: Methuen/Routledge.

Bassnett, Susan and André Lefevere (eds) (1990), *Translation, History and Culture,* London and New York: Pinter Publishers.

Bassnett, Susan and Harish Trivedi (eds) (1999), *Post-Colonial Translation: Theory and Practice,* London and New York: Routledge.

Beaugrande Robert de and Wolfgang Dressler (1981), *Introduction to Text Linguistics,* London and New York: longman.

Begley, Sharon (2002), 'New ABCs of Branding: Product Names Pack Punch One Letter at a Time; StrawBerry is No BlackBerry', *Wall Street Journal,* 26 August. http://online.wsj.com/article/0,,SB10303107301794746755.djm, 00.html

Béjoint, Henri (1994), *Modern Lexicography: An Introduction,* Oxford: Oxford

University Press.

Bell, Roger T. (1991), *Translation And Translating: Theory and Practice*, London and New York: Longman.

Belsey, Catherine (1980), *Critical Practice*, London And New York: Methuen.

Ben-Ari, Nitsa (2002), 'The double conversion of *Ben-Hur*: A case of manipulative Translation', *Target* 14(2): 263-301.

Berlin, B. and P. Kay (1969), *Basic Color Terms*, Berkeley and Los Angeles: University of California Press

Bhatia, Vijay K. (1993) *Analysing Genre: Language Use in Professional Settings*, Harlow: Longman.

Black, Max (1979), 'More about Metaphor', in Andrew Ortony (ed.), *Metaphor and Thought*, Cambridge: Cambridge University Press, pp. 19-45.

Boas, Franz (1911), *Handbook of American Indian Languages*, Washington, DC: Smithsonian Institution.

Bowerman, Melissa (1996), 'The origins of children's spatial semantic categories: Cognitive versus linguistic determinants', in John J. Gumperz and Stephen C. Levinson (eds), *Rethinking Linguistic Relativity*, Cambridge: Cambridge University Press, pp. 145-76.

Bredsdorff, Elias (1954), *H. C. Andersen og England*, Copenhagen: Rosenkilde og Baggers Forlag.

Brower, Ruben A. (ed.) (1959), *On Translation*, Cambridge, MA: Harvard University Press.

Brown, Gillian and George Yule (1983), *Discours Analysis*, Cambridge: Cambridge University Press.

Brown, Penelope and Stephen C. Levinson (1978), *Politeness: Some Universals in Language Usage*, Cambridge: Cambridge University Press.

Bühler, Karl (1933), 'Die Axiomatik der Sprachwissenschaft', *Kant-Studien* 38: 19-20.

Burton, Deirdre (1982), 'Through glass darkly: Through dark glasses', in Ronald Carter (ed.), *Language and Literature: An Introductory Reader in Stylistics*, London: George Allen and Unwin.

Calzada-Perez, Maria (ed.) (2003), A Propos of Ideology, Manchester: St Jerome Publishing. *Cambridge International Dictionary of English (CIDE)* (1995), Cambridge: Cambridge University Pres.

Carroll, John B. (ed.) (1956), *Language, Thought and Reality: Selected Writings of Benjamin Lee Whorf*, Cambridge, MA: The MIT Press.

Catford, J. C. (1965), *A Linguistic Theory of Translation: An Essay in Applied Linguistics*, Oxford: Oxford University Press.

Chilton, Paul (1982), 'Nukespeak: Nuclear language, culture and propaganda', in Crispin Aubrey (ed.), *Nukespeak: The Media and the Bomb*, London: Comedia.

Chomsky, Noam (1957), *Syntactic Structures*, The Hague: Mouton.

Chomsky, Noam (1979), *Language and Responsibility*, Brighton: Harvester Press.

Collins-COBUILD English Language Dictionary (1987), London: Collins.

Craig, Ian (1998), 'Translation and the authoritarian regime: *William and the Caudillo*', in Peter Bush and Kirsten Malmkjær (eds), *Rimbaud's Rainbow: Literary Translation in Higher Education*, Amsterdam and Philadelphia: John Benjamins, pp. 157-69.

Dagut, Menachem (1981). '"Semantic Voids" as a problem in the translation process', *Poetics Today* 2(4): 61-71.

Davidsen-Nielsen, Niels (1992), 'Discourse particles in Danish', *PEO* 69: 1-34.

Davidsen-Donald (1967), 'Truth and Meaning', *Synthese* 17: 304-23.

Davidsen-Donald (1973), 'Radical interpretation', *Dialectica* 27: 313-28. Reprinted in (1984), *Enquiries into Truth and Interpretation*, Oxford: Clarendon Press.

Davidson, Donald (1974), 'On the very idea of a conceptual scheme', reprinted from *Proceedings and addresses of the American Philosophical Association*, 47, in

(1984), *Inquiries into Truth and Interpretation*, Oxford: Clarendon Press, pp. 183-98.

Davidson, Donald (1984), *Inquiries into Truth and Interpretation*, Oxford: Clarendon Press.

Davidson, Donald (1986), 'A Nice Derangement of Epitaphs', in Ernest Lepore (ed.), *Truth and Interpretation: Perspectives on the Philosophy of Donald Davidson*, Oxford: Basil Blackwell, pp. 433-46. Also in R. E. Grandy and R. Warner (eds) (1986), *Philosophical Grounds of Rationality: Intentions, Categories, Ends*, Oxford: Clarendon Press, pp. 157-74.

Denofsky, Murray (n.d), 'Johnny and the sound CL-', http://www/conknet.com/~mmagnus/SSArticles/Denofcl.html

Dinneen, F. P. (1967), *An Introduction to General Linguistics*, New York: Holt, Rinehart and Winston.

Dorsch, T. S. (ed.) (1965), *Aristotle/Horacel/Longinus: Classical Literary Criticism*, Harmonds-worth: Penguin.

Dudley-Evans, Anthony (2002), 'Genre analysis', in Kirsten Malmkjaer (ed.), *The Linguistics Encyclopedia: Second Edition*, London and New York: Routledge, pp. 205-8.

Ellis, Roger and Liz Oakley-Brown (1998), 'British Tradition', in Mona Baker(ed.), *Routledge Encyclopedia of Translation studies*, London: Routledge, pp. 333-47

Empson, William (1947), *Seven Types of Ambiguity*, 2nd edition, London: Chatto and Windus.

Enkvist, Nils Erik (1978), 'Coherence, pseudo-coherence, and non-coherence', in Jan-Ola Östman (ed.), *Cohesion and Semantics*, Åbo:Åbo Akademi Foundation.

Evans, Gareth (1982), *The Varieties of Reference* (ed. John McDowell), Oxford: Clarendon Press and New York: Oxford University Press.

Even-Zohar, Itamar (1971), 'Mavo le-te'orya šel ha-tirgum ha-sifruti [Introduction to a Theory of Literary Translation], Tel Aviv: Tel Aviv University [Unpublished PhD Thesis. English summary: I-XX].

Evan-Zohar, Itamar (1978), 'The position of translated literature within the literary polysystem', in James S. Holmes, José Lambert and Raymond van den Broek (eds), *Literature and Translation: New Perspectives in Literary Studies*, pp. 117-27, Leuven:acco.

Evan-Zohar, Itamar (1990), *Polysystem Studies*, Tel Aviv: The Porter Institute for Poetics and Semiotics, Tel Aviv University. [=*Poetics Today* 11:1].

Fairclough, Norman (1989), *Language and Power*, Harlow: Longman.

Fairclough, Norman (2002), 'Critical linguistics/critical discourse analysis', in Kirsten Malmkjær (ed.), *The Linguistics Encyclopedia: Second Edition*, London and New York: Routledge, pp. 102-7.

Ferrara, A. (1980a), 'An extended theory of speech acts: Conditions for subordinate acts in sequences', *Journal of Pragmatics* 4: 233-52.

Ferrara, A. (1980b), 'Appropriateness conditions for entire sequences of speech acts', *Journal of Pragmatics* 4: 321-49.

Firth, J. R. (1930), *The Tongues of Men and Speech*, London: Oxford University Press.

Firth, J. R. (1957), *Papers in Linguistics* 1934-1951, London: Oxford University Press.

Fowler, Norman, Robert Hodge, Gunter Kress and Tony Trew(1979), *Language and Control*, London:Routledge and Kegan Paul.

Frege, Gottlob [1892](1977), 'On sense and reference', in Peter Geach and Max Black (eds), *Translations from the Philosophical Writings of Gottlob Frege*, Oxford: Basil Blackwell, pp. 56-78

Gallie, W. (1955-6) 'Essentially contested concepts', *Proceedings of the Aristotelian Society* LVI: 167-98.

Gardner, Martin (ed.) [1960](1970), *The Annotated Alice*, Harmondsworth: Penguin Books.

Gimson, A. C. [1962] (1980), *An Introduction to the Pronunciation of English: Third Edition*, London: Edward Arnold.

Goddard, Angela (1998), *The Language of Advertising: Second Edition*, London and New York: Routledge.

Grice, H. Paul (1975), 'Logic and conversation', in P. Cole and J. L. Morgan (eds), *Syntax and Semantics 3: Speech Acts*, New York: Academic Press, pp. 41-58.

Gumperz, John J. and Stephen C. Levinson (eds) (1996), *Rethinking Linguistic Relativity*, Cambridge: Cambridge University Press.

Gutt, Ernst-August (1991), *Translation and Relevance: Cognition and Context*, Oxford: Basil Balckwell.

Halliday, Michael Alexander Kirkwood (1961), 'Categories of the theory of grammar', *Word* 17(3): 241-92.

Halliday, Michael Alexander Kirkwood (1970), 'Language structure and language function', in John Lyons (ed.), *New Horizons in Linguistics*, Harmondsworth: Penguin.

Halliday, Michael Alexander Kirkwood (1971), 'Linguistic function and literary style: An inquiry into the language of William Golding's *The Inheritors*', in Seymore Chatman (ed.), *Literary Style: A Symposium*, Oxford: Oxford University Press. Reprinted in Michael Alexander Kirkwood Halliday (1973), *Explorations in the Functions of Language*, London: Edward Arnold, pp. 103-44.

Halliday, Michael Alexander Kirkwood (1978), *Language as Social Semiotic*, London: Edward Arnold.

Halliday, Michael Alexander Kirkwood (1985), *An Introduction to Functional Grammar*, London: Edward Arnold.

Halliday, Michael Alexander Kirkwood and Hasan Ruqaiya (1976), *Cohesion in English*, London: Longman.

Harvey, Keith (1998), 'Translating camp talk: Gay identity and cultural transfer', *The Translator* 4(2): 295-320.

Hatch, Elvin (1985), 'Culture', in Adam Kuper and Jessica Kuper (eds), *The Social Science Encyclopedia*, London, Boston and Henley: Routledge and Kegan Paul, pp. 178-9.

Hatim, Basil (1998), 'Text Politeness: A semiotic regime for a more interactive pragmatics', in Leo Hickey (ed.), *The Pragmatics of Translation*, Clevedon: Multilingual Matters, pp. 72-102.

Haugaard, Erik (1974), *Hans Andersen: Fairy Tales and Stories. The Complete Collection Translated by Erik Haugaard*, London: Victor Gollancz Ltd.

Heaney, Seamus (tr) (1999), *Beowulf: A New Translation*, London: Faber and Faber.

Hinton, L., J. Nichols and J. J. Ohala (eds), *Sound Symbolism*, Cambridge: Cambridge University Press.

Hjelmslev, Louis (1953), *Prolegomena to a Theory of Language* (tr. F. J. Whitfield), *International Journal of American Linguistics* 1(1): Memoir no. 7, Madison: University of Wisconsin Press.

Hjørnager Pedersen, Viggo (2004), *Ugly Ducklings? Studies in the English Translations of Hans Christian Andersen's Tales and Stories*, Odense: University Press of Southern Denmark.

Ho, George (2003), 'Brand names and translation: The Economic Value of Translation', Paper presented at the 10th International Conference on translation and Interpreting: 'Translation Targets', Charles University, Prague, 12 September. Ms.

Hockett, Charles F. (1958), *A Course in Modern Linguistics*, New York: Macmillan.

Hofland, Knutt and Stig Johansson (1998), 'The translation corpus aligner: A program for automatic alignment of parallel texts', in Stig Johansson and

Signe Oksefjell (eds), *Corpora and Cross-Linguistic Research: Theory, Method and Case Studies*, Amsterdam and Atlanta, GA: Rodopi, pp. 87-100.

Hollindale, P. (1988), 'Ideology and the children's book', *Signal* 55:3-22. Reprinted in peter Hunt (ed.) (1992), *Literature for Children: Contemporary Criticism*, London and New York: Routledge, pp. 19-40.

Holmes, James S. [1972] (1988), 'The name and nature of translation studies'. Paper presented in the translation section of the Third International Congress of Applied Linguistics, Copenhagen, 21-26 August 1972, in *Translated! Papers on Literary Translation and Translation Studies*, Amsterdam: Rodopi, pp. 66-80.

Holz-Mänttäri, Justa (1984), *Translatorisches Handlen: Theorie und Metode* (Annales Academiae Scientiarum Fennicae B 226), Helsinki: Suomalainen Tiedeakatemia.

Hookway, Christopher (1988), *Quine: Language, Experience and Reality*, Cambridge: Polity Press.

Horner, W. B. (1975), *Text act theory: A study of non-fiction texts*. Unpublished PhD thesis, University of Michigan.

House, Juliane (1998), 'Politeness and Translation', in Leo Hickey (ed.), *The Pragmatics of Translation*, Clevedon: Multilingual Matters Ltd.

Hung, Eva and David Pollard (1998), 'Chinese tradition', in Mona Baker (ed.), *Routledge Encyclopedia of Translation Studies*, London and New York: Routledge, pp. 365-74.

Hunston, Susan (2002), *Corpora in Applied Linguistics*, Cambridge: Cambridge University Press.

Hunt, Peter (1992), *Literature for Children: Contemporary Criticism*, London and New York: Routledge.

Ilson, Robert (1991), 'Lexicography', in Kirsten Malmkjær (ed.), *The Linguistics Encyclopeadia*, London and New York: Routledge.

Ingarden, Roman [1931] (1973), *The Literary Work of Art: An Investigation on the Borderlines of Ontology, Logic, and Theory of Literature. With an Appendix on the Functions of Language in the Theatre*. Translated by George G. Grabowicz from the third edition of *Das Literarische Kunstwerk*, copyright 1965 by Max Niemeyer Verlag, Tübingen, first published by Niemeyer in 1931. Evanston: Northwestern University Press.

Ingarden, Roman [1937] (1973), *The Cognition of the Literary Work of Art*. Translated by Ruth Ann Cowley and Kenneth R. Olson from *Vom Erkennen des literarischen Kunstwerks*, copyright 1968 by Max Niemeyer Verlag, Tübingen. First published in 1937 in Polish as *O poznawaniu dzieła literackiego*. Lvov: Ossolineum. Evanston: Northwestern University Press.

Ireland, Jeanette (1989), 'Ideology, myth and the maintenance of cultural identity', *ELR Journal (new series)* 3: 95-136 (School of English; Birmingham University).

Isenberg, Arnold (1953), 'Some problems of interpretation', in Arthur Wright (ed.), *Studies in Chinese Thought*, Chicago: University of Chicago Press, pp. 232-46.

Jakobson, Roman (1959), 'On Linguistic aspects of translation', in Reuben A. Brower (ed.), *On Translation*, Cambridge, MA: Harvard University Press, pp. 232-9. Reprinted in Roman Jakobson (1987), *Language in Literature*, ed. Krystyna Pomorska and Stephen Rudy, Cambridge, MA and London, England: The Belknap Press of Harvard University Press, pp. 428-35.

Jakobson, Roman (1960), 'Closing statement: Linguistics and poetics', in Thomas A. Sebeok (ed.), *Style in Language*, Cambridge, MA: The MIT Press. Reprinted in Roman Jakobson (1987), *Language in Literature*, ed. Krystyna Pomorska and Stephen Rudy, Cambridge, MA And London, England: The Belknap Press of Harvard University Press, pp. 62-93.

Jarvella, R. J. (1971), 'Syntactic Processing of Connected Speech', *Journal of Verbal*

Learning and Verbal Behaviour 10: 409-16.

Jerome (Saint) (1980), *Liber de optime genere interpretandi* (Epistula 57), ed. G. J. M. Bartelink, Leiden: Brill.

Jespersen, Otto (1922), *Language, its Nature, Development and Origin*, London: George Allen and Unwin.

Johansson, Stig and Signe Okesefjell (eds) (1998), *Corpora and Cross-Linguistic Research: Theory, Method and Case Studies*, Amsterdam and Atlanta, GA: Rodopi.

Keenaghan, Eric (1998), 'Jack Spicer's pricks and cocksuckers: Translating homosexuality into visibility', *The Translator* 4(2): 273-94.

Kelly, Louis (1998), 'Latin tradition', in Mona Baker (ed.), *Routledge Encyclopedia of Translation Studies*, London and New York: Routledge, pp. 495-503.

Kemposon, Ruth (1977), *Semantic Theory*, Cambridge: Cambridge University Press.

Knowles, Murray and Kirsten Malmkjær (1996), *Language and Control in Children's Literature*, London and New York: Routledge.

Köhler, Wolfgang (1947), *Gestalt Psychology: An Introduction to New Concepts in Modern Psychology*, New York: Liveright.

Krishnamurthy, Ramesh (1998), 'Indian tradition', in Mona Baker (ed.), *Routledge Encyclopedia of Translation studies*, London and New York: Routledge, pp. 464-73.

Kristeva, Julia (1969), 'Word Dialogue and Novel', *Séméiotiké*, tr. Alice Jardine, Thomas Gora and Léon S. Roudiez in 1980, *Desire in Language: A Semiotic Approach to Literature and Art*, Oxford: Basil Blackwell. Reprinted in Toril Moi (ed.), 1986, The Kristeva Reader, Oxford: Basil Blackwell.

Lakoff, George and Mark Johnson (1980), *Metaphors We Live By*, Chicago and London: The University of Chicago Press.

Langacker, R. W. (1987), *Foundations of Cognitive Grammar*, Stanford, CA: Stanford University Press.

Langacker, R. W. (1991), *Concept, Image, and Symbol: The Cognitive Basis of Grammar*, Berlin: Mouton.

Langacker, R. W. (1999), *Grammar and Conceptualization*, Berlin: Mouton.

Laviosa, Sara (1997), 'How comparable can comparable corpora be?', *Target* 9(2): 289-319.

Laviosa, Sara (1998), 'Core patterns of lexical use in a comparable corpus of English Narrative Prose', *Meta* 43(4): 557-70.

Lederer, Marianne (1994), *La traduction aujourd'hui — Le modele interprétatif*, Paris: Hachette.

Leech, Geoffrey N. (1969), *A Linguistic Guide to English Poetry*, London: Longman.

Leech, Geoffrey N. (1983), *Principles of Pragmatics*, London and New York: Longman.

Lefevere, André (1990), 'Translation: Its genealogy in the West', in Susan Bassnet and André Lefevere (eds), *Translation, History and Culture*, London and New York: Pinter Publishers, pp. 14-28.

Leppihalme, Ritva (1997), *Culture Bumps: An Empirical Approach to the Translation of Allusions*, Clevedon: Multilingual Matters.

Levinson, Stephen C. (1996), 'Relativity in Spatial Conception and Description', in John J. Gumperz and Stephen C. Levinson (eds), *Rethinking Linguistic Relativity*, Cambridge: Cambridge University Press, pp. 177-202.

Lewis, Daivd (1983), *Philosophical papers Volume I*, New York and Oxford: Oxford University Press.

Locke, John [1690] (1977), *An Essay Concerning Human Understanding*, Glasgow: Fontana Collins.

Lombardi, L. and M. C. Potter (1992), 'The regeneration of syntax in short term memory', *Journal of Memory and Language* 31: 713-33.

Louw, Bill (1933), 'Irony in the text or Insincerity in the writer? — the diagnostic potential of semantic prosodies', in Mona Baker, Gillian Francis and

Elena Tognini-Bonelli (eds), *Text and Technology: In Honour of John Sinclair*, Amsterdam and Philadelphia: John Benjamins, pp. 157-76.

Louw, Bill (1997), 'The role of corpora in critical literary appreciation', in A. Wichmann, S. Fligelstone, Tony McEnery and G. Knowles (eds), *Teaching and Langauge Corpora*, London: Longman, pp. 140-251.

Low, Peter (2003), 'Translating Poetic song: An attempt at a functional account of strategies', *Target* 15(1): 91-110.

Lyons, John (1963), *Structural Semantics*, Oxford: Basil Blackwell.

Lyons, John (1968), *Introduction to Theoretical Linguistics*, Cambridge: Cambridge University Press.

Lyons, John (1996), 'On competence and performance and related notions', in Gillian Brown, Kirsten Malmkjær and John. N. Williams (eds.), *Performance and Competence in Second Language Acquisition*, Cambridge: Cambridge University Press, pp. 9-32.

McCabe, Anne (Thursday, 31 May 2001 21:39:01 + 0200), contribution to the discussion list *[Sys-func] Theme in Spanish* on http://listserve.uts.edu.au/archives/sys-func/Week-of-Mon-20010528/000089.html

McCarthy, Michael (1991), 'Morphology', in Kirsten Malmkjær (ed.), *The Linguistics Encyclopedia*, London and New York: Routledge, pp. 314-23.

McGowan, James (1993), *The Flowers of Evil*, Oxford: Oxford University Press.

Malinowski, Bronislaw [1923] (1953), 'The problem of meaning in primitive languages'. Supplement to C. K. Ogden and I. A. Richards, *The Meaning of Meaning*, London: Routledge and Kegan Paul.

Malinowski, Bronislaw (1935), *Coral Gardens and their Magic*, London: Allen and Unwin.

Malmkjær, Kirsten (1993), 'Underpinning translation theory', *Target* 5(2): 133-48.

Malmkjær, Kirsten (1996), 'Who walked in the emperor's garden: The translation of pronouns in Hans Christian Andersen's introductory passages', in

Gunilla Anderman and C. Banér (eds.), *Proceedings of the Tenth Biennial Conference of the British Association of Scandinavian Studies.* The University of Surrey, Department of Linguistics and International Studies.

Malmkjær, Kirsten (1999a), 'Translation and linguistics: What does the future hold?', *Textus* XII: 213-24.

Malmkjær, Kirsten (1999b), *Descriptive Linguistics and Translation Studies: Interface and Difference*, Platform Papers on Translation Studies 1, Utrecht: Platform Vertalen & Vertaalwetenschap.

Malmkjær, Kirsten (2003), 'What happened to God and the angels: An Exercise in Translational Stylistics', *Target* 15(1): 39-62.

Malmkjær, Kirsten (2004), 'Censorship or error: Mary Howitt and a problem in descriptive TS', in Gyde Hansen, Kirsten Malmkjær and Daniel Gile (eds), *Translation Studies: Claims, Changes and Challenges. Selected papers from the EST Congress, Copenhagen 2001*, Amsterdam and Philadelphia: John Benjamins, pp. 141-55.

Mandelbaum, David G. (ed.) (1949), *Edward Sapir, Culture, Language, Personality: Selected Essays*, Berkeley, Los Angeles and London: University of California Press.

Meta 43 (4) 1998.

Meyer, Charles F. (2002), *English Corpus Linguistics: An Introduction*, Cambridge: Cambridge University Press.

Millán-Varela, Carmen (2000), 'Translation, Normalisation And Identity in Galicia', *Target* 12(2): 267-82.

Nabokov, Vladimir (1955), 'Problems of translation: *Onegin* in English', *Partisan Review* 22: 496-512. Reprinted in Lawrence Venuti (ed.) (2000), *The Translation Studies Reader*, London and New York: Routledge, pp. 71-83.

Newmark, Peter (1981), *Approaches to Translation*, Oxford: Pergamon Press.

Newmark, Peter (1988), *A Textbook of Translation*, New York: Prentice Hall.

Nida, Eugene A. (1964), *Toward a Science of Translating: With Special Reference to Principles and Procedures Involved in Bible Translating*, Leiden: E. J. Brill.

Nida, Eugene A. (1998), 'Bible translation', in Mona Baker (ed.), *Routledge Encyclopedia of Translation Studies*, London: Routledge, pp. 22-8.

Nord, Christiane (1995), 'Text-Functions in translation: Titles and Headings as a Case in Point', *Target* 7(2): 261-85.

Palmer, F. R. [1976] (1981), *Semantics: Second Edition*, Cambridge: Cambridge University Press.

Pöchhacker, Franz and Miriam Shlesinger (eds), *The Interpreting Studies Reader*, London and New York: Routledge.

Potter, M. C. and L. Lombardi (1990), 'Regeneration in the short-term recall of sentences', *Journal of Memory and Language* 29: 633-54.

Putnam, Hilary (1970), 'Is semantics possible?', in H. Kiefer and M. Munitz (eds), *Languages, Belief and Metaphysics*, New York: State University of New York Press.

Putnam, Hilary (1978), *Meaning and the Moral Sciences*, London, Henley and Boston: Routledge and Kegan Paul.

Puurtinen, Tiina (2000), 'Translating linguistic markers of ideology', in Andrew Chesterman, Natividad Gallaro San Salvador and Yves Gambier (eds), *Translation in Context*, Amsterdam and Philadelphia: John Benjamins, pp. 177-86.

Qvale, Per (1998), *Fra Hieronymus til hypertext: Oversettle i teori og praksis*, Oslo: H. Aschehoug & Co.

Qvle, per (2003), *From St. Jerome to Hypertext: Translation in Theory and Practice* (tr. Norman R. Spencer), Manchester, UK and Northampton, MA: St Jerome Publishing.

Quine, Willard van Orman (1959), 'Meaning and translation', in Reuben A. Brower (ed.), *On Translation*, Cambridge, MA: Harvard University Press.

Quine, Willard van Orman (1960), *Word and Object*, Cambridge, MA: The MIT Press.

Quirk, Randolph, Sidney Greenbaum, Geoffrey Leech and Jan Svartvik (1972), *A Grammar of Contemporary English*, Harolw, Essex: Longman.

Reah, Danuta (1998), *The Language of Newspapers: Second edition*, London and New York: Routledge.

Reiss, Katharina [1971] (2000), *Translation Criticism - The Potentials and Limitations: Categories and Criteria for Translation Quality Assessment*. Translated by Erroll F. Rhodes from *Möglichkeiten und Grenzen der Übersetzungskritik* (Max Hueber Verlag), Manchester: St Jerome Publishing, and New York: American Bible society.

Reiss, Katharina and Hans Josef Vermeer [1984] (1991), *Grundlegung einer allgemeine Translationstheorie*. Second edition, Tübingen: Niemeyer.

Richards, I. A. (1936), 'Metaphor', in I. A. Richards, *The Philosophy of Rhetoric*, London: Oxford University Press.

Rieu, E. V. and J. B. Phillips (1954), 'Translating the Gospels', *Concordia Theological Monthly* 25: 754-65.

Robins, R. H. [1964] (1989), *General Linguistics: An Introductory Survey*, London and New York: Longman.

Robinson, Douglas (ed.) (1997), *Western Translation Theory: From Herodotus to Nietzsche*, Manchester: St Jerome Publishing.

Rosch, Eleanor (1973), 'Natural categories', *Cognitive Psychology* 4: 328-50.

Rosch, Eleanor (1977), 'Human categorization', in N. Warren (ed.), *Studies in Cross-cultural Psychology*, Volume 1. London: Academic Press.

Rosch, Eleanor (1978), 'Principles of categorization', in Eleanor Rosch and B. B. Lloyd (eds), *Cognition and Categorization*, Hillsdale, NJ: Lawrence Erlbaum Associates.

Sampson, Geoffrey (1980), *Schools of Linguistics: Competition and Evolution*, London:

Hutchinson.

Sapir, Edward (1921), *Language: An Introduction to the Study of Speech*, New York: Harcourt Brace.

Sapir, Edward (1929), 'The status of linguistics as a science'. *Language* 5. Reprinted in Mandelbaum, David G. (ed.) (1949), *Edward Sapir, Culture, Language, Personality: Selected Essays*, Berkeley, Los Angeles and London: University of California Press, pp. 65-77.

Schäffner, Christina (1998), 'Skopos theory', in Mona Baker (ed.), *Routledge Encyclopedia of Translation Studies*, London and New York: Routledge, pp. 3-5.

Schulte, Rainer and John Biguenet (eds) (1992), *Theories of Translation: An Anthology Essays from Dryden to Derrida*, Chicago and London: The University of Chicago Press.

Scruton, Roger (1974), *Art and Imagination: A Study on the Philosophy of Mind*, London: Methuen.

Searle, John R. (1975), 'Indirect Speech Acts' In P. Cole and J. Morgan (eds), *Syntax and Semantics*, vol. 3, *Speech Acts*, New York: Academic Press.

Seleskovitch, Danica (1975), *Langage, langues et mémoire. Étude de la prise de notes en interprétation consécutive*, Paris: Minard Lettres Modernes.

Selekovitch, Danica, and Marianne Lederer (1989), *Pédagogie raisonnée de l'interprétation*, Paris: Didier Éruditoin.

Shisler, Benjamin K. (1997), 'The Influence of Phonasthesia on the English Language', Http://www.geocities.com/SoHo/Studios/9783/phonpap1.html

Simon, Sherry (1996), *Gender in Translation: Cultural Identity and the Politics of Transmission*, London and New York: Routledge.

Sinclair, John McHardy (1991), *Corpus, Concordance, Collocation*, Oxford: Oxford University Press.

Smith, Norman Kemp (tr.) (1933), *Immanuel Kant's Critique of Pure Reason. Second*

Impression with Corrections, London and Basingstoke: The Macmillan Press Ltd.

Snell-Hornby, Mary [1988] (1995), *Translation Studies: An Integrated Approach*, Amsterdam and Philadelphia: John Benjamins Publishing Company.

Sperber, Dan and Deirdre Wilson (1986), *Relevance: Communication and Cognition*, Oxford: Basil Blackwell.

Steiner, George [1975] (1992), *After Babel: Aspects of Language and Translation*, Oxford and New York: Oxford University Press.

Stephens, John (1992), *Language and Ideology in Children's Fiction*, London and New York: Longman.

Swales, John M. (1990), *Genre Analysis: English in Academic and Research Settings*, Cambridge: Cambridge University Press.

Tarski, Alfred (1956), 'The concept of truth in formalized languages, in *Logic, Semantics, Mathematics*, Oxford: Oxford University Press.

Thompson, John B. (1990), *Ideology and Modern Culture: Critical and Social Theory in the Era of Mass Communication*, Cambridge: Polity Press.

Tomlin, R. S. (1986), *Basic Word Order: Functional Principles*, London: Croom Helm.

Toury, Gideon (1978), 'The nature and role of norms in literary translation', in James Holmes, Jose Lambert and Raymond van den Broeck (eds), *Literature and Translation: New Perspectives in Literary Studies*, Leuven: Acco. 83-100.

Toury, Gideon (1980), 'Translated Literature: System, norm, performance: Toward a TT-oriented approach to literary translation', in *In Search of a Theory of Translation*, Tel Aviv, Tel Aviv University, The Porter Institute for Poetics and Semiotics, pp. 35-50. Reprinted in *Poetics Today* (1981), 2:4, 9-27.

Toury Gideon (1981), 'Contrastive linguistics and translation studies: Toward a tripartite model', in Wolfgang Kühlwein, Gisela Thome and Wolfram

Wilss (eds), *Konstrastive Linguistik und Übersetzungswissenschaft: Akten des Internationalen Kolloqviums Trier/Saarbrucken* 25.-30.9.1978, Munich: Wilhelm Fink, pp. 251-61.

Toury, Gideon (1995), *Descriptive Translation Studies and Beyond*, Amsterdam and Philadelphia: John Benjamins Publishing Company.

Traugott, Elizabeth Closs and Mary Louise Pratt (1980), *Linguistics for Students of Literature*, San Diego: Harcourt Brace Jovanovich.

Venuti, Lawrence (1995), *The Translator's Invisibility: A History of Translation*, London and New York: Routledge.

Venuti, Lawrence (ed.) (2000), *The Translation Studies Reader*, London and New York: Routledge.

Vermeer, Hans Josef [1978] (1983), 'Ein Rahmen Fur eine allgemeine Translationstheorie', *Lebende Sprachen* 23:99-102. Also in *Aufsätze zur Translationstheorie*, Heidelberg: Vermeer, pp. 48-61.

Viberg, Åke (1996), 'Cross-linguistic lexicology. The case of English *go* and Swedish *gå*', in Karin Aijmer, Bengt Altenberg and Mats Johansson (eds), *Languages in Contrast: Papers from a symposium on text-Based cross-linguistic studies, Lund 4-5 March 1994*, Lund: Lund University Press.

Wagner, Emma, Svend Bech and Jesús Martínez (2002), *Translating for the European Institutions*, Manchester, UK and Northampton, MA: St Jerome Publishing.

wa Goro, Wangui (2004), Hectorosexism in Translation: A Comparative Study of *Devil on the Cross and Matigari*. PhD, Middlesex University.

Wang, William S.-Y. (1982), *Human Communication*, New York: W. H. Freeman.

Wang, William S.-Y. [1991] (2002), 'Tone languages', in Kirsten Malmkjær (ed.), *The Linguistics Encyclopedia*, second edition, London and New York: Routledge, pp. 552-8.

Werth, Paul (1999), *Text Worlds: Representing Conceptual Space in Discourse*, London:

Longman.

Whorf, B. L. (1940), 'Science and Linguistics', Technol. Rev. 42(6): 229-31 and 247-8. Reprinted in John B. Carroll (ed.) (1956), *Language, Thought and Reality: Selected Writings of Benjamin Lee Whorf,* Cambridge, MA: The MIT Press, pp. 207-19.

Whorf, B. L. (1941), 'The relation of habitual thought and behavior to language', in L. Spier (ed.), *Language, Culture and Personality: Essays in Memory of Edward Sapir, Menasha,* WI: Sapir Memorial Publication Fund, pp. 75-93. Reprinted in John B. Carroll (ed.) (1956), *Language, Thought and Reality: Selected Writings of Benjamin Lee Whorf,* Cambridge, MA: The MIT Press, pp. 134-59.

Whorf, B. L. (1950), 'An American Indian model of the universe'. *International Journal of American Linguistics* 16: 67-72. Reprinted in John B. Carroll (ed.) (1956), *Language, Thought and Reality: Selected Writings of Benjamin Lee Whorf,* Cambridge, MA: The MIT Press, pp. 57-64.

Williams, John N. (2002) 'Psycholinguistics', in Kirsten Malmkjær (ed.), *The Linguistics Encyclopedia, Second Edition,* London and New York: Routledge, pp. 432-48.

Wierzbicka, Anna (1972), *Semantic Primitives.* Linguistische Forschungen No. 22, Frankfurt: Athenäum.

Wierzbicka, Anna (1996), *Semantics: Primes and Universals,* Oxford and New York: Oxford University Press.

Zanettin, Federico, Silvia Bernardini and Dominic Stewart (eds) (2003), *Corpora in Translator Education,* Manchester, UK and Northampton, MA: St Jerome Publishing.

PRIMARY SOURCES

Hans Christian Andersen

H. C. Andersens Eventyr: Kritisk udgivet efter de originale Eventyrhafter med Varianter ved Erik Dal og Kommentar Ved Erling Nielsen. I:1835-42, 1963; II:1843-55, 1964. Copenhagen: Hans Reitzels Forlag.

Märschen und Erzahlungen für Kinder. Translated by G. F. von Jenssen, Braunschweig: Vieweg und Sohn, 1939ff.

Wonderful Stories for Children. By Hans Christian Anderson [sic], *Author of 'The Improvisatore' etc.* 1846 Mary Howitt, London: Chapman and Hall.

A Danish Story-Book. Tr. By Charles Boner. With numerous illustrations by the Count Pocci, London: Joseph Cundall, 1846.

Danish Fairy Legends and Tales (tr. Caroline Peachey), London: Addey & Co., 1846.

Tales and Fairy Stories. Madame de Chatelain, London: Routledge & Co., 1852.

Hans Christian Andersen's Stories for the Household. H. W. Dulcken, London: Routledge, 1866. Re-issued as *The Complete Illustrated Works of Hans Christian Andersen.* London: Chancellor Press, 1983.

Andersen's Tales for Children. Alfred Wehnert. London: Bell and Daldy, 1869.

The Complete Andersen: All of the 168 Stories by Hans Christian Andersen. Jean Hersholt. New York: Limited Editions Club 1942-47. Available in electronic from on MAGNUS, from CD-Danmark A/S, Palægade 4, PO Box 9026, DK-1022 Copenhagen K, Denmark.

Eighty Fairy Tales. Translated by R. P. Keigwin. Odense: Skandinavisk Bogforlag. 1976. Translation First published by Flensted, Denmark, in 1950.

Hans Andersen's Fairy Tales: A Selection. L. W. Kingsland. London: Oxford University Press, 1959.

Hans Christian Andersen. Fairy Tales and Stories. Translated, with an Introduction, by Reginald Spink. London, 1960. Republished in Everyman's Library

Children's Classics, London, 1992.

Hans Christian Andersen: Fairy Tales. Marie-Louise Peulevé. Copenhagen: Skandinavisk Bogforlag, c. 1965.

The Complete Fairy Tales and Stories. Erik Christian Haugaard. London: Gollanz, 1974.

Tales from Hans Andersen. Stephen Corrin. London: Guild Publishing, 1978.

Hans Andersen's Fairy Tales. Naomi Lewis. Harmondsworth: Penguin, 1981.

The Faber Book of Favourite Fairy Tales. Sara and Stephen Corrin. London and Boston: Faber and Faber, 1988.

Hans Christian Andersen. Stories and Fairy Tales. Erik Blegvad. London: Heinemann, 1993.

Peter Høeg

Høeg, P. (1993), *De måske egnede.* Copenhagen. Rosinante. English translation by Barbara Haveland (1994), *Borderliners.* First published in the UK in 1995. London: Harvill.

■ 찾아보기

역자 후기

세계화 시대를 맞이하여 문화 간 소통의 중요한 시대에서 살아가면서 번역의 문제는 매우 진지한 하나의 독자적 학문 영역으로 인식되고 있다. 그럼에도 불구하고 번역학은 많은 학문과의 연계성을 갖고 있고, 그 연결 고리에서 중심적 역할을 하는 것은 언어학 특히 의미론이라 볼 수 있다. 본 역서의 원저인『Linguistics and the Language of Translation』은 이러한 번역 언어와 언어학의 관계를 잘 기술하고 있는 책이다.

영어 의미론 연구자들로서 의미론을 공부하게 되면서 영어 자체의 의미에 관한 문제에 직면하였지만, 그와 함께 자연스럽게 갖게 되는 의문이 언어 간의 등가성 문제였다. 이 언어 간의 등가성 문제는 다시 번역의 큰 주제이기도 하였다. 영어의미론 학자로서 번역과 언어학 간의 연관성에 대한 본 저술의 논의는 흥미로운 것이었다. 국제화와 세계화 시대의 발전에 이 번역서가 조그마한 보탬이 되었으면 하고 바란다.

2012. 9. 4.
역자 일동

옮긴이

박기성
부산대 영어영문학과 졸업
미국 뉴욕주립대학(버팔로) 대학원 언어학과 수료(1995 언어학박사)
부산대 영어영문학과 교수(1996-현재)
캐나다 University of British Columbia(2007-2008) 언어학과 방문 교수
번역서 『문법화』(공역) 1999, 한신문화사
　　　『기능영문법』(공역) 2002, 박이정
　　　『대조언어학과 번역학의 코퍼스기반 방법론 연구』 2009, 동인

최진실
부산대학교 언어학 학사
부산대학교 언어학 석사
부산대학교 영어영문학과 번역학 박사
현재 부산대학교 인문학연구소 박사후 연구원
University of Manchester 방문학자
번역서 『담화와 번역가』(공역) 2011, 동인

언어학과 번역 언어

발행일 • 2012년 12월 15일
저자 • Kirsten Malmkjær/역자 • 박기성 최진실
발행인 • 이성모/발행처 • 도서출판 동인/등록 • 제1-1599호
주소 • 서울시 종로구 명륜동2가 아남주상복합아파트 118호
TEL • (02) 765-7145, 55/FAX • (02) 765-7165/E-mail • dongin60@chol.com
Homepage • donginbook.co.kr

ISBN 978-89-5506-519-0
정가　28,000원